Dietrich Steinwede

So viel Gott strömt über
Streiflichter eines Lebens

mit einer Einstimmung
bearbeitet und herausgegeben von
Rainer Lachmann

Umschlagbild:
Ölporträt Dietrich Steinwedes
von Hans Jürgen Bartsch

Dietrich Steinwede

SO VIEL GOTT STRÖMT ÜBER

Streiflichter eines Lebens

mit einer Einstimmung bearbeitet und herausgegeben
von
Rainer Lachmann

Stephans-Buchhandlung Matthias Mittelstädt
Würzburg 2000

Studien zur Theologie

Herausgegeben von

Gottfried Adam - Universität Wien

Rainer Lachmann - Universität Bamberg

Band 20

Dietrich Steinwede:
So viel Gott strömt über. Streiflichter eines Lebens,
mit einer Einstimmung bearbeitet und herausgegeben von
Rainer Lachmann.
Würzburg: Stephans-Buchhandlung Matthias Mittelstädt, 2000
(Studien zur Theologie; Bd. 20)
ISBN: 3-929734-12-5

Herstellung: CityDruck GmbH, Würzburg

Vorwort

Das Manuskript, das Dietrich Steinwede als seine religionspädagogische Autobiographie für den von Horst F. Rupp und mir herausgegebenen 3. Band "Lebensweg und religiöse Erziehung" (Weinheim 2000) verfasst hatte, faszinierte und entsetzte mich gleichermaßen: Was er zu erzählen wusste, fesselte; was er ablieferte aber, war doppelt so lang, wie das strenge Seitenlimit es zuließ und musste deshalb radikal gekürzt werden. Das brachte mich auf die Idee, den beredten Autobiographen Steinwede bei seiner Fabulierlust zu packen und zu ermuntern, sein Leben in uneingeschränkter und unerschöpflicher Ausführlichkeit und Bedenklichkeit zu erzählen. Steinwedes 70. Geburtstag am 9. November 2000 wurde dabei zum willkommenen Anlass und Angebot, die so umfassend neu erzählte Lebensgeschichte als Festgabe für den verdienten Jubilar herauszubringen. Nach kurzem Bedenken willigte Steinwede ein, und konnte das auf den Weg gebracht werden, was sie jetzt in Händen halten: "Streiflichter eines Lebens", die dem Meistererzähler Dietrich Steinwede alle Ehre machen und für die viele Mühe versöhnen, die es kostete, um diese Frucht fast zweijähriger Arbeit in ansehnlicher Gestalt zu präsentieren.

Dank gebührt dabei natürlich zuvörderst Dietrich Steinwede selbst, dem mit dieser Festschrift geehrten und gefeierten Jubilar, der sich mit zunehmendem Engagement ans Werk machte, um uns, seinen Freundes-, Verehrer- und Leserkreis, mit seiner "einmaligen" Lebenserzählung zu beschenken. Dieses Geschenk wäre freilich kaum zustande gekommen, wenn ich nicht in Heidrun Pflaum eine Mitarbeiterin gehabt hätte, die das von Steinwede in unnachahmlicher Art Vorgeschriebene noch einmal abschrieb und in druckreife Form brachte - fleißig und gekonnt, fast klaglos und nur selten genervt. Großer Dank sei ihr und mit ihr allen Assistent(inn)en und Hilfskräften gesagt, die wohl oder übel mehrmals Korrektur lesen durften! Ein weiterer, ebenso aufrichtiger Dank geht an die Adresse der Evangelischen Kirche im Rheinland, die unser Projekt mit einem namhaften Druckkostenzuschuss unterstützte und damit auf wertvolle Weise ihrem besonderen Dank lesbaren Ausdruck verlieh. Nicht zuletzt danke ich all denen, die durch Subskription und Gratulation in der tabula gratulatoria ihre dankbare Verbundenheit mit Dietrich Steinwede geäußert haben. So manche anerkennende und anspornende Zuschrift aus diesem Kreis der Gratulanten trug nicht unwesentlich dazu bei, dass dem Herausgeber die Freude und Begeisterung an dem Projekt, das er sich mit dieser Festgabe eingehandelt hatte, bis zuletzt nicht abhanden gekommen ist. Dafür bin ich dankbar und danke es allen mit dieser schönen und spannenden literarischen Dankesgabe an und von Dietrich Steinwede anlässlich seines 70. Geburtstags.

Bamberg, am 9. November 2000 Rainer Lachmann

VERSÖHNUNG

Es wird ein großer Stern in meinen Schoß fallen...
Wir wollen wachen die Nacht,

In den Sprachen beten,
Die wie Harfen eingeschnitten sind.

Wir wollen uns versöhnen die Nacht –
So viel Gott strömt über.

Kinder sind unsere Herzen,
Die möchten ruhen müdesüß.

Und unsere Lippen wollen sich küssen,
Was zagst du?

Grenzt nicht mein Herz an deins –
Immer färbt dein Blut meine Wangen rot.

Wir wollen uns versöhnen die Nacht,
Wenn wir uns herzen, sterben wir nicht.

Es wird ein großer Stern in meinen Schoß fallen.

Else Lasker-Schüler

Einstimmung

Rainer Lachmann

"So viel Gott strömt über" wird Dietrich STEINWEDE zum Leitmotiv für seine autobiographischen "Streiflichter eines Lebens". Es begegnete ihm in Else LASKER-SCHÜLERs 1911 erstmals veröffentlichtem Gedichtband "Meine Wunder" (hier zitiert nach: Else Lasker-Schüler, Die Gedichte 1902-1943. Hg. v. F. Kemp. Suhrkamp TB 2790, Frankfurt a. Main 1997, S. 155). Wie er diesen Vers für sein erzähltes Leben, für seine Lebenserzählung verstehen und verstanden haben will, beschreibt er gegen Ende seines Lebensgedichts in hymnisch überströmendem Wortgesang: Gott strömt über im Jubelgesang der Vögel..., in der gelben Lilie und dem zartrosa Hibiskus ..., in der Freundlichkeit der Menschen ..., in Kindern und Kindeskindern ..., in der Musik von Bach ..., in Gedichtzeilen ..., in Liedern, den Psalmen ..., in Gottesdiensten ..., in Kursen, Tagungen, Unterrichtsstunden, die gelingen ..., in Taten der Liebe ... "Gott strömt über, wenn ich sehe: Trotz all ihrem Schein, der Plackerei und den zerbrochenen Träumen ist diese Welt doch wunderschön ... So viel Gott ...". Das nimmt mit, spricht an und be-geistert, zumal wenn man die göttlichen "Überströmungen" rezeptionsästhetisch ausweitet und dankbar bekennt, wie viel Gott überströmt und übergeströmt ist in dem und durch das, was STEINWEDE Zeit seines reichen Lebens gesammelt, geschrieben, gestaltet und gelebt hat. Viele Leser und Leserinnen, Benutzerinnen und Benutzer seiner Werke, viele Schüler und Schülerinnen, die durch die Schule seines begnadeten Wirkens gehen durften, könnten hier einstimmen und vielstimmige Lieder davon singen, wie Gott in der Begegnung mit ihm und seinen literarischen Früchten überströmte. Aber vielleicht ist das noch nicht alles, was sich aus dem wundervollen Leitsatz, den sich STEINWEDE gewählt hat, herauslesen, lebenssüß herausspüren lässt.

Das so traumhaft hoffnungsstarke und in eins so zauberhaft wehmütige Gedicht von Else LASKER-SCHÜLER ver-führt geradezu zum meditativen Umgang mit dem Menschen Dietrich STEINWEDE, wie er sich so facettenreich in seinem Lebensbericht und -werk spiegelt, wie er sich für uns so dankbar Gott-voll erschließt. Die Dichterin nennt ihr Lied "Versöhnung", und wer es liest und behutsam auf sich wirken lässt, der weiß ganz sicher, hier verzaubert dich ein Liebeslied in sanfter Unausweichlichkeit mit Versen, die dich treffen, tragen, trösten: "Wir wollen uns versöhnen die Nacht, Wenn wir uns herzen, sterben wir nicht. Es wird ein großer Stern in meinen

Schoß fallen." Und Zeilen davor heißt es, ruft es, singt es "Wir wollen uns versöhnen die Nacht - So viel Gott strömt über." In diesem ausgreifenden und tiefgreifenden Sinne entfaltet sich das dichte Leitmotiv zur frei und ausgelassen gesungenen Melodie einer "überströmend" erzählenden und erzählten Lebens-Ballade - nicht von ungefähr erscheint LASKER-SCHÜLERs Versöhnungslied zwei Jahre später noch einmal in dem Gedichtband "Hebräische Balladen"!

"So viel Gott strömt über" als das Wunder schlechthin, als Möglichkeit der Versöhnung, als Erfahrung der Liebe! Wie beglückend vielfältig und überquellend reichhaltig STEINWEDE dieses *Wunder*, diese Wunder mit allen Sinnen erleben durfte, wie begeistert er sie wahrnahm, und wie begnadet er ihnen sprachlichen, bildnerischen und musikalischen Ausdruck verleihen konnte, davon zeugt sein Lebenswerk, erzählt sein Lebensbericht und singt sein Hymnus auf "so viel Gott", der überströmt, mit dem die Streiflichter aus dem Füllhorn eines überreichen Lebens ausklingen. Es war rundum wunderbar: "Seine" Wunder berührten STEINWEDEs Leben von seinen Anfängen an, und sie wurden bemerkt, und nicht nur das: sie wurden bestaunt, untersucht, unterrichtet und je nach Alter und Lage vielgestaltig zum Ausdruck gebracht. Und daraus erwuchs für STEINWEDE im Laufe seines Lebens und Schaffens so etwas wie eine Kultur hochsensibler Wahrnehmung für das Wunder, die Wunder des Lebens – verbunden mit der hohen Kunst, seine Wunder auch für andere Menschen wahrnehmbar, spürbar, nachvollziehbar werden zu lassen. Lebenslänglich nicht aus dem Staunen herauskommen, niemals das Hoffen und Staunen verlernen, sondern stets unstillbar neugierig bleiben, um allüberall die Wunder des überströmenden Gottes zu suchen, zu entdecken und von ihnen meisterlich zu erzählen, "Zu erzählen deine Herrlichkeit" (Göttingen 1965) – vielleicht ist das ein Schlüssel zu STEINWEDEs Leidenschaft und Lust zum Sammeln, Sagen und Singen von "seinen" Wundern, wie er sie erfährt und Gott sie ihm erschließt. "So viel Gott strömt über!" Wo man das bewundert und beherzigt, verfällt man nicht so leicht der üblen Defizitfixierung und Depression angesichts der mächtigen Wunderwidrigkeiten in unserer Welt und lässt sich eher versöhnen mit dem Fragmentarischen in uns und unserem Leben.

Der geheimnisvolle Kernvers in Else LASKER-SCHÜLERs Gedicht "Wir wollen uns versöhnen die Nacht" drängt unausweichlich notwendig - warum nur? ich kenne Steinwede nur literarisch, nicht persönlich - zu tiefergehender und weiterführender Betrachtung. Jedes Wort des Verses birgt Fragen, bietet Raum für verschiedene Auslegungen und bittet darum, die Unruhe nicht end-gültiger Offenheit auszuhalten und sich mit der in ihr angelegten Unvollendetheit und Unvollkommenheit zu bescheiden. STEINWEDEs autobiographische Lebenserzählung und -besinnung kann oder muss sogar exakt so gelesen werden: Dem überströmend gesungenen Bekenntnis und Lobpreis des "So viel Gott strömt über" wohnt immer auch ein Moment konfessorisches Klagen und Anklagen inne, bittere Traurigkeit über verpasste und verpatzte Gelegenheiten, über Scheitern und Misslingen, über zerstörte und gestörte Verhältnisse, über nicht gereifte "Blütenträume", nicht eingelöste Versprechen und unvollendete Vorhaben, über das Viele und die Vielen, dem und denen man nicht gerecht geworden ist. Das Fragmentarische in seinen unendlich vielfältigen Spielarten zeichnet hier Signaturen des Schmerzes, des Leides, der Trauer in den bedachten Lebenslauf ein, und STEINWEDEs autobiographische Selbstreflexion ist wahrlich in dieser Hinsicht gezeichnet genug. Er weiß im Rückblick auf die Wegstrecken, die hinter ihm liegen, um die Fehler, die er begangen hat, um die Irrungen, in denen er verstrickt war, um die Krankheiten, die ihn angegriffen haben. Er weiß auch um die Unverfügbarkeit und Ungreifbarkeit der Zukunft und kann "dennoch" das alles überholen und überholt sein lassen durch eine unbändig gewisse Sehnsucht, die nach der "Zukunft greifen" lässt, nach dem "großen Stern", der und den ihm Gott verheißt. Unter dieser Perspektive kann STEINWEDE seine bisherige Lebensgeschichte getrost unter Einschluss der kommenden schreiben. "So viel Gott strömt über" und versöhnt Lob und Klage, Vergangenheit, Gegenwart und Zukunft, Liebe und Schmerz.

Versöhntes Leben in menschlicher Fragmentarität begegnet als wunderbare Frucht aus den geschenkten Widerfahrnissen mit dem überströmenden Gott, von denen uns STEINWEDE mit konfessorischer Eindrücklichkeit erzählt. Das Staunen über die Wunder Gottes wird bereichernd unterfangen und durchdrungen von der Sehnsucht nach *Versöhnung*, die als wirkmächtiges Angeld Leben und Lebensbeschreibung STEINWEDEs 'unüberfühlbar' durchspurt. Und von daher gewinnt Else LASKER-SCHÜLERs dunkler Nacht-Ausdruck über seine raumzeitliche Bedeutungsdimension hinaus biographisch noch einen anderen akkusativisch ausgerichteten Sinngehalt: Die Nacht mit ihren Finstermächten und Anfechtungsängsten "wollen wir uns versöhnen"; durchlichtet vom "großen Stern", der uns zufällt, wird sie buchstäblich zum "Versöhnungstag", wie die Dichterin ihr Gedicht in der Sammlung "Das Hebräerland" (1937) betitelt! Bewirkt und bewegt wird diese tröstlich erhellende Versöhnung der Nacht durch die lichte Fülle des überströmenden Gottes, die STEINWEDE so mit seinen "Streiflichtern" nicht nur dankbar besungen hat, sondern auch im angefochtenen "Dennoch" der Schatten- und Nachtseiten seines Lebens hoffnungsvoll wahrzunehmen vermag. Im intonierten "Wir" des nächtlichen Versöhnungsgeschehens ist Gott mit wirksam und liebeszart spürbar, wer auch immer sich für LASKER-SCHÜLER hinter dem "Du" im Versöhnungs- und Liebeswiderfahrnis der "Stern-Nacht" verborgen haben mag.

"So viel Gott strömt über" schenkt, ermöglicht, verheißt Versöhnung und ereignet damit und darüber unausdrücklich deutlich *Liebe* als "mein

Wunder", das nicht sterben lässt: "Wenn wir uns herzen, sterben wir nicht." Dieser wundertiefe Vers, den man nicht oft genug hören kann, macht Else LASKER-SCHÜLERs Gedicht vollends und vollendet zum Liebeslied. Er steht nicht von ungefähr in paralleler Entsprechung zum wiederholten Kernsatz "Wir wollen uns versöhnen die Nacht" und ersetzt nicht von ungefähr dessen Fortsetzung "So viel Gott strömt über". In liebendem Herzen und herzendem Lieben lässt die Dichterin das Gestalt, Gehalt und Gefühl gewinnen, was STEINWEDE für sich und sein Leben als Gottes überströmenden Reichtum erfahren und beschrieben hat. Sein ganzes so anregend und aufregend erzähltes Lebensspiel lässt sich mit dieser Einstellung als göttliches Liebes-Spiel verstehen und erschließen, in dem die Liebe sich in vielfältigster Weise äußern kann: bruchstückhaft und sehnsuchtsvoll, zauberhaft und wundervoll, "hinterrücks" und offenbar, als Traum, als Kraft, als Tat und - Gott sei Dank - immer wieder und immer wieder neu und immer wieder anders bewegend, belebend, beseelend, begeisternd und berauschend. Kein Bereich, keine Erfahrung, kein Abschnitt des Lebens STEINWEDEs kann und darf hier ausgeschlossen und ausgegrenzt werden: Wo und wenn Gottes Liebe wirklich überströmt, dann muss sie sich überall finden lassen und sei es auch "nur " als Erinnerung und Hoffnung gegen den Augenschein im "Jetzt" erfahrener Lieblosigkeit.

Else LASKER-SCHÜLERs zartes, hoffnungsvolles Liebesgedicht lässt die liebende Herzensberührung zweier Menschen erfüllt und durchseelt sein durch Gottes überströmende Gegenwart. STEINWEDEs Lebensgeschichte und -gedichte kann hier empfindsam und bisweilen wie entflammt miteinstimmen und von einer "blutjungen hinreißenden Französin" schwärmen oder in aphoristischer Verklärung den Liebestaumel "reiner Seligkeit" besingen, die er "Herz-zerwühlend", "verzehrend, fressend, vernichtend" und dennoch himmelstürmend glücklich mit Schuschan erfahren durfte. "Und Gott schaut zu" - und Gott strömt über ...! Und da ist einer, der dafür offen und empfänglich ist, der die "Spuren der Engel" in dieser Beziehung erlebt, entdeckt und auszudrücken weiß! Sie finden sich für STEINWEDE wieder und weiter im "pädagogischen Eros", seiner Hinwendung, Zuwendung und Liebe zu den Kindern, die er mit heißem Herzen und meisterlichem Geschick vielerorts unterrichten durfte. Zeit seines Lebens bleiben sie ihm wichtige "Lebenspartner" und nicht versiegende Quelle für die Überströmungen Gottes: "Er strömt über in Kindern und Kindeskindern, in ihrer Schönheit, ihren Begabungen, ihren Versuchen, das Leben zu meistern." Und was kann im Wirkungsbereich von Else LASKER-SCHÜLERs Sternenvision treffenderes über den Religionsunterricht gesagt werden, als ihm die Aufgabe zuzuwidmen, die Kinder zu "Stern-Sehern" werden zu lassen und sie zu lehren, "jene anderen Sterne zu 'sehen', die von innen her leuchten". Die Grundschulkinder von Bienenbüttel werden hier zu überzeugenden Zeugen für das

Strahlen und Leuchten, das aus der Liebe des jungen Lehrers zu seinen Schülern und Schülerinnen erwächst und sich im pädagogischen Bezug und Vollzug liebevoll und lebensförderlich verwirklicht. Im Wesentlichen hält sich das durch in STEINWEDEs jahrzehntelanger pädagogischer und religionspädagogischer Arbeit mit den Vikarinnen und Vikaren, die aus dem besonders gelebten und gepflegten Lehrer-Schüler-Verhältnis ihre unerschöpflich kreativen Impulse gewinnt. Dem Charme und eigenartigen Zauber - von den Schülerinnen und Schülern auf den Lehrer herüberstrahlend - begegnen in gleichsam kongenialer Überschneidung und Rückwirkung beglückende Erfahrungen mit einem Dozenten, dem "beim Zuhören und Erzählen noch die Augen funkeln." Sicher Sternstunden eines herzlichen pädagogischen Verhältnisses, das STEINWEDEs Berufsleben zeitlebens liebeshaltig inspirierte und durchströmte; viele wunderbare Widerfahrnisse der Liebe, die versöhnen, versöhnt ..., und ebenso viele Taten der Liebe, wo Menschen nicht nur "von Liebe träumen", "es nicht versäumen, in Liebe auch zu handeln" und Herz und "Welt verwandeln", wie es STEINWEDE in seinem Weihnachtsfriedenslied von 1983 so frohgemut und wohlgeformt ausdrücken kann. "Friedensland" - Versöhnungstag: "Wenn Freude weitete die Herzen, wenn Menschen lachen und scherzen ..." - wenn Menschen sich "herzen (und herzen, dann leben sie, dann) sterben sie nicht", weil die Liebe, die von Gott kommt, "nimmer aufhöret", niemals aufhören kann. Sie ist wahrhaftiglich "das Amen der Ewigkeit"! Besser und dichter als mit diesem von NOVALIS angeregten Wort STEINWEDEs lässt sich kaum sagen, was STEINWEDEs Leben, was unser Leben und Sterben im Letzten trägt und hält, was sein so füllig reiches Lebensgedicht von den ersten Zeilen an so liebens-würdig durchwebt und Gott voll durchströmt: "So viel Gott strömt über". -

Inne-halten, überrascht: Aus der geplanten und erwarteten Einführung auf der Höhe wissenschaftlicher Kompetenz und religionspädagogischer Präsenz ist unter der "Hand" oder genauer: unter dem überwältigenden Einfluss des Versöhnungsgedichtes von Else LASKER-SCHÜLER bestenfalls eine Einstimmung aus der Tiefe existentieller Berührung und Begegnung mit STEINWEDEs Lebensbeschreibung geworden. In allem höchst subjektiv und, was die Interpretationen des Gedichts betrifft, zugegebenermaßen rücksichtslos lustvoll und zutiefst intuitiv. Ungeplant hat sich daraus ein Trialog entwickelt zwischen LASKER-SCHÜLERs Liebeslied, STEINWEDEs Lebensballade und meinem Lebens- und Liebesverständnis, das im weiten und schönen Feld der dichterisch und erzählerisch angeregten Stimmungen zum Mitschwingen, Klingen und Singen gebracht worden ist. Wie weit durch diese Stimmungen eine dem Weg und Werk STEINWEDEs angemessene Einstimmung gelungen ist, müssen die Leserinnen und Leser der Autobiographie je für sich entscheiden, muss aber vor allem der Jubilar selbst beurteilen, dem hier ja eine ihm scheinbar wild-fremde Person - noch dazu aus der Gilde der Universitätstheologen - vielleicht sträflich, vielleicht sogar bedrohlich nahe auf den biographisch konstruierten "Leib" gerückt ist. Dass dem einstimmenden Universitätstheologen - er entschuldigt sich vorgängig für alle "Fehlsagungen" seiner Einstimmung - die stimmungsvolle Annäherung an das Lebensgedicht des verehrten Autobiographen Spaß gemacht und Lust bereitet hat, gebe ich gerne zu. Zu zahlreich, zu augenfällig und zu bedeutsam wurden mir die Erfahrungs- und Auffassungskonvergenzen zweier scheinbar so völlig unterschiedlicher Lebensläufe, zu beglückend und begeistert durfte ich die Harmonie gleich empfindender, klingender und singender Herzen erleben, als dass ich sie nicht herzlich gerne kund getan hätte: mit der Einstimmung, aber vor allem mit der Veröffentlichung der STEINWEDEschen "Streiflichter", die Leben belichtet haben und belichten können. "So viel Gott strömt über" und vertreibt die Finsternis, wo und wann auch immer er sich entdecken und wahrnehmen lässt.

Wer mit dieser anspruchs- und verheißungsvollen Erfahrung STEINWEDEs Lebenserzählung liest, der lässt sich vielleicht mit der zugemuteten Einstimmung versöhnen und kann leichteren Herzens auf die fälschlich erwartete wissenschaftlich distanzierte *Einführung* verzichten. Diese würde m.E. der Gattung Lebensbeschreibung und -beichte, wie STEINWEDE sie uns in unverwechselbarer narrativer Originalität präsentiert hat, nicht gerecht, - obwohl die Autobiographie einem "beckmesserisch" aufgelegten Religionspädagogen Anlässe genug böte, um an strittigen Punkten mit dem Jubilar das kritische Gespräch zu suchen. Um nur ein Beispiel zu nennen, sei an die "Legendenbildung" erinnert, gegen die sich STEINWEDE im Zusammenhang mit seiner Erzähltheorie so sympathisch vehement verwahrt: Er der bibeltreue Erzähler und Walter NEIDHART der phantasiereiche Erzähler! Natürlich straft schon die vorliegende phantastische Lebensbeschreibung diese - ich zitiere - "von irgend jemandem in die Welt gesetzte (konstruierte) und dann nahezu unausrottbar in allen einschlägigen Veröffentlichungen wie an deutschen Hochschulen tradierte" und examinierte Legende der Lüge, auch wenn sie unserem Jubilar in der einschlägigen Universitätslandschaft zu wirklich "unausrottbarem" Ruhm und großem Ansehen verholfen hat. Natürlich hat STEINWEDE Recht, wenn er seine Erzähltheorie in "dieser Einseitigkeit" und Pauschalität als unzutreffend und unangemessen charakterisiert sieht. Genaueres Hinsehen freilich - und ich schreibe hier als Mitherausgeber eines verbreiteten "Methodischen Kompendiums für den Religionsunterricht" (Göttingen ^{3}1998, S. 144), dessen Erzählartikel STEINWEDEs Verdikt auf den ersten Blick zu bestätigen scheint - lässt schnell den Wahrheitsgehalt, den historischen Kern der Legende erkennen: STEINWEDEs Erzählanfänge liegen konzeptionell in den Zeiten der Evangelischen Unterweisung und des Hermeneutischen Religionsunterrichts, denen bei allen Unterschieden die so gut wie ausschließliche Bibelorientierung gemeinsames Anliegen war. Was lag da näher, als eine Erzähltheorie und Erzählungen zu konzipieren, in denen "Bibeltreue" wesentlicher Erzählmaßstab war. Wie meisterlich STEINWEDE dieses Erzählen beherrschte, zeigt sein schon erwähntes Buch aus früher Zeit "Zu erzählen deine Herrlichkeit" (Göttingen 1965), das im "Nachwort für den Erzähler" eine kleine Erzähltheorie mit einem großen Plädoyer für ein auf Verstehen zielendes biblisches Erzählen bietet. Das begründete STEINWEDES Ruhm als im besten Sinne bibeltreuem Erzähler, der in den folgenden Jahrzehnten durch zahlreiche Veröffentlichungen zu *dem* "biblischen Erzähler" schlechthin wurde, der bei aller Annäherung an NEIDHARTs phantasiegeleitetes Erzählen im Grunde seiner Theorie und seines Herzens über all die Jahre hinweg im bibeltreuen Erzählen beheimatet geblieben ist. Sein Bekenntnis im Lebensbericht könnte das bestätigen: "Im Grunde war ich der Bibelorientierung treu geblieben." Das wäre zu diskutieren und könnte, sagt der Universitätstheologe, STEINWEDEs erzähltheoretische Verortung auf der bibeltreuen Seite unter der Voraussetzung verständlich werden lassen, dass von den tatsächlich immer wieder begegnenden grob überzeichnenden und verfälschenden Vereinseitigungen zugunsten differenzierterer Wahrnehmung der breiten Palette narrativer Praxis und Theorie bei STEINWEDE abgesehen wird. So gesehen sollte sich der Jubilar durchaus im Ruhm seiner "Erzähl-Herrlichkeit" sonnen dürfen; er weiß ja gewiss um *seine* Herrlichkeit, um "So viel Gott strömt über" gerade und besonders im Vollzug des Erzählens biblischer Geschichten. Dadurch erst bekommt es seine "eigentümliche Würde" und zeigt "den hohen Anspruch, der an seine Sprache gestellt ist". -

Wiewohl keine biblische Geschichte, doch wesentlich von ihrem Geist durchströmt, spiegelt sich diese würde- und anspruchsvolle Erwartung an das Erzählen auch in STEINWEDEs erzählter Lebensgeschichte und verleiht ihr an vielen Stellen den feinsinnigen Hauch von Transparenz für Transzendenz. Das macht ihre Eigenart und ihren Zauber aus und macht zugleich immer wieder unmissverständlich deutlich, dass man dem durch wissenschaftlichen Diskurs und gelehrte Diskussion nicht beikommen kann. Deshalb entfliehen wir dieser, dem Lebensgedicht STEINWEDEs unangemessenen, "uneigentlichen" Redeweise wieder und kehren reumütig und frohgemut zurück in den Sprachraum und die Deutungswelt, die uns in assoziativer Inspiration mit Else LASKER-SCHÜLERs Versöhnungslied als tiefgründige und weitherzige Einfühlungs- und Erschließungshilfe geschenkt worden ist. "So viel Gott strömt über" - das Lebens- und Lesemotiv, das STEINWEDEs "Streiflichter eines Lebens" mit dem Herzen verstehen heißt, denn das ist "mein Geheimnis", sagt der Fuchs zu dem kleinen Prinzen: "Man sieht nur mit dem Herzen gut."
"Ganz einfach!"

Dietrich Steinwede

So viel Gott strömt über

Streiflichter eines Lebens

"Wie tief reichen die Erinnerungen? Wie dunkel sind die Schächte, in die wir hinabsteigen? Gibt es Grund und Boden unter den Füßen? Was ist vergessen, verdrängt, unaussprechbar? Sind es Erfahrungen, die anderen helfen? Oder nur mehr oder weniger interessante Notizen eines alternden Mannes?" (Heinrich ALBERTZ in "Die Reise").

Inhalt

Hier und Jetzt

"Im Spiegel des Wassers erkennst du dein Gesicht.
Im Spiegel der Gedanken erkennst du, Mensch, dich selbst" (Spr 27,19).

Einen Menschen zu Papier bringen? Sich selbst? Wie soll das gehen? - Ich kann es nur in Ausschnitten, in Aspekten von Erfahrung und Denken, von Herkunft und Biographie. Hier erzählerisch breiter, dort in Aphorismen und Zitaten. Ich kann es nur einfach, von Herzen. Nicht in den geschliffenen Worten einer wissenschaftlichen Sprache.

Was ich im Beruf entwickelte, kam aus der Erkenntnis des jeweiligen Tages, war reflektierte Praxis, war abgelauscht - den Kindern, den Lehrerinnen, den Vikarinnen -, war weitergedacht und dann neu gefasst. Leben und Beruf waren (und sind es noch nach der Pensionierung 1990) eins bei mir. Religionspädagogik als 'Job', das kannte ich nie. Und so wird es bleiben (gegen nachlassende Kräfte, gegen den Schmerz), bis ich gerufen werde auf die andere Seite des Flusses.

Als Religionspädagoge bin ich, da kein studierter Theologe (kein Hebräisch!, Griechisch nachgelernt), Außenseiter. Auch Jesus hat nicht studiert, denke ich manchmal. Er war 'Theologe' des Herzens. Er hat hingeschaut und gelernt und gehandelt. Hinschauen, Lernen, Handeln, das habe ich auch versucht. Und so bin ich in der täglichen religionspädagogischen Bemühung vielleicht doch ein Theologe geworden. Manche (Theologieprofessoren unter ihnen) bestehen jedenfalls darauf, ich sei es. Präzise theologisch denken zu lernen, ward mir vergönnt - in Privataudienz bei hochmögenden, tiefgelehrten Meistern ihres Faches.

Wer ich bin?

"Ich bin ein freier Herr aller Dinge und ein dienstbarer Knecht aller Dinge" (Martin LUTHER).

Ich bin ein Freund der Kinder. Ich bin 'Kind Gottes' - wie sie.

Aus der Vorstellungsrunde bei einer Tagung:
D - *d*irekt
i - *i*nteressiert an allem; Partner oft *i*rritierend
e - nicht *e*infach, aber *e*hrlich
t - *t*atkräftig
r - *r*edefreudig (andere oft überrollend)
i - *i*ntrovertiert, Einzelgänger, Eigenbrötler, als Norddeutscher gerade nicht redefreudig (nur von Amts wegen dazu gezwungen); durchaus klosterfähig
ch - Ich versuche, als *Ch*rist zu leben (im Sinne Martin LUTHERs: 'Christsein ist nicht ein Geworden-Sein, sondern immer ein Werden').

Wer ich bin?
Ein Fragender, ein Suchender, ein Zweifelnder, ein Findender...
Ich bin hier 'Volksschullehrer', dort Historiker und Germanist (vom Doppelstudium) vom Engagement her. Ich bin Religionspädagoge von Auftrag und Leidenschaft her. Was ich oft gern sein wollte: Archäologe - Kunsthistoriker - Musikgelehrter.
Meine Maxime:
"Binde deinen Karren an den Stern!" (Leonardo da VINCI). Oder auch:
"Binde deine Tat an die Kraft des Gedankens!" (Martin BUBER).
Wo ich wohnen möchte?
Im Schatten einer Kathedrale.
In welchem Jahrhundert ich hätte leben wollen?
Im 12. oder im 18.
Was ich mir wünsche?
Innere Freiheit dem Besitz gegenüber.
Was ich mit Skepsis betrachte?
Korrekt aufgeräumte Schreibtische.
Wovor ich Angst habe im Alter?
Ein australisches Märchen sagt es wunderbar: "Traurigkeit. Herzeleid. Meine Seele fliegt umher. Fremde Welt. Träne fällt. Meine Seele sucht das

Meer. Auch mein Glück kehrt nicht zurück. Es verrinnen Tag und Zeit. Herzeleid. Traurigkeit. Mich zerbricht die Einsamkeit."

Was mir gefällt?

Der Wahlspruch des ERASMUS: "Cedo nulli" ! - "Ich weiche keinem" – keiner Herausforderung. Ich stelle mich !

Woher ich bin?

"... hervorgegangen aus den Lenden meines Vaters, aus dem Leib meiner Mutter, aus der Hand Gottes."

"Wie an dem Tag, der dich der Welt verliehen,
die Sonne stand zum Gruße der Planeten,
bist alsobald und fort und fort gediehen,
nach dem Gesetz, wonach du angetreten.
So mußt du sein, dir kannst du nicht entfliehen.
So sagten schon Sibyllen, so Propheten;
und keine Zeit und keine Macht zerstückelt
geprägte Form, die lebend sich entwickelt."

Mit dieser GOETHE-Strophe (aus "Urworte Orphisch") lebe ich seit meinen Gymnasialtagen. Mag die Strophe einen astrologischen Aspekt haben, an die CALVINsche Praedestinationslehre anklingen, ich halte etwas von der Macht der Vererbung. Beobachtungen, vor allem in der Familie, bestärken mich immer wieder darin. Vermutlich verstehe ich den Satz "geprägte Form, die lebend sich entwickelt" anders als GOETHE. Lebendige Entwicklung eines Menschen, das hat für mich ebensoviel zu tun mit den vielfältigen Einflüssen (bewusst oder unbewusst wahrgenommen) aus der umgebenden Welt. Das hat zu tun mit der intentional ausgeübten Macht erzieherischer Kräfte. Wäre ich sonst Lehrer geworden!?

Ich bin:

Pensionär - Single - verkrachter Ehemann - Vater (von 4 erwachsenen Kindern) - Bruder (drittes Kind in einem Geschwisterkreis von 5) - Hausmann - Bildungsbürger - Heimhandwerker - Gärtner - Büchernarr -

Sammler - Autor - Musikhörer - Fernseher - Liebhaber von Töchtern - Bibelleser - friedensbewegt - Genosse (seit 30 Jahren) - Feind jeglichen Establishments - immer wieder nachdenkend über Gott und die Welt.

Was ich nie kannte: Weder Ehrgeiz, noch Neid, noch Hass. Etwas werden wollte ich nie im Leben. Ich hatte keine Profilierungsprobleme, habe mich nie nach der Decke gestreckt. Ehrgeiz war da nicht. Ich habe versucht, aus den Anforderungen des Tages nach Maßgabe der Kräfte stets das Beste zu machen. Ich sagte immer, was ich dachte, was ich für nötig und richtig hielt, war nie bereit, Dinge unter den Tisch zu kehren, etwa, um mein Ansehen zu wahren. Notiz vom 1.11.1987: "Ich habe in sovielen Seminaren, sovielen Vorträgen, sovielen Büchern geradeaus geredet. Ich werde jetzt nicht anfangen in Kurven zu reden."

Ich sagte es, wenn eine Intrige spielte. So erregte ich Anstoß. So wurde mir unsolidarisches Verhalten vorgeworfen. Ist doch klar.

Was ich verabscheue: Schräge Anbiederungen, billige Gags, vor allem: Hinterhältigkeit.

Was ich wage: Im Antlitz meines Nächsten das Antlitz Gottes zu suchen.

Was mir wichtig ist: Sündenbewusstsein - Rechtfertigung. Dem Kind wurde das Sündenbewusstsein eingetrichtert. Bei meiner Konfirmation hatte ich es zutiefst. Dann, nach einer religiösen Jugendkrise (mit 18), verließ es mich.

Ein Mensch, der offen ist und warm und liebevoll zu den anderen, der lädt keine Schuld auf sich. Und darum spreche ich mit Karl JASPERS: "Es befreit uns keine Rechtfertigung als nur die, die im guten Willen, in der Aufrichtigkeit, in dem bedingungslosen Entschluss zur Wahrhaftigkeit, vor allem in der Kraft der Liebe liegt."

Ich spreche mit R. M. RILKE (aus dem "Brief eines jungen Arbeiters" 1924): "Ich will mich nicht schlecht machen lassen um Christi willen. Ich will nicht von vornherein als Sündiger angeredet werden. Vielleicht bin ich es nicht."

Und ich lasse mit Martin BUBER die Chassidim erzählen:

"Der Raw von Kolbischow weilte einst in Mesritsch und sah, wie ein alter Mann zum Rabbi Bär kam und ihn bat, ihm eine Sündenbuße aufzuerlegen. 'Geh heim', sagte der Rabbi, 'schreib alle deine Sünden auf ein Blatt und bringe es mir.' Als der Mann es ihm brachte, warf er nur einen Blick darauf, dann sagte er: 'Geh nun wieder heim, es ist gut.' Später aber sah der Raw, wie Rabbi Bär das Blatt las und bei jeder Zeile laut auflachte. Das verdroß ihn: Wie kann man über Sünden lachen... Jahrelang konnte er die Erinnerung nicht überwinden, bis er einmal diesen Spruch des Baal Schem Tow anführen hörte: 'Es ist bekannt, daß niemand eine Sünde begeht, es sei denn, der Geist der Narrheit ist in ihn gefahren. Was aber tut der Weise, wenn ein Narr zu ihm kommt? Er lacht über all seine Narrheiten. Und wie er lacht, kommt ein Hauch der Mildigkeit über die Welt. Die Strenge schmilzt. Und was lastete, wird leicht.' Der Raw besann sich: Nun verstehe ich das Lachen des Heiligen, sprach er in seiner Seele."

BUBER weiß dies noch weiter auszuführen. "Du sollst dich nicht immerzu mit dem quälen, was du falsch gemacht hast, sondern die Seelenkraft, die du auf solche Selbstvorwürfe verwendest, sollst du der Tätigkeit an der Welt zuwenden, für die du bestimmt bist. Unrechtes hast du getan? Tue Rechtes ihm entgegen! Was willst du? Ja, gesündigt, nicht gesündigt, was hat man im Himmel davon? In der Zeit, wo ich darüber grübele, kann ich doch Perlen reihen, dem Himmel zur Freude."

Was es allerdings gibt? - Umkehr!

"Die Umkehr ist so wenig ein 'seelisches' Ereignis wie Geburt und Tod. Sie geschieht *an* der ganzen Person, *mit* der ganzen Person. Sie geschieht in der schlichten Realität der Ur-Gegenseitigkeit.
Die Umkehr ist nicht Rückkehr zu einem früheren 'sündenfreien' Zustand, sondern sie ist Wesensumschwung – das im Umschwung Hingetragenwerden auf den Weg Gottes. Wer umkehrt, gerät in die Wesensspur des lebendigen Gottes. In der Umkehr ersteht der Mensch neu als Gottes Kind" (Martin BUBER).
"Ich war wie umgekehrt. Als ob ich hinter meinem eigenen Rücken hervorgeholt wäre" (AUGUSTINUS).

Wer meine Vorfahren waren?

Die Vorväter STEINWEDE (schon im 16. Jh., in der Lutherzeit, gab es einen Dietrich STEINWEDE), sämtlich Bauern und Leineweber, kommen aus dem Calenbergischen (Raum Hildesheim). Nach Auskunft des von mir 1985 entdeckten Jesuitenpaters Rudolf STEINWEDE hat sich daselbst in der Reformationszeit eine evangelische Linie 'abgespalten'. Großvater STEINWEDE sprang aus der Reihe. Er wurde Lehrer. Seine erste Stelle war Hademstorf (bei Schwarmstedt/Aller). Er war streng. Und er trichterte den Kindern das Evangelium ein. Noch hundert Jahre später heißt es im Nachbardorf Bierde - meine Schwägerin stammt von dort -, wenn jemand sich allzusehr auf eine Sache versteift: "Du hackst dorüp rum as de Schaumester von Hademsdörp upt Evangelium." Das war mein Großvater.

Er freite die Bauerntochter Frieda PLESSE. Sie wurde die gütigste aller Großmütter. Später war Großvater für Jahrzehnte Lehrer und Kantor in Hanstedt bei Ebstorf (Heidekloster mit der berühmten mittelalterlichen Weltkarte). In seiner einklassigen Schule (Jahrgang 1-8) unterrichtete er über 100 Kinder. Der Stock regierte. Seine beiden Söhne - für einen Heideschulmeister der Zeit sehr ungewöhnlich - schickte er nach Schulpforta. Während der Nazizeit - Großvater lebte als Pensionär in Hanstedt - holten ihn seine ehemaligen Schüler (die er einstmals vertrimmte) schleunigst ins Haus, wenn er auf der Straße lauthals auf HITLER schimpfte. Seinem jüngeren Sohn, der sich den Nazis verschrieb, verbot er das Haus. Sein älterer Sohn - mein Vater - schlug ihm politisch nach. Aus seiner ersten Pfarrstelle in Jühnde bei Göttingen musste mein Vater (Theologiestudium 1919-1923 in Berlin und Göttingen) weichen, weil ihm die dortigen Nazis (vor 1933!) zu sehr zugesetzt hatten.

In seinem 'Lebensbericht' hat mein Vater eine genaue Schilderung der Situation gegeben: "Die Atmosphäre in der Gemeinde, in der ich mich eigentlich ganz wohl gefühlt hatte, wurde getrübt, als der aufkommende Nationalsozialismus die Gemüter politisch erhitzte und es ruchbar wurde, daß ich bei den häufigen Wahlen jener Jahre meine Stimme nicht für Hitler abgab. Ich spürte, daß das vertraute Verhältnis zur Gemeinde immer mehr wich. Es gab dann 1932 zwei Ereignisse, die mir das Bleiben in Jühnde verleideten.

Häufige politische Versammlungen besuchte ich trotz Einladungen dazu niemals, mit einer Ausnahme am 2. Ostertag 1932. Ich hatte an diesem Tag auf Veranlassung von Wohlkopf, dem Leiter des Posaunenchores und Kirchenvorsteher, einen Theologie-Studenten aus Göttingen auf meine Kanzel gelassen, der damals Leiter der nationalsozialistischen Studentengruppe an der Universität war. Er hielt dann abends in der Gastwirtschaft Weitemeier auch eine politische Versammlung ab. Ich wollte mich diesmal der Einladung dazu nicht entziehen, sondern vor der Gemeinde einmal die Gründe meiner ablehnenden Haltung darlegen. Ich bat daher nach der Rede den Leiter der Versammlung um das Wort, das mir von ihm auch nicht verwehrt wurde. Der Saal war gerappelt voll von alten und jungen Gemeindegliedern. Als ich dann davon sprach, daß viele Äußerungen namhafter Parteigenossen, die ich auch aus politischen Druckschriften belegen konnte, nach meinem Empfinden nicht mit der viel gepriesenen christlichen Grundeinstellung der Partei sich vereinbaren ließen, fing ein Gejohle an, irgend jemand drehte das Licht aus, so daß ich auf der Bühne plötzlich im Finstern stand und erwarten mußte, daß man über mich herfallen und mich verprügeln würde, wie das ja häufiger bei mißliebigen Volksgenossen an der Tagesordnung war. Einige ältere Gemeindeglieder und auch der Leiter der Versammlung verhinderten das dann aber und erreichten, daß das Licht wieder angedreht wurde. Der Leiter versuchte, mir klarzumachen, daß mein Verhalten nicht legal gewesen sei. Ich entfernte mich dann schleunigst, ohne mich auf weitere Diskussion einzulassen.

Das zweite Ereignis, das mich ebenso befremdete, trug sich anläßlich einer von mir gehaltenen Beerdigung im Juli 1932 zu. Ich hatte einen uns benachbarten alten Bauern zu beerdigen, der sich wie kein anderer in der Gemeinde jahrelang gegen mich gestellt hatte, nie zur Kirche kam und mich auf der Straße nicht wiedergrüßte, wenn ich ihn grüßte. Als ich hörte, daß er im Sterben lag, und ich bat, ihn besuchen zu dürfen, wurde mir das von den Angehörigen verwehrt. Ich beschränkte mich daher bei der Beerdigung auf eine sachliche Auslegung eines Bibelwortes, ohne eine persönliche Würdigung des Verstorbenen damit zu verbinden. Die Rede wurde wie üblich am offenen Grab gehalten. Als ich noch im Talar den Friedhof eben verließ, trat mir Herr Spielmann, der damalige Ortsgruppenleiter der Nazis, in den Weg und beschimpfte mich lautstark, so daß alle Teilnehmer der Beerdigung es hören mußten, wegen meiner Rede, in der ich es unterlassen hätte, auf die Verdienste und das vorbildliche Verhalten des Verstorbenen einzugehen, was die ganze Gemeinde empört hätte. Ich ließ das stillschweigend über mich ergehen, war natürlich verdutzt, ließ es aber in dieser Situation nicht zu einem Wortwechsel kommen, sondern entfernte mich schweigend, um nach Hause zu gehen. Ich machte dann gleich einen Bericht an den Superintendenten, legte den Wortlaut meiner Rede bei und bat ihn, mich in meiner Amtsführung vor solchen Anrempelungen zu schützen. Der Superintendent ließ dann Spielmann zu sich kommen, der sich zu dem Zugeständnis herabließ, er könne zwar von seinen Worten nichts zurücknehmen, bedaure aber, daß er mir das nicht besser zu Hause unter vier Augen gesagt hätte.

Der Superintendent gab mir dann den Rat, unter diesen Umständen nicht länger in Jühnde zu bleiben, sondern mich nach einer anderen Pfarrstelle umzusehen."

Als Pastor in Wittlohe (Kreis Verden/Aller) - von 1932-1962 - wurde Vater Mitglied der Bekennenden Kirche. Als junger Frontoffizier des Ersten Weltkrieges war er von 1939-1945 reaktiviert. Das könnte ihn gerettet haben. Denn, wenn er im Urlaub predigte, saß immer jemand in den hinteren Bänken der Dorfkirche(!) - als Kind hat mich das zutiefst beunruhigt - und schrieb mit. Eine großer Prediger war mein Vater nicht. Aber er nahm niemals ein Blatt vor den Mund.

Mein Vater schreibt zu seiner (ihm 1937 angebotenen) Reaktivierung beim Wehrbezirkskommando in Bremen: "Ich hatte eine Unterredung mit dem mich sehr sympathisch berührenden Adjutanten des Kommandeurs, der mir auch sagte, daß er gern auch Pastoren unter den wieder in die Wehrmacht aufzunehmenden Reserveoffizieren aus dem 1. Weltkrieg hätte. Ich nahm das Angebot an, auch unter dem Gesichtspunkt, daß ich als Reserveoffizier etwas geschützt sei gegen die Anfeindungen unseres Standes seitens der Nazis. Sie hatten mich in Wittlohe zwar ziemlich unbehelligt gelassen, weil sie merkten, daß ich in dem weitaus größten Teil meiner Gemeinde einen starken Rückhalt gegen solche Angriffe hatte. Unser Ortsgruppenleiter hatte zwar mal eine Anzeige gegen mich an den Gauleiter unternommen, weil er meinte, ich hätte sein

Verhalten zu Unrecht öffentlich kritisiert, war aber bei dem Gauleiter damit abgeblitzt. Im Gottesdienst hatte ich gelegentlich einen Lehrer der Gemeinde als Aufpasser, der während der Predigt das mitschrieb, was ihm persönlich politisch anstößig erschien, ohne daß es weiter Folgen für mich hatte. Glücklicherweise wurde er, sowie der fanatische Lehrer in Neddenaverbergen bald aufgrund 'besonderer Tüchtigkeit' in eine 'gehobenere' Stellung versetzt. Kirchenpolitisch hatte ich mich bei meinem Superintendenten und einigen Amtsbrüdern, die zu den 'Deutschen Christen' hielten, mißliebig gemacht, weil ich aus meiner entgegengesetzten Stellung durchaus keinen Hehl machte. Es war ja in jenen Jahren eine allgemeine Erscheinung, daß durch die Pastorenschaft überall ein tiefer Riß ging, der alle gute Zusammenarbeit und Vertrauen unmöglich machte."

"Was du ererbt von deinen Vätern hast, erwirb es, um es zu besitzen" (GOETHE).

Vorfahren von Seiten der Mutter

Aus Nordfriesland stammen die Vorfahren meiner Mutter. Ludwig Ingwer NOMMENSEN, der 'Apostel der Batak', hatte in 2. Ehe eine Urgroßtante geheiratet. Mein Urgroßvater Hans Cornelius PAULSEN (1839-1888) war – als nicht erbberechtigter Bauernsohn Schuster – erfasst von der Glaubenserweckung des 19. Jahrhunderts. In seiner Werkstatt lag die stets aufgeschlagene Bibel (von 1631, mit Erklärungen!) neben dem Werkzeug. Er war noch wirklich Schuh-Macher, nicht Flickschuster, wie es sie seit 1850 (Angebot von Billigwaren aus den ersten Schuhfabriken!) allenthalben gab.

Sein Sohn Jakob Friedrich PAULSEN, 1866 geboren (mein Großvater), berichtet: "Oft ließ Vater mächtig ein Lied erschallen, während er das Sohlleder mit dem Hammer auf dem Klopfstein bearbeitete."

Als *ich* bei Martin BUBER las "Henoch war ein Schuhflicker. Mit jedem Stich seiner Ahle, der Oberleder und Sohle zusammenbrachte, verband er Gott und seine Schechina", musste ich dieses Urgroßvaters gedenken (Schechina = Gottes Einwohnung in der Welt).

Großvater schrieb: "Regelmäßig wurden Hausandachten gehalten mit Gesang und Gebet. Vater war ein Beter. Oft verschwand er auf dem Boden des Hauses, und Mutter ermahnte uns Kinder dann: 'Seid still! Vater betet!'" (Diesen Satz hörte *ich* als Kind jeden Samstagvormittag fast gleichlautend von meiner Mutter: "Seid still, Kinder! Vater macht die Predigt!")

Im Ort (Bredstedt) hieß Urgroßvater PAULSEN 'de hillige Hans'. Sohn Friedrich musste mit 10 Jahren in der Werkstatt voll mitarbeiten, Schuhe besohlen und Kinderstiefel nähen. Später war er viele Jahre Laufjunge beim

Kaufmann im Ort. Aber dann trat er – seine Begabung wurde erkannt – als Missionszögling in die Ausbildung am Breklumer Missionsseminar ein. 1893 wurde er als "Missionsagent für eine volkstümliche Verkündigung des Evangeliums in der Heimat" bestellt. Nach Zerwürfnis mit der Breklumer Mission arbeitete er als freier Evangelist ("Sendbote") in einem sich immer weiter ausdehnenden Bereich. Meta, geb. ANDRESEN, eine "äußerlich stille und zurückhaltende Persönlichkeit mit einem durch Glaubensgewißheit geprägten reichen Innenleben" (so mein Vater) - ich habe sie als zarte, behutsame, stets leicht zitternde, immer in der Bibel lesende Großmutter in Erinnerung - folgte ihrem Friedrich (die Kinderschar wuchs auf 10 an) nach Kiel, Höxter, Berlin (hier wurde 1901 meine Mutter geboren), nach Rostock, Neustrelitz und, als Großvater PAULSEN der erste hauptamtlich beauftragte Prediger der landeskirchlichen Gemeinschaft in Hannover (von 1911 bis zu seinem plötzlichen Tod 1922 infolge Kopfgrippe) wurde, nach Osterholz-Scharmbeck und nach Wilhelmshaven. Großvater PAULSEN besaß die Gabe einer lebendigen Verkündigung ("das Band meiner Zunge ward los") und erwarb sich dadurch, auch in Adelskreisen, eine große Zahl von Freunden und Gönnern. In dem Bericht eines Superintendenten über seine Tätigkeit in Mecklenburg heißt es: "Schon im Frühjahr 1907 konnte Paulsen mitteilen, daß er in 40 Städten, Dörfern und Gütern tätig gewesen sei. Er wurde zwar überall als Eindringling und Sektierer bekämpft, konnte aber als Frucht seiner Tätigkeit erleben, daß sich viele kleine Kreise von Menschen bildeten, die, von der Botschaft des Evangeliums ergriffen, mit Ernst Christen sein wollten und zu regelmäßigen Gemeinschaftsstunden zusammenkamen."

Erhalten ist von ihm ein Herrnhuter Losungsbuch von 1896, in dem er auf Leerseiten in winziger Schrift Tagebuch über dieses Jahr (es ist noch die Breklumer Zeit) führt. Unter dem Datum des 1. Januar ist zu lesen: "In Jesu Namen. Amen. Vormittags predigte Pastor Jensen hier über das Evangelium 'Sein Name wurde genannt Jesus' (Luk. 2,1). I. Person Jesu. II. Glaube an Jesum. III. die Hilfe Jesu. - Verlobung Thomsen's in Strukum mit Thea Steensen. Jesus segne die beiden. Laß sie ein christliches Haus gründen. - Nachmittags fuhr ich per Rad nach Bütjebüll, hielt dort Bibelstunde über das Evangelium. Danach zurück, es war Glatteis, nach Breklum, wo ich um 6 Uhr Pastor Jensen vertrat und über den Namen 'Jesus' sprach. I. die Bedeutung und II. die Süßigkeit des Namens Jesus. Der Herr gab mir große Freudigkeit. Am Abend hatten wir bei uns eine gesegnete Bibelbesprechung über Col. 2 v 11-13. Wir waren nur 18 Personen abends, in der Aula in Bütjebüll nachmittags wohl 80. Abends spät brannten nochmals die Lichter auf dem Tannenbaum."

So geriet im Jahr 1926 der Hannoversche Pastor im Hilfsdienst Wilhelm STEINWEDE (mein Vater) in Gartow im gräflich Bernstorffschen Schloss (Gräfin Eleonore war eine gestrenge Gemeinschaftschristin) an die Haustochter Maria PAULSEN (meine Mutter) und ich (als drittes von alsbald fünf Kindern), am 9. November 1930 gegen sechs Uhr abends geboren, an den Grafen Günther von BERNSTORFF (die Rudolf-Schäfer-Taufbibel mit von ihm selbst gestalteter Titelseite halte ich in Ehren) als Paten. Taufe war am 28.12., dem Tag der unschuldigen Kindlein. Da ich bereits 11 Monate nach meinem Bruder Hans-Jürgen auf die Welt kam, verzeichnet das Taufregister Jühnde für das Jahr 1930 an erster und an letzter Stelle je einen Steinwede-Sohn. Die Herrnhuter Losung am Tag meiner Geburt, einem Sonntag, lautete: "Behütet auf's fleißigste eure Seelen, auf daß ihr den Herrn, euern Gott, liebhabt" (Jos 23,11).

Kindheit in Wittlohe - Schule

Wittlohe, ein winziges Dorf im Niedersachsenland, landschaftlich schön, geprägt von der Lage zwischen Allermarsch und Geest, zwischen den Bächen Vethe und Lehrde (dieser Bach schon 787 als "Lerda" erwähnt) - das ist meine Heimat, da bin ich zu Haus. Dort will ich, unweit der Gräber meiner Eltern, begraben sein. Mit NIETZSCHE kann ich sagen: "Ich bin als Pflanze nahe dem Gottesacker, als Mensch in einem evangelischen Pfarrhaus geboren" (aufgewachsen). Nahe dem Gottesacker: Immer war mir der Tod vertraut. Ich schaute dem Friedhofswärter zu, wenn er die Gräber aushob. Ich sah, wie sie die Särge um die Kirche trugen, um sie dann hinabzusenken. Ich sah, wie die Gräber zugeworfen, aufgewölbt und dann mit Kränzen bedeckt wurden.

Das evangelische Pfarrhaus: "my home, my castle" - einer der ersten Sprüche meines Englischunterrichtes. Ich fühlte mich wohl und geborgen. Täglich Gebet und Singen - wie selbstverständlich war das Einüben in christliche Lebensformen. "Glaube als Lebensstil des eigenen Milieus", sagt Martin BUBER. Vater und Mutter waren mir, mit Martin LUTHER gesprochen, wirklich "Apostel und Bischof". Erst als Lehrer BREMER die Jairusgeschichte erzählte und dazu erklärte, glauben könne er das nicht, erhielt ich im Alter von 8 meinen ersten religiösen Schock.

Wittlohe, Wittlohe - in den Nächten steigen sie auf, die Dinge der Kindheit. Der Pfarrgarten - Areal der Freiheit. Felder, Heidhügel, Kiefernwälder und Wiesen - eine große Weite. Die Kirche - Sonntag für Sonntag neben Mutter in der Bank für die Pfarrersleute, auf der Empore über uns die Patronatsbank derer von BEHR. Und ich bewunderte Mutters ledergebundenes Gesangbuch mit den reichverzierten Dünndruckseiten (ich hab's noch).

Wittlohe - der Name nach mündlicher Überlieferung auf das weißblühende ("witt") Wollgras im Moor zurückgehend -, Wittlohe, das war für mich von 7/8 an viel mit Lust verrichtete Arbeit im Garten (hacken, harken, graben, säen, pflanzen, gießen, ernten), Arbeit auf dem Hof (Holz hacken), in Kriegszeiten auch bei den Bauern auf dem Feld (Heu einbringen, Kartoffeln auflesen; ja, ich konnte auch eine Wiese mähen und später sogar melken). "Kinderarbeit" - damals eine absurde Fragestellung. Lebensnotwendigkeit in gewisser Weise, vor allem Übung, die mich fit machte für 16-Stunden-Tage in reiferem Lebensalter.

Wittlohe, das waren Farben, Düfte, Klänge, Gefühle - im Sommer barfuß zur Schule und zurück, im Herbst Äpfel ernten von den Pastorats-Bäumen an der Straße nach Stemmen, immer wieder schaukeln auf der großen Diele (die starken Haken im Deckenbalken sind noch da), das war späterhin nachmittags üben an der Furtwängler-Orgel der Kirche. Und ich spielte mir Johann Sebastian BACH ins Herz. Das war zu Weihnachten 1945-47 dreimal der Josef im Krippenspiel. Und ich musste (als Pubertierender!) sagen (zweimal zu Inge, einmal zu Margit): "Maria, Maria, mein vertrautes Weib". Und es ging mir durch und durch. Und ich liebte sie beide. Noch heute (1997 zuletzt), wenn ich Inge auf dem Kirchhof treffe (und ich weiß, ich werde neben ihr begraben sein), fragt sie: "Weißt du noch, das Krippenspiel?" Natürlich sagt sie es auf Plattdeutsch: "Weeßte noch, Dirk, dat Krippenspeel?"

Zwischenruf

Wir als Kinder auf der Bank vor Holsten Haus, die Füße baumeln lassend und skandierend:

"Wenn Pingsten is, wenn Pingsten is, dann slacht us Voder 'n Bock,
dann danzt us Moder, dann danzt us Moder in roen, roen Rock."

Der Reim war uns aus dem Dorf so zugekommen. Könnte es sein, so denke ich, dass hier noch heidnische Elemente hineinspielen?

Das Dorf (nur eine Straße) - es hatte nie mehr als 200 Einwohner - ist uralt. Abgesehen von den reichen bronze- und eisenzeitlichen Funden in Hügelgräbern der unmittelbaren Umgebung (auch ein Rastplatz jungsteinzeitlicher Jäger wurde aufgedeckt), die auf germanische Besiedlung schließen lassen, ist der Ort bereits 1231 in einer alten Chronik als "das Dorf Wittelohe" erwähnt. Ein Edler Heinrich von HILLINGSVELT verzichtete am 10.12.1231 mit Bewilligung des Erzbischofs Gerhard von Bremen und des Bremer Domkapitels auf sein Lehnsrecht an Dorf und Kirche zugunsten des Domkapitels von Verden. Seitdem übte Verden im Capitelhaus, dem kleinen unterkellerten Gebäude (Gefängnis!) "zu Wittelo up dem Kerkhove by der Linden" seine Gerichtshoheit aus. Auf die dem Dorfplatz zugewandte Seite (nach Osten) wurde im 16. Jahrhundert das wunderschöne in Sandstein gehauene Wappen derer von MANDELSLO eingefügt (es gab damals mehrere Verdener Domherren dieses Namens. Noch bevor Verden evangelisch wurde, war bereits 1531 ein Theodor von MANDELSLO als erster protestantischer Pfarrer von Wittlohe genannt).

Spätestens Anfang des 18. Jahrhunderts scheint die Nutzung als Gerichtsgebäude aufgegeben worden zu sein. Jedenfalls wird 1718 auf die Vergangenheit als der "Domherren Gerichtshaus" und die Umnutzung als Backhaus (ein zusätzlicher Backofen war errichtet worden) verwiesen. Auch auf alten Karten findet sich das Dorf bereits. Eine in meinem Besitz befindliche Original-Mercator-Karte von 1592 (Westfalen und Erzdiözese Bremen) verzeichnet den Ort als Wittelhoe. Eine Amsterdamer Germania-Karte mit Postrouten weist eben dieses Wittelhoe 1670 (also nach dem Dreißigjährigen Krieg) als Poststation (und so war's bis in meine Kindheit und Jugend) aus. Beim großen Brand von 1732, der bis auf die Kirche und das steinerne Capitelhaus das gesamte Dorf (alle übrigen Häuser waren aus Fachwerk mit Lehm und Strohdächern) vernichtete, dürfte auch das alte "Posthaus" mit untergegangen sein.

Die alte Kirche stand (nach Ausweis eines großen Findlings mit Inschrift auf dem Friedhof) seit 1250. 1908 - der damalige Pastor spielte verrückt - riss man sie nieder. Orgel, Teile des Altars (Rokoko), der romanische Taufstein, Figuren (ein Johannes des 16., ein David des 18. Jahrhunderts) finden sich jetzt in anderen Kirchen bzw. in benachbarten Heimatmuseen. Der Turm stand bis 1925. Heute ist eine stilreine, der Umgebung durchaus sich einfügende neugotische Kirche zu bewundern, nicht zuletzt, weil sie im Innern zwei riesige orthodoxe Kronleuchter mit dem Doppelkreuz und zwei Ikonen - Geschenk einer russischen Gemeinde nahe Moskau - enthält. Pastor Urs DOHRMANN, ein wahrer Ökumeniker, hatte die Wittloher Gemeinde veranlasst, den Wiederaufbau der dortigen Kirche nicht nur tatkräftig finanziell zu unterstützen, sondern auch selbst Hand mit anzulegen.

Das Capitelhaus, halb im Pfarrgarten, halb auf dem Kirchhof gelegen - in meiner Kindheit war's das bereits lädierte Back- (Wasch-) Haus - verdankt Neubezeichnung und Renovierung ebenso dem unermüdlichen Urs DOHRMANN. Mindestens 500 Jahre (vermutlich mehr) zählend, ist es der älteste Profanbau im Kreise Verden und darüber hinaus. Ein Innenarchitekt hat in einer sorgfältigen Arbeit eine den Baumaßen sowie den Maßen und der Anordnung von Tür und Fenstern zugrundeliegende mittelalterliche Zahlensymbolik aufgedeckt. Heute wird's als Gemeinderaum genutzt. Drinnen hängt ein von den vier Brüdern gestifteter Wandteppich meiner Schwester Trudy. Eingewebter Titel: "ET IN TERRA PAX".

Von Erinnerungen meiner Kindheit überflutet ist dieses alte Domherren-Gerichtshaus. Vor allem andern sind es die Düfte. Zinkwannen haben ihren eigenen Geruch und Waschzuber aus Holz, wenn sie dampfen von der heißen Wäsche, ebenso dieselbe Wäsche kochend in dem holzbefeuerten Waschkessel. Oder aber der aus gleichem Kessel im Herbst aufsteigende süßliche Duft von Zuckerrübenschnitzeln, wenn diese unter stundenlangem Rühren zu Sirup eingedickt wurden. Oder aber der Duft von brodelnden Fleischstücken, wenn im Dezember das Schwein geschlachtet wurde.

Nach Moder rochen die zerfledderten Strohmatratzen auf den Eisenbettgestellen in den beiden verwahrlosten hinteren Räumen, die in den 30er Jahren schon als "Jugendherberge" galten. Vater fungierte als "Herbergswirt". Aber wer schlief da schon: ab und zu ein Landstreicher, ein "Butscher". Sie hießen bei uns alle "Gustav Nagel". Später waren es die Küchengerüche der Flüchtlingsfamilie OPPAT, die jahrelang in diesen winzigen, auch feuchten Räumen mit ihrem bröckelnden Putz hausen musste.

Und doch, soviel Sonne ist über diesem Haus in meiner Erinnerung, Sommertage, an denen die Bienen summen, Eidechsen huschen und der Kalk aus dem Gemäuer rieselt, an denen der wuchernde Efeu blüht und eine Rauchfahne still aus dem Schornstein aufsteigt. Es hat seinen stillen Charme. Wieder und wieder bleibt mein Blick an den großen Backsteinen hängen. "Klosterformat" habe ich gehört. Was dies Wort alles ruft... Ich liege im Gras neben diesem Haus, träume den Wolken nach: Dort oben - irgendwo hinter den Wolken - dort ist Gott. Mutter hat die Wäscheleine gespannt, Mutter, die am Abend migränegeplagt sein wird, Monat für Monat, wenn der große Waschtag abläuft. Am Tage vorher habe ich die Wannen vollgepumpt zum Einweichen der Wäsche, 20 Eimer, ich zähle, für drei Wannen, Zuber und Kessel. Der große messingglitzernde Kopf der schwergehenden Pumpe in meinen Händen: Auf und ab, auf und ab mit meinen dünnen Armen, mit letzter Kraft.

Schweineschlachten: Auf dem Hof beginnt es. Unter dem Walnussbaum. Sie zerren das Tier auf den großen hölzernen Bock - markerschütternd das Quieken -, binden es fest. Dann: Schneller Tod durch den Schlag mit dem Bolzen ins Gehirn, schnelles Abstechen mit dem scharfen Messer in den Hals. Das Blut stürzt. In der Schüssel darunter ich mit meinen Händen - ich rühre das Blut, warm, schäumend. Es darf nicht gerinnen. Mich ekelt.

Und dann: heißes Wasser über das Tier, das Abschrappen der Haare. Langsam wird der Tierkörper steif. Und dann hinüber ins Backhaus, aufgehängt an den großen Haken. Aufgeschnitten: die Därme quellen. Fettschichten treten hervor, weiße Streifen über dem roten Fleisch. Und dann: zweiteilen, zerhacken, aufteilen, dieses hierhin, jenes dorthin.

Wursten am nächsten Tag. Fleischmaschine: Mettwurst aus rohem, Leberwurst aus gekochtem Fleisch und der Leber, Rotwurst aus Speckwürfeln und mehlangedicktem Blut. Alles in die gereinigten Därme. Gerüche über Gerüche. Ein Waschhaus war's, ein Schlachthaus, ein süßes Siruphaus, ein nächtlicher Unterschlupf für fahrende Gesellen (es gab sie noch Anfang der 30er), ein Wohnhaus für die, die fliehen mussten. Und auf der Friedhofseite, gleich hinter diesem Haus, so oft, so oft, der Totengräber.

Geprägt war das Kindesdasein von einem Zwiespalt, der zur Tragödie hätte werden können: Hier das Evangelische Pfarrhaus, in dem es hieß "Wenn HITLER den Krieg gewinnt, werden wir nicht mehr lange leben"; dort die Staatsmacht mit ihrer Faszination durch Uniform, Abzeichen, Marschieren, Geländespiel, vor allem durch das Singen im Jungvolk. Die teuflische Prägnanz, so ging mir später auf, mit der die Nationalsozialisten ihre Propaganda betrieben, war eins ihrer Erfolgsgeheimnisse: Riesenaufmärsche, Fackelzüge, Meere von Fahnen und Standarten, wohldurchdachte Uniformen - das Schwarz und Silber der SS-Uniform, der Totenkopf, das hat mir Ehrfurcht eingeflößt -, Uniformen auch für Kinder (Braunhemd, schwarzer Schlips mit Lederknoten, Koppel, Schulterriemen, Rangabzeichen auf dem Ärmel, die rotweiße Schnur des Jungenschaftsführers) – "Wenn ein Volk wie das unsere, das außer Form geraten ist, wieder in Form kommen soll, dann muß es zunächst in Uniform gebracht werden", so ein Theologe, Deutscher Christ –, Begriffe wie Ehre, Stolz, Führertum - ich war verführt. Am zwingendsten ihre Lieder: Mit religiösen Motiven wurde ein Fahnenmythos beschworen. Ich vermag's nicht aus meinem Gedächtnis zu tilgen: "Unsre Fahne flattert uns voran. Unsre Fahne ist die neue Zeit. Ja die Fahne führt uns in die Ewigkeit. Unsre Fahne ist mehr als der Tod." – "Mein Kampf", das ist ein höchst einprägsamer Titel. Und immer noch sehe ich das Plakat vor mir, das damals monatelang an der Scheune unseres Nachbarn hing: Adolf HITLER als beeindruckende Führergestalt. Der Text: "Ein Volk! Ein Reich! Ein Führer!"

Ich habe den Zwiespalt in mir getragen, beide Seiten gelebt - offensichtlich ohne Schaden für meine Seele. Kinder, so scheint es mir, vermögen da außerordentlich viel auszuhalten.

Kindheit! Mutter hat allerlei aus der frühen Zeit festgehalten: "Ata" (Vater) war mein erstes Wort. Dann folgten "Grudi" (Trudy), "Görge" (Hans-Jürgen) - meine beiden älteren Geschwister -, sowie "Grot" (Brot). Später musste ich fast jeden Mittag (Trotzalter!) hinaus und hinter die Tür, "bis das Böckchen verflogen war". "Quecksilber" nennt Mutter mich mehrmals. Mit 2 1/2 habe ich abends gebetet "Will Vata mich verslingen" ("Satan" sagt Paul GERHARDT in dem wegen seiner irreführenden Bilder für Kinder unmöglichen Lied "Breit aus die Flügel beide"). Und ich war der Meinung, ich hätte zwei Herzen: "In *den* Herz wohnt der liebe Heiland und in *den* der liebe Gott, der sagt 'Diti, fass da nich immer an'!" Zu meiner Geburt hatte Mutter u.a. notiert: "Welch ein Segen sind Kinder, und wie wird ein Haus voll von Freude und Sonne durch sie. Es ist mein größter Wunsch, einst sagen zu können: 'Herr, hier sind wir und die Kinder, die du uns gegeben hast'." Ja, und als ich im Kinderwagen liege, schreibt sie: "Er kräht, 'gurgelt', jauchzt vor lauter Wonne und strampelt so, daß der ganze Wagen in Bewegung ist."

Zum Garten schreibt Vater in seinem Lebensbericht - und alles ist mir so überaus lebendig vor Augen: "Unser Pfarrgarten ist dann je länger je mehr ein idealer Tummelplatz zu jeder Jahreszeit für unsere heranwachsenden Kinder geworden. Zuerst stand ihr Körbchen bei gutem Wetter im Schatten der großen Hainbuchengruppe, dann auch das Ställchen. Danach kam die Sandkiste, die ich gleich im ersten Sommer (1933) von unserem alten Tischler WORTHMANN erstellen ließ. Der Glanzpunkt des Gartens war die an seiner Südseite ihn begrenzende Vethe, die aus Vethem und Südkampen kommend, das wasserreiche Wittmoor durchfloß und darum allerlei Wasser mit sich führte. Im ersten Jahr begradigt und vertieft, hatte sie ein ziemlich hohes Ufer. Ich legte darum an zwei Stellen je eine Steintreppe an, auf der die Kinder dann ans Wasser gelangen konnten. Sie haben in der Vethe viel gebadet und auch das Schwimmen gelernt und dann später unter Anführung von Hans-Jürgen eifrig Fischzüge unternommen, worin sie es zu einer erstaunlichen Fähigkeit brachten. Auf dem jenseitigen Ufer der Vethe ging es dann in Wald und Heide, eine Landschaft, die ideale Möglichkeiten zu weiteren Streifzügen bot, die auch weidlich von unseren Jungen zusammen mit sechs Gleichaltrigen unsrer Nachbarn Holste und Rode unternommen wurden. So wurde ihnen Wittlohe ein Kinderparadies, das sie so liebten, daß sie sich nicht vorstellen konnte, sich jemals von ihm trennen zu müssen." Wittlohe, eine kleine Welt - Gottes Welt.

Kindheit - der Pastorensohn Ingmar BERGMAN beschreibt die seine als ein Geschehen "zwischen Magie und Haferbrei, zwischen grenzenlosem Entsetzen und überschäumender Freude" - ich kann's nachfühlen. Vor allem das grenzenlose Entsetzen, wenn ich zur Strafe im Keller oder gar in der finsteren "Butze", einem Besenschrank, eingesperrt war und in meiner Angst erstickend gegen die Tür hämmerte. Kindheit, das sind glühendheiße bollernde Kachelöfen, das ist Reisbrei, der mir abends um sechs gegen einen sich empörenden Magen reingestopft wird, das ist Jahr für Jahr ein unvergleichlicher Weihnachtsschimmer, das ist (später) dieses in Jenseitszonen katapultierende Gefühl, am Seil hin- und herschwingend beim Läuten der Glocke im Kirchturm (WENNHOLD und RÜPKE, die Läuter vom Dienst, erlaubten's) - keinem Pastorenkind heute ist dieses mehr vergönnt. Kindheit, das ist, ich weiß es nicht anders zu sagen, das ist Unendlichkeit, nie Wiederkehrendes, Seligkeit. Ja, schon damals begann Gott überzuströmen.

Vater – ich sehe ihn gegen Mutters Temperament (einmal warf sie ihm beim Mittagessen einen Teller an den Kopf) eher ruhig, ausgeglichen (Ausnahme: der heiße Zorn überkam ihn). Ich sehe ihn sehr gern und viel im Garten arbeiten, von wo er dann immer wieder, rasch sich umziehend, zu seinen Gemeindeverpflichtungen aufbrach. Meine Schwester Trudy schreibt in den 80er Jahren in "Briefen an einen Freund", die eine Rückschau auf ihr Leben darstellen: "Vater war ein guter Seelenhirte und ein schlechter Prediger. Wenn ich in der Kirche saß, sah ich ihn gemessenen Schrittes von der Sakristei zur Kanzel gehen in dem weiten langen schwarzen Talar, und ich fühlte, wie er aufgeregt war. Bei der Predigt dachte ich, wann ist es endlich zu Ende, daß ich wieder raus an die Sonne kann. Den Frauen fielen die Köpfe auf die Schultern. Die Männer schnarchten selig auf den Bänken. Besonders zur Erntezeit waren die Menschen am Sonntagmorgen müde. Auch war die Kirche dann ziemlich leer. Aber wenn es ans Singen ging, wurden sie wieder munter. Am schönsten konnte Vater am Schluß vor dem Altar den Segen geben. Dann stand er mit erhobenen Armen, mit ausgebreiteten Händen, den Kopf nach hinten geworfen, und sang mit seiner sehr ausdrucksvollen Stimme. Auch Gebete sprach er zu Herzen gehend. Ich mochte nie das Herunterleiern des Tischgebetes vor dem Essen, aber wenn Vater es sprach, so war es überzeugend und warm, und seine Gestik war schön, wenn er die Hände faltete. Oft nahm er mich zu Kranken und Sterbenden mit. Wir gingen dann Hand in Hand ins nächste Dorf, wurden ins Schlafzimmer geführt, und Vater saß am Bett, las aus der Bibel und dem Gesangbuch vor, was die Menschen sich wünschten, hörte ihren Sorgen zu und tröstete sie. Ich stand dabei am Fußende des Bettes und ließ alles auf mich wirken. Ich war gar nicht traurig dabei. Es war so ruhig und still alles..."

Mutter, streng (die Hand saß ihr locker), fromm (durch ihre Familie), ja prüde (ich wurde nie aufgeklärt) erfüllte singend - am Klavier mit uns singend - unsre Kindheit mit Musik. Ihre Theater-Sehnsucht kompensierte sie durch unaufhörlichen Buchkonsum (reichlich Nahrung bot Vaters Bibliothek), wo immer ihr durch harte Arbeit bestimmtes Tagwerk (in der Regel von 6 Uhr morgens bis 10 Uhr abends) es zuließ. Küche, Waschhaus,

Wäschekammer, Garten waren ihre Wirkungsstätten. In der Zeit von 1939-45 erfüllte sie souverän Gemeindeaufgaben (Gemeindebesuche, Leitung von Kirchenvorstandssitzungen und, wenn die Vertretung ausfiel, auch Konfirmandenunterricht und Lesegottesdienste).

Mutter lachte gern. Sie konnte sich vor Lachen, wie man bei uns sagt, "oft nicht einkriegen". Sie rief dann: "Kinder hört auf, das Herz bleibt mir stehen!" - Das Herz blieb ihr stehen - vor Schreck -, als der Riesenlaster dem auf abschüssiger schneeglatter Straße ins Rutschen geratenen Auto, in dem sie mit Vater saß, bedrohlich entgegenkam. An ihrem Körper fand man keine Spur einer Verletzung. Sie war 54 geworden. Ich höre immer wieder, wie mein Bruder Christian am Telefon - das Gehörte wiederholend - sagt: "Vater? - Leichtverletzt. - Und Mutter? - Mutter ist tot!"

Ich war 24, Student - ein tiefer Einschnitt in meinem Leben, das Ende der Jugend, das Ende einer glücklichen Kindheit allemal.

Dennoch: Kindheit

Bilder: Unter den Juhu-Rufen der Brautjungfern sind Hochzeitskutschen herangeprescht. Münzen werden geworfen, Bonbons. Wir laufen. Wir bücken uns danach. Die Braut in Weiß, der stolze Bräutigam, farbiges Gewoge der Gäste. Dann reihen sie sich zum Weg in die Kirche. Und die schnaubenden stampfenden Pferde! Sonntags werden sie ausgespannt. Denn in den 30ern kommen aus den Nachbardörfern noch viele Bauernfamilien mit der Kutsche zum Gottesdienst. In der Pfarrscheune sind Stallungen. Ein wunderbarer Geruch: die Tiere, das Zaumzeug, das Futter.

Einen Teil der Scheune hat unser Nachbar, der alte HONEMANN, gepachtet. Hier drischt er noch sein Korn mit dem Flegel. So oft hab ich's gehört, diesen gleichmäßigen dumpfen Schlag. Er ist zu arm, die Dreschmaschine mit dem Trecker kommen zu lassen. Sein Pferd heißt Lotte. Im Krieg holt er mit dem Kutschwagen die vertretenden Verdener Pastoren von der Kleinbahn in Stemmen. Oder er holt den alten Pastor SEEBO aus Kirchlinteln. Der kommt immer erst 15 Minuten vorher, legt sich auf die Chaise, die Zeitung überm Gesicht, dann ist die Predigt fertig - und was für eine. Pastor SEEBO bringt es im Konfirmandenunterricht auch fertig, dem frechgewordenen Fähnleinführer Hinni BERGMANN - immerhin noch sein Konfirmand - eine zu latschen und ihn dreikant rauszuwerfen. Der Blamierte - ich sah's - flucht, aber er kuscht.

Ganz lieb ist Oma HONEMANN. Wir haben sie alle ins Herz geschlossen. Wie oft schenkt sie uns einen großen Topf kuhwarmer Milch, meist, wenn wir beim Heuen oder bei der Kartoffelernte geholfen haben. Zu Weihnachten - es gehört zum Heiligabend - singen und flöten wir vor der eigenen Bescherung bei ihr auf der Diele. Die beiden Alten sind beglückt. Lotte scharrt. Und die drei Kühe geben ihr stilles 'muh' dazu.

Märchen, Traum, Erinnerung. Vieles mag die Erinnerung verklären: Traum und Wirklichkeit! Vieles sehe ich in meinen Kindheitsträumen - in Nachtträumen. Es ist verändert, verschoben, auf ganz andere Weise 'Bild', aber es ist festgehalten, fixiert. Manchmal, wenn ich nach Wittlohe komme, frage ich mich: Was ist wirklicher, die Realität meiner Träume oder das, was ich jetzt vor mir sehe?

Ich sehe den Kirschbaum im Traum - und er ist noch da mit seinen von den Splittern der explodierenden Granate verletzten, längst vernarbten Ästen. Ich sehe den Fliederbusch im Traum - und er war, riesig ausgewachsen, noch lange da. Ich sehe die Südwand des Hauses vom Weinlaub bedeckt - der Nachfolger meines Vaters riss die Weinstöcke heraus. Ich sehe die Sandkiste, das Reck mit der Eisenstange - verschwunden. Ich sehe die fünf großen buchsbaumgesäumten Plateaus mit Gemüse in allen Jahreszeiten - einige uralte Buchsbaumstöcke, heute mächtig, sind noch da. Und die fünf Hainbuchen im Kreis rauschen wie eh und je.

Längst verschwunden ist das geheimnisvolle Hexenhaus unserer Kindheit (stabil aus Holz errichtet), ebenso die grüne Bank daran zur Vethe hin, zu diesem plätschernden Zauberbach aller Wonnen des Wassers und der Fische. Verschwunden die hölzerne weiße Vethbrücke - welche Erlebnisse allein auf und unter dieser Brücke. Abgeworfene leere Benzintanks feindlicher Flugzeuge hatten wir oben aufgestemmt und in Boote verwandelt. Wie oft fahre ich heut im Traum in einem solchen schwankenden Boot unter der Brücke hindurch (bei Hochwasser war's gefährlich) und die Vethe hinab in ungeahnte Weiten... Verschwunden so vieles, doch in den Träumen alles ganz wirklich weiterhin - und voller Tiefe und Süße. Und es wird auch nicht mehr schwinden...

Schule

Im Grundschulalter besuchte ich drei einklassige Schulen, zuerst im Nachbarort Stemmen (Lehrer DREWES; hier hatte ich bereits am 2. Tag meine "Schularbeiten" nicht gemacht), dann im Nachbarort Otersen (Lehrer WREDE; er war hervorragend, wurde eingezogen und kurz darauf totgeschossen), zuletzt in der zwischen Stemmen und Wittlohe neuerbauten

Wittloher Schule (Lehrer BREMER).

1941 kam ich auf die Domschule nach Verden. Sie war unter HITLER 'Deutsche Oberschule' (das hieß: kein Griechisch!, lebenslang schmerzhaft für mich; erst in der Klasse nach mir wurde im neuerstandenen Dom-Gymnasium Griechisch wieder eingeführt). Die Schule, 1578 durch Eberhard von HOLLE, den Verdener Bischof der Reformation, neu begründet, stand in der Nachfolge einer Dom-Lateinschule, die sich bis ins Jahr 1002 zurückverfolgen lässt, so dass der heutige Direktor gern vom "tausendjährigen Domgymnasium" spricht. Ich kann das akzeptieren, denn Latein habe ich auf dieser Schule wirklich gelernt. Im 19. Jahrhundert von besonders gutem Ruf - 1829 wurde ihr der Titel "Gelehrte Schule erster Klasse" verliehen; die Schüler kamen von weither -, wurde die Domschule dann in jüngerer Zeit (lange nach mir) in den Kreis der sieben Unesco-Modellschulen der BRD aufgenommen.

Verden (auf der Ebstorfer Weltkarte des 13. Jahrhunderts als 'verda' verzeichnet), ist durch das Blutgerichtsurteil KARLS DES GROßEN 782 (man spricht vor Ort heute eher vorsichtig darüber) in die Geschichtsbücher eingegangen. Beherrscht wird die alte Bischofsstadt (nach ersten Bischöfen SPATTO, THANCO und HARUD erfolgte die endgültige Bistumsbildung im Metropolitanverband Mainz Mitte des 9. Jahrhunderts; 874 wurden Reliquien aus Rom übertragen; das Dompatronat "Maria und Caecilia" geht auf eben dieses Jahr zurück) von dem mächtigen gotischen Dom (er hatte vier Vorgängerbauten, zwei karolingische Holzkirchen, sowie je einen ottonischen und einen romanischen Steinbau, von letzterem sind Turm und östlicher Kreuzgangsteil erhalten), den wir bei unserem Zeichenlehrer Erich WESSEL wieder und wieder zu Papier bringen mussten.

Dicht daneben die im Innern eindrucksvolle romanische Andreaskirche; in der Norderstadt, dem Bürgerbezirk, dazu die reich ausgestattete Pfarrkirche St. Johannis, die älteste Backsteinkirche Norddeutschlands.

Zwischen diesen Kirchen - ihr Panorama mit vielen Altstadthäusern von der Allermarsch her ist einmalig - pendelte ich als Schüler hin und her. Ihre geschichtliche und kunstgeschichtliche Bedeutung (der Dom, Baubeginn 1290, hat z.B. Deutschlands ältesten Hallenumgangschor - will heißen, der Hohe Chor hat einen gleich hohen Hallenumgang) konnte ich erst sehr viel später ermessen.

Auf der Orgel von St. Johannis brachte mir die gestrenge Frau WOLF, eine Schülerin des Thomaskantors Günther RAMIN, die Grundlagen des Orgelspiels bei. Zwischen 16 und 19 hatte ich, jede freie Stunde an der Wittloher Orgel träumend, meine BACH-Epoche. Indes, auch nach der C-Prüfung als Organist in Celle, auch nach der Organistentätigkeit in der

Bienenbütteler Dorfkirche und in der Loccumer Klosterkirche - ich war immer nur ein Sichversuchender, niemals ein Meister des Orgelspiels.

Im Verdener Dom hörte ich erstmals - und es war, als ob der Himmel sich auftat - den aufbrandenden Ruf "Herr, unser Herrscher" der Johannespassion. Gott strömte über.

Meine Lehrer damals, viele alte, reaktivierte unter ihnen, waren allesamt (filmwürdige) Originale. Ausnahme der junge Direktor mit seinen flammenden Hitlerreden, aber fair, ein guter Pädagoge, und deshalb allseits geachtet. 1944/45 gab es fast täglich Alarm. Und immer fanden wir uns wieder in den alten Gewölben am Allerufer. Und immer war 'Mops' SCHEELE freudig bereit, jeden, aber auch jeden Begriff, den wir ihm zuwarfen, etymologisch zu erklären.

1945 brannte die Schule (ein Bombentreffer war die Ursache) teilweise ab. Ab Frühjahr 1946 hatten wir wieder notdürftig Unterricht.

Zwischenruf

Natürlich wurde geprügelt. "Mama" HENNING mit seinem "kurzen, dicken" war - wir liebten ihn trotzdem - gefürchtet, denn er schlug hart zu. "Fidi" LENTHE, mein Klassenlehrer in Sexta und Quinta, witschte mir eins mit der Gerte über die Finger, daß ich laut aufheulte. Einsperren aber war passé. "In den Karzer muß er nun, ei, da kann er Buße tun", schrieb der Verfasser der (derzeit wieder aufgelegten) "Häschenschule", neben dem "Struwwelpeter" das Moralbuch unserer frühen Kindheit. Wir konnten beide Bücher Wort für Wort auswendig. Über dem alten, nicht mehr benutzten Karzer des Domgymnasiums in Verden stand griechisch "gnoti sauton" - "erkenne dich selbst". Gut, gut, aber makaber wirkt das, was die Zisterzienser von Fontenay in Burgund in Latein über ihren unterirdischen Kerker geschrieben hatten: "...daß dich des Tages die Sonne nicht steche, noch der Mond des Nachts!" (Ps 121,6).

Drei *Blitzlichter* aus der Zeit bis zum Abitur 1950 seien gestattet: Die total verqualmten Klassen der Kriegsheimkehrer, die auf schnellstem Wege zum Notabitur geführt wurden; die zu uns ausgelagerten "Bremer", unter ihnen in meiner Parallelklasse einer namens Ernst ALBRECHT, der spätere Ministerpräsident von Niedersachsen; vor allem aber jene geheimnisvoll stille Lesestunde mit dem Dichter Werner BERGENGRUEN.

Das Abitur absolvierte ich mit der Gesamtnote "gut". In Sport (Geräteturnen, nicht Leichtathlektik) war ich schwach. Höchste Bewunderung meiner Familie trug mir ein, dass ich es in Mathematik fast auf eine 1 gebracht hatte. Zur Entlassungsfeier fuhr ich mit dem Fahrrad nach Verden. Es regnete. So nahm ich das Zeugnis in klitschnassen Hosen entgegen. Abends, bei der internen Abiturfeier unter 'Männern' (wir waren ja damals noch eine reine Jungenschule) trank ich zum erstenmal in meinem Leben Bier, 2 Glas. Folge: Auf der Rückfahrt ging ich bei Eitze kopfüber nach vorn übers Fahrrad - kein Schmerz, ich schwebte! Am nächsten Morgen stand ich in der Frühe in meiner grünen Joppe wieder auf dem Hof und hackte Holz.

Ich sollte Pastor werden. So war es in der Familie beschlossen und durch entsprechende wechselnde Spitznamen über Jahre hinweg tradiert. Ich wurde es nicht - Trotz spielte auch eine Rolle -, statt dessen mein jüngster Bruder Christian. Ich wurde Lehrer.

Einige Auszüge aus meinem im November 1949 (Datum 28.11.; ich war gerade 19) für die Zulassung zum Abitur verfassten *"Bildungsgang"* mögen das Vorausgehende bestätigen und ergänzen. Über mein jugendliches (kindliches) Sexualleben - ich denke, dass die Entwicklung der libido sehr wohl mit der von Seele und Geist zusammenhängt -, ein Sexualleben mit unzähligen Fragen ohne jede Antwort, steht verständlicherweise nichts darin.

"Die Welt in Wittlohe, in einer für eine fröhlich-wilde Kinderschar geradezu paradiesischen Umgebung, die die Landschaftsformen der Norddeutschen Tiefebene gleichsam in Miniatur in sich vereinte, wird stets die eigentliche Heimat bleiben."

*

"Von meinen kindlichen Regungen weiß ich nur noch, daß ich gegen viele Dinge eine feste Abneigung hegte und mich energisch dagegen wehrte, wollte man sie mir aufdrängen. Andererseits weiß ich mich auch sehr genau daran zu erinnern, daß ich im 3. und 4. Lebensjahr schon viel verstand und zu ergründen suchte, wozu man mich, wie ich sehr deutlich spürte, noch nicht für fähig hielt."

*

"Die elterliche Anleitung war bestimmt nicht streng. Ich kann meine Jugendzeit glücklich nennen. Weiteste Freiheit im Spiel und Umherstreichen in Wald, Feld, Bruch, Moor, Wiese und Heide wurde den Kindern gegönnt. Die väterliche Hand griff nur selten, aber dann hart strafend, in die Erziehung ein. Die Einheit von Pfarrhaus, Friedhof und Kirche zusammen mit der fürsorglichen Liebe der Mutter, mit der täglichen religiösen Unterweisung in Gebet, Andacht und Lied weckten und stärkten kindliche Gläubigkeit. In seelischer Hinsicht wuchsen wir behütet auf."

*

"Die Umwelt sollte schon in früher Jugendzeit eine nicht unwichtige Rolle spielen. Da ein Verkehr mit Kindern gleichgestellter Eltern auf dem abseits gelegenen kleinen Dorf nicht möglich war, wurden die oft ziemlich ärmlichen Dorfkinder unsere Spielgefährten. So blieb es nicht aus, daß wir manchen Blick taten in die Häuser der Tagelöhner und Anbauern, in die Enge und Dürftigkeit des Lebens der sogenannten kleinen Leute. Ich kann noch jetzt nachempfinden, wie ich damals oft erschrak vor der Armut, wie ich oft zurücklief in die Geborgenheit und Wärme des väterlichen Hauses. In Worte fassen konnte ich das noch nicht, jedoch spürte ich deutlich den Gegensatz und kam nicht darüber hinweg, daß nicht alle Menschen genügend zu essen und gute Kleidung haben sollten."

*

"Tag für Tag verbrachten wir Geschwister im großen Pfarrgarten, wo wir ungehindert spielten und tollten. Hier waren wir unbewußt hineingestellt in das jahreszeitliche Wachsen, Blühen, Fruchtbringen und Vergehen, erlebten mit dem Kreislauf der Natur die ewige Folge von Tod und Leben, den unerbittlichen Existenzkampf aller Lebewesen untereinander. Vielleicht ist es daher zu erklären, daß dem 6jährigen schon Probleme zuwuchsen über den Sinn des Lebens, die Daseinsmöglichkeit und Fortpflanzung des Menschen, über den Tod, die ihn beängstigend bedrückten, und gleichsam vor eine riesige unüberwindliche Mauer stellten. Fragen darüber an die Erwachsenen zu richten, konnte die angeborene Schüchternheit und Scheu nicht überwinden. So legte sich doch hin und wieder ein verdunkelnder Schatten über die sonst ungetrübte Helle des Kindesdaseins."

*

"In sehr feiner Weise wußte in der Grundschulzeit einer meiner Lehrer (es war Lehrer WREDE in Otersen) das Band zur Natur und zur Heimat mit ihrer Geschichte, ihren Sitten und Brauchtümern fest zu knüpfen. Damit hat er mir ganz entschieden zwei Richtungen angegeben, in die meine spätere Arbeit gehen sollte, Naturwissenschaften und Geschichte. Als drittes Gebiet sollte dann noch die Musik hinzukommen.

Auf zahlreichen Ausflügen und im naturwissenschaftlichen Unterricht vermochte Lehrer WREDE anschaulich und überzeugend in das Wesen der Natur einzuführen, durch Anleitung zur Verfolgung eines ganz bestimmten Entwicklungsganges oder zur Analyse eines Objekts die Beobachtungsgabe zu schärfen. In zahllosen kleinen Versuchen mit Tier und Pflanze oder auch physikalischer Art zog er die Aufmerksamkeit der Schüler an und hielt sie wach dadurch, daß er sie selbst experimentieren ließ. So änderte sich mein Verhältnis zur Natur. War sie in früher Kindheit Spenderin der Freiheit gewesen, so wurde sie jetzt zum kritisch angesehenen Beobachtungsobjekt, das viele erforschbare Geheimnisse barg. Bei der Bestimmung von Pflanzen, bei der Untersuchung ihres Aufbaus und der Festlegung ihrer Familienzugehörigkeit, beim Forschen nach seltenen Arten empfand ich Freude. Im Tierreich fesselte vor allem das Vogelleben. Viel freie Zeit wurde benutzt, um den kleinen Sängern, aber auch den Räubern unter den Vögeln nachzuspüren. Eine gute Anregung dazu gaben die packenden Schilderungen des damals von uns sehr verehrten Heidedichters Hermann LÖNS."
Zusatz 1999: Viele Hinweise verdankte ich auch meinem älteren Bruder Hans-Jürgen, bis heute ein Ornithologe von hoher Kenntnis und Passion.

"Auf der anderen Seite entwickelte sich bei mir während der Volksschulzeit und der ersten Jahre auf der Oberschule in Verden ein reges Interesse an der Geschichte in allen ihren Epochen und Zusammenhängen. Zunächst fesselte mich die Vorgeschichte in besonderer Weise. Die Volksschule (in Otersen) besaß eine kleine Sammlung von Nachbildungen und einige Originalfunde stein- und bronzezeitlicher Waffen, Schmuckgegenstände, Geräte. Ich wurde nicht müde, diese Gegenstände zu betrachten, meine Phantasie und Vorstellungskraft daran zu entwickeln. Sehnlichster Wunsch war, selbst einmal einen solchen Fund zu machen - unsere Gegend war reich an vorgeschichtlichen Funden - oder sogar eine Urne auszugraben. Das Glück war mir hold. Später wurde dieser Wunsch erfüllt."

*

"Was nach den ersten Erfolgen im Lesen für mich die Märchen bedeuteten, wurden bald Erzählungen, Legenden und vor allem die deutschen Heldensagen, daneben auch schon die griechische Mythologie in Jugendausgaben. In späteren Jahren ging mir der historische Roman über alles. Die väterliche Bibliothek enthielt hier reiche Schätze. Manchmal überkam mich geradezu eine Lesewut. Stundenlang, bis tief in die Nacht, konnte ich über einem Buch hocken. Werke, wie 'Ein Kampf um Rom' (Felix DAHN) oder 'Die Ahnen' (Gustav FREYTAG) las ich mehrmals nacheinander. Die Geschichte in ihrer poetischen, vielleicht auch romantischen Darstellung, das war es, was mich reizte. Der heute betriebenen, nüchtern und sachlich vorgetragenen politischen und Verfassungsgeschichte vermag ich wenig abzugewinnen.

Neben dieser geschichtlichen Lektüre verschlang ich gleichsam alles, was nur zu erreichen war, mochte es mir verständlich oder unverständlich sein. Vom Indianerbuch bis zum schöngeistigen Roman, alles fiel meinem Lesehunger zum Opfer. Das war kein ruhiges Lernen und Begreifen, das war unbezähmbares, fast gieriges Genießen."

*

"Der Ausbruch des Krieges 1939 entflammte patriotische Begeisterung. Wie konnten wir auch fähig sein, die wahren Hintergründe zu durchschauen. Fröhlich sangen wir Vaterlandslieder, verfolgten den siegreichen Vormarsch unserer Truppen, träumten von eigenen Heldentaten. Dieser Patriotismus wurde später noch gesteigert durch den Dienst in der Hitlerjugend. Ich gestehe, daß ich zumindest anfangs überzeugt war; entstehende Mißstände schrieb ich allein der völligen Unzulänglichkeit mancher Führer und der Widersetzlichkeit einzelner zu. Man machte mich zum Führer einer kleinen Gruppe. Ich war stolz darauf, obwohl ich mich keineswegs berufen fühlte. In dieser Stellung hatte ich am Führerdienst teilzunehmen, der eine stärkere parteiliche Tendenz zeigte. Bei einem solchen Führerdienst im Nachbardorf fiel einmal ein Wort, das, obwohl harmlos klingend, für das ganze System bezeichnend war, das mich plötzlich aufrüttelte und mir bewußt machte, daß ich an einer anderen Stelle zu stehen hätte, in der christlichen Kulturwelt: 'In *dem* Dorfe (gemeint war Wittlohe) müssen wir marschieren, dort gehen noch viel zu viel Leute in die Kirche. Das Dorf hat's nötig !' Seitdem stand ich innerlich abseits, trug mich auch mit dem Gedanken, meine Führerstellung aufzugeben, brachte aber den Mut dazu nicht auf. Allzu oft hatte man uns die Strafen vor Augen geführt, die man für offene Auflehnung bereithielt. Eines aber stand fest für mich. Sollte es hart auf hart gehen, dann stand ich bei der Familie."

*

"In der Oberschule vermochte ich von Anfang an in allen Fächern leicht zu folgen, auffallende Leistungen zeigte ich auf keinem Gebiet. Verständnis- und Einsichtsvermögen waren so weit ausgeprägt, daß ich sofort das Einmalige und Besondere, das jeder Lehrer in seinem Fach herauszustellen für notwendig hielt, erfaßte und als richtig erkannte. So bin ich in allen Wissensgebieten, die die Schule lehrt, zu Hause, wenn auch nicht gründlich. Auch diese, so wenig sich spezialisierende Entwicklung trug dazu bei, daß ich mich für den Lehrerberuf entschied, der doch immerhin mehrere Gebiete umfaßt. - Auch die Hauptfächer machten mir im Durchschnitt wenig Schwierigkeiten, zumal Eifer und Fleiß in den Anfangsjahren kaum nachließen. Das Eindringen in die englische Sprache wurde mir durch die völlige Beherrschung des Plattdeutschen nicht wenig erleichtert, ein Vorteil, den ich dem engen Verkehr mit der Dorfjugend zu verdanken hatte.

Stark beeindruckt hat mich eigentlich wenig in dieser Zeit von dem, was die Schule bot. Ein geordneter Unterricht war ja aufgrund der damaligen fast täglichen Luftalarme auch nicht möglich."

*

"Ich ging in dieser Zeit in den Konfirmandenunterricht. Ein junger, idealistischer, überzeugter Pfarrer (P. RABIUS) unterrichtete uns im ersten Jahr. Er wußte mein Inneres aufzuwühlen, der ich bis jetzt noch nichts verstand vom wahren Wesen der Religion. Er lebte seinen Glauben vor, sein Unterricht war Verkündigung. Tief erschauernd und glücklich ging ich oft nach Haus, ich hatte das Wehen des Geistes verspürt. Das Bekenntnis, das ich im März 1945, kurz bevor die Wogen des Krieges übers Land schlugen, ablegte, kam aus einem gläubigen Herzen. Konfirmiert wurde ich indes von Pastor MEINERS aus Verden, der im zweiten Jahr einen wesentlich nüchterneren Unterricht bot."

Zusatz:
Mutter schreibt in ihrem Brief zu meinem Konfirmationstag am 11.3.1945 u.a. an Vater: "Es war ein schöner ernster Tag, den wir in vollkommener Ruhe, besonders vor den Fliegern, feiern konnten. Tags zuvor hatten D. und ich die Kirche geschmückt. Der große Strauß Forsythien war wunderschön aufgeblüht und sah, umgeben von grünen Gewächsen und Topfblumen, entzückend aus.

Schon um 8 Uhr kam P. MEINERS. Er hatte noch 6 Flüchtlingsfamilien bestellt, die auch gern ihre Kinder konfirmieren lassen wollten. Es waren 282 Erwachsene da, so voll sieht man unsere Kirche selten. P. MEINERS sprach über das Wort 'Herr, wohin sollen wir gehen?' Dann war die Einsegnung. D. war mit großem Ernst dabei. Er bekam den Spruch 'Ich schäme mich des Evangeliums von Christo nicht...'. Beim Essen hielt P. MEINERS eine kleine Tischrede, in der er sagte, daß er D. immer gern gehabt hätte in seiner stillen Art und er hätte ihm nur Freude gemacht. Das dürfe er jetzt wohl sagen, ohne ihm zu schaden. Und er habe ihm seinen eigenen Konfirmationsspruch gegeben in der Hoffnung, daß er vielleicht einmal in Vaters Fußstapfen treten würde. - Ob wir das wohl noch erleben, daß einer unserer Söhne denselben Beruf ergreift...?"

*

"Der Krieg brauste über das Land und riß alle bestehende Ordnung um. Was hatte das zu bedeuten? Schon Jahre vorher war die jungenhaft flammende Begeisterung gewichen.

Ereignisse wie Stalingrad stimmten auch uns nachdenklich. Damals begann die Zeit der dauernden Unsicherheit vor den feindlichen Fliegern. Dann zogen die Flüchtlingstrecks durchs Dorf und mit ihnen Elend und krasseste Not. Dann krachten die Granaten ins Haus, und alles schien ein Ende zu haben. Auseinandersetzen mußten wir uns mit der Zertrümmerung des Staatswesens, das wir von Jugend auf nur als *das* Staatswesen kannten. Ernster und reifer wurden wir durch all dieses. - So nutzten wir auch das Jahr der Freiheit (Frühjahr 1945 - Frühjahr 1946) nicht ausschließlich zu ihrem Genuß, sondern wir packten mit zu, wo es not tat. Und es tat not. Alle Kraft wurde eingesetzt bei der gegenseitigen Hilfe der Betroffenen. Jeder tat, was er konnte, auch wir, die wir noch Kinder hießen. Wir hatten das Chaos miterlebt. Wir mußten uns bewußt werden, daß uns, der kommenden Generation, die Aufgabe des Aufbaues und der Erneuerung zugefallen war.

Als im Frühjahr 1946 der Unterricht wieder begann, waren wir andere geworden. Wir hatten mit einer Weltanschauung abschließen müssen und hatten uns jetzt ein neues Ziel zu suchen. Wo lag es?

Der Unterricht wurde jetzt straffer und die Anforderungen höher. Man begann zu diskutieren, eine Sache, die vorher fast unbekannt war. - Gewohnt, die von allen Seiten auf mich einstürzenden Probleme der Zeit und des Lebens mit mir selbst abzumachen, fand ich im Kameradenkreis nicht den Weg, mein Inneres darzulegen. So wurde aus anfänglicher Scheu allmählich Verschlossenheit, die fast in einen Hang zum Einsiedlertum ausartete und die bei Erörterungen und Unterhaltungen auch freierer Art immer nur einen schweigsamen Zuhörer abgab.

Eigentlich war ich von jeher immer ein Einzelgänger gewesen, ich fühlte mich dabei wohl. Jedoch ich erkannte, daß diese Absonderung falsch sei, so bemühte ich mich, den harten Felsmantel der Gewohnheit zu sprengen; es war und ist nicht leicht.

Seit dieser Zeit begann sich der Horizont über den engen Rahmen von Schule und Familie hinaus zu weiten. Die geistige Arbeit wurde jetzt zum Lebensinhalt.

Arbeiten möchte ich immer, allzu oft habe ich die höchste Befriedigung, das Glücksgefühl nach einer vollendeten Arbeit, erfahren dürfen. Tätigkeit ist ja kein Selbstverbrauch, keine Selbstaufopferung für den Menschen. In dem rastlosen Eilen von einem Werk zum anderen wird einem der schönste Lohn zuteil: der Segen. Das habe ich lernen dürfen in dieser Zeit."

Zwischenruf 1999:

"Es wird uns wohl im Kopf und im Herzen, wenn wir arbeiten" (Australisches Märchen).

*

"Drei Bereiche waren und sind es noch, auf die in den letzten Jahren mein ganzes Sinnen und Trachten ging, in denen ich Schulerkenntnisse mit eigenem häuslichen Studium verband:

1. Musik
2. Geistesgeschichte
3. Der mathematisch-naturwissenschaftliche Bereich.

1. Die Musik wurde zum Höchsten, was ich an geistigen Gütern besitze. Schon in frühester Jugend wurde im Familienkreis gesungen und musiziert. An Festtagen gaben wir kleine Kirchenkonzerte. Aber das alles bewirkte noch kein tiefes, inneres Verhältnis zur Musik. Anders wurde das, als mir mein Vater ab 1946 Orgelunterricht erteilen ließ. Obwohl ich nicht sonderlich begabt war - wäre ich es, so würde ich die Musikausübung als Lebensberuf ergreifen -, machte ich bald Fortschritte, zumal da jede freie Minute ausgenutzt wurde. Und hier haben die Orgelmusiken Johann Sebastian BACHs einen ganz unauslöschlichen Eindruck auf mich gemacht. 'Musica praeludium vitae aeternae' - dieser Gedanke steht hinter jedem Werk BACHs, und das erfaßte mich manchmal mit solcher Gewalt, daß ich in andern Welten zu sein glaubte. Der ungeheure Reichtum von musikalischen Gedanken, die Fülle der Harmonien, die Ordnung in der Polyphonie dieser barocken Musiken riß mich hin. Die Wucht und dynamische Kraft, die zarte, kostbare Melodie, die der Meister zu offenbaren vermag, eben, daß alles, was er schreibt, aus einer andern Welt gewonnen zu sein scheint, das erhebt ihn so weit über andere. Ich glaube, daß diese Musik manchmal geradezu einen sittlichen Eindruck auf mich ausgeübt hat, der mich vor manchem Fehltritt bewahrte. Ich habe nur einen Wunsch, das nie aufgeben zu brauchen. Ich liebe BACH in der ganzen Vielfalt seines erdverwachsenen und dennoch jenseits ausgerichteten Wesens, in der ganzen Größe seines Geistes, aus dem diese unsterblichen Werke hervorflossen, deren wahrheitsgetreuer Interpret ich einmal werden möchte.

2. Bei gelegentlichem Umherstöbern in der Bibliothek meines Vaters war ich auf kunstgeschichtliche Werke gestoßen, hatte darin geblättert, war aufmerksam geworden. So wuchs ich unmerklich hinein in die Welt der bildenden Künste in ihrer geschichtlichen Sicht. Die eigene Talentlosigkeit im Zeichnen und Malen ward mir manchmal fast zur Qual. Hinweise aus dem kunstgeschichtlichen Unterricht und Gespräche mit der künstlerisch tätigen und ausdrucksfähigen Schwester hielten das Augenmerk wach, förderten das Studium.

Die Antike mit ihren reinen und strengen Formen, das Mittelalter mit seinen aus den Kräften des Irrationalen gewachsenen Bauwerken, seinen unendlich feinen, zarten und sprechenden Bildwerken waren Gegenstand der Betrachtung. Hier wurde die unmittelbare Anschauung zum schönsten Erlebnis einer vierwöchigen Wanderfahrt mit dem Fahrrad durch Deutschland im vergangenen Sommer. Ich schaute und erlebte die architektonisch vollendeten Raumeinheiten, die manchmal unirdisch schönen Plastiken deutscher Dome und Kirchen. Romanik, Gotik und Renaissance, diese Dreiheit zu vergleichen, daran die Entwicklung und Änderung des Lebensgefühls, der Weltsicht, zu studieren, war *eine* Aufgabe, eine *andere*, die Beobachtungsergebnisse in kleinen Vorträgen in der Schule auszuwerten. Zwei Themen lauteten z.B. 'Albrecht DÜRER und sein Werk', 'Deutsche Dome'. Einzelstudien galten Leonardo DA VINCI, REMBRANDT, den Romantikern.

Von der Kunst- und Musikgeschichte war es nicht weit zur Literaturgeschichte. Deutsch- und Religionsunterricht gaben viel Neues, nie Gehörtes, sie griffen in manchen Beziehungen ineinander über. Der Deutschunterricht sagte mir, daß nur aus religiösem Drange wirklich wertbeständige Werke geschaffen worden sind. GOETHE ist ein markantes Beispiel dafür. Der Religionsunterricht brachte uns mit den zentralsten Problemen des Christentums zusammen, zeigte, worum es eigentlich geht, stellte die letzten Werte klar, erläuterte die Evangelien. Dies sei nur ein Griff in die Mannigfaltigkeit des Stoffes, der uns formte, weil wir in verständiger und einsichtiger Weise mit ihm zusammengeführt wurden.

3. Was mich zu den Naturwissenschaften zieht? In der Mittelstufe hatte ich zeitweise Schwierigkeiten mit der Mathematik. Als ich jedoch langsam Einsicht bekam in ihr methodisches Gefüge, ihren logischen Aufbau, die überall auftretenden Parallelitäten, als ich lernte, Formeln anzuwenden, Beweise zu führen, als sich aus dem Einen das Andere ergab, das Andere mit dem Einen bewiesen werden konnte, als sich schwierige Aufgaben mit Hilfe richtig angewandter Methoden leicht, ja frappierend lösten, da gewann ich Freude am Spiel mit Zahlen, Buchstaben und Figuren. Natürlich darf der Fleiß nicht ausbleiben, um den ungestörten Ablauf des Spiels zu garantieren.

Physik und Chemie interessierten mich weniger, wohl aber Biologie. Das Wesen des Lebens in seiner vielgestaltigen Ausprägung, in seinen Formen, Stufen und Gemeinschaften, die Vorgänge des Lebens, das Energieumsatzproblem, das seltsame Wirken der Hormone reizte zum Nachforschen und Nachdenken. Die feinste Analyse des Wunderwerks Mensch, Fortpflanzung und Vererbung, alles das sind unendlich inhaltsreiche Themen für mich. Die oft seltsamen Entdeckungen, die die Wissenschaft hier gemacht hat, sind auch beachtenswert genug."

*

"Als Lebensberuf habe ich den des Lehrers gewählt. Soweit ich es vermag, möchte ich helfen, den Acker zu bereiten für die neue Saat der Zukunft.
'Ich bin kein ausgeklügelt Buch, ich bin ein Mensch mit seinem Widerspruch'.
Ich bitte darum, mich zur Reifeprüfung 1950 zulassen zu wollen."

Krieg

Was soll ich auswählen aus den tausend und abertausend Erinnerungen? Vielleicht dies:

BÜCHTMANNs Trecker tuckerte. Die Kreissäge mit dem offen rotierenden Blatt kreischte. Wie in jedem Frühjahr wurden auf dem Hof die Stämme aus dem Kirchenwald in handliche Stücke zerlegt.

Dann war Pause. Mutter bat den französischen Kriegsgefangenen, der bei BÜCHTMANN arbeitete, ins Haus. Das fand ich schlimm. Sie setzte ihm ein Frühstück vor. Das fand ich unerhört. Als er, ganz ruhig aß er, fertig war, forderte sie mich auf, ihm eine von Vaters geheiligten Zigarren zu bringen. Das war die Spitze. Ich knallte dem Feind die Zigarre auf den Tisch und - ratsch, hatte ich eine sitzen, eine gepfefferte. Vor dem Feind! Vor Scham hätte ich in den Boden versinken mögen.

Was bewog Mutter? Vielleicht der Gedanke daran, dass es Franzosen waren, die Vater, den verwundet in der Somme-Schlacht 1916 gefangenen deutschen Offizier, alsbald (er war auch schwerkrank) in die Schweiz entließen, wo er in der Obhut einer liebevollen Schweizer Familie dann genesen konnte? Vielleicht ... Ich weiß es nicht.

Oder dies?

Ich sitze auf dem Fahrrad. Ich fahre von Otersen nach Wittlohe. Ich hänge meinen Gedanken nach...

Hinter mir, in den Gepäckträger geklemmt, ein schlichtes Holzkreuz. Es trägt Name, Geburts- und Todesdatum eines Gefallenen. In schwarzer Farbe. Oben ein kleines gemaltes eisernes Kreuz. Alles ist frisch lackiert. Der Lack duftet. Ich habe das Kreuz von Tischler HOLZE in Otersen geholt. Er hat es schnell gefertigt. Er ist spezialisiert darauf (einmal musste er ein solches Kreuz für den eigenen Sohn schreinern).

Am Kriegerdenkmal neben der Wittloher Kirche lade ich das Kreuz ab. Ich weiß, WENNHOLD wird es eingraben und ein kleines Beet anlegen. Dann steht es in der Reihe der übrigen rund um das wuchtige Steinmal, das auf Platten die Namen der 1870/71 und 1914/18 Gefallenen trägt. Ich weiß, am kommenden Sonntag wird hier nach dem Gottesdienst eine Gedenkfeier stattfinden. Und Menschen in Schwarz werden da sein. Und bittere Tränen werden fließen. - Wieder einer.

Mutter ist verantwortlich, dass alles so seinen Lauf nimmt. Und immer schickt sie mich, nachmittags, nach der Schule. 1945 ist's eine Doppelreihe. Und kaum ein Sonntag vergeht mehr ohne Gedenkfeier. Und manchmal sind es zwei neue Kreuze. Heute sind die Kreuze längst verschwunden. Eine weitere Tafel hat die Namen aufgenommen.

Das Kriegsende

Hier möchte ich ausführlicher erzählen.

Bombentage 1944

Urplötzlich zerplatzte er mit markerschütterndem Knall, der viermotorige Bomber hoch oben in dem glasklar blauen Himmel, mitten in dem Riesenpulk der anderen. Deutsche Jäger waren aufgestiegen. Große gezackte Silberelemente glitzerten fallend in der blendenden Sonne. Dazwischen, wohl 8-10, kleine pendelnde weiße Wattebäusche, die Fallschirme. Wir, die Schüler der Domschule, standen vor den Kellern des Allerufers und starrten gebannt nach oben. Da, mit ohrenbetäubendem Geheul, scheinbar auf uns zurasend, steil nach unten der riesige Doppelrumpf. Er explodierte hinter dem Horizont. Eine Rauchwolke stieg auf.

Nachmittags wusste ich es: Das Flugzeug war in den Dalsch gestürzt, nahe Wittlohe, ein gewaltiger Krater, zerrissene Bäume, überall Flugzeugteile. Ich zog etwas Merkwürdiges aus der Erde, eine abgerissene große Zehe mit Fußteil daran, ganz trocken.

Wohl 45 Jahre später - das Loch ist immer noch zu sehen - lässt Pastor Urs DOHRMANN aus Wittlohe Namen und Rang des amerikanischen Fliegeroffiziers - er hat's herausgefunden - unter Plastik auf ein kleines Kreuz heften. Heute (1999) findet sich eine Metallplatte am Ort. Inschrift: "8.Mai 1944. 1st. LT. William A. Rautenbush. 345th FTR SQDN, 361 FTR Group". Die Familienangehörigen haben den Ort besucht. So hat Wittlohe, ein kleiner Pfad (Schild "Fliegergrab") führt vom ungepflasterten Dalschweg (nahebei liegt ein wiederaufgedeckter germanischer Kulthügel) dorthin, eine heimliche, nicht leicht auffindbare Kriegergedenkstätte.

Das Ende naht

Ein dumpfer Urknall - die Erde erbebte. Das Geschirr im Schrank klirrte. War das Wetter klar, sah ich es gleich danach, eher langsam, am Himmel aufsteigen, dieses Riesenprojektil mit den Schwanzflügeln. Zuerst steil nach oben, dann, eine Kurve beschreibend, im westlichen Himmel sich verlierend. Da war schon Entsetzen im Spiel, zugleich eine vage Hoffnung, dies könne uns retten, da doch - Ende 1944 - unser Land bereits von allen Seiten durch die Truppen der anderen eingeschnürt war. Nur wenige Kilometer von uns hatten sie im Salingsloh, einem Waldgebiet, eine V2-Abschussbasis errichtet.

Die letzten Kriegstage 1945 in meinem Heimatdorf

Einem Einsatz in HITLERs Volkssturm entging ich, weil ich das ganze Jahr 1945 über noch 14 war. Mein 11 Monate älterer Bruder Hans-Jürgen wurde noch völlig kriegsmäßig ausgebildet (Karabiner, Handgranate, MG 42, MG 44, Panzerfaust und Panzerschreck) und in Kampfhandlungen verwickelt, ehe er sich aus der dünnen deutschen Frontlinie vor seinem Heimatdorf (!) geschickt herauslösen und auf abenteuerlichen Umwegen nach Wittlohe zurückkehren konnte.

11. April 1945

In Wittlohe sind deutsche Soldaten. Auf der Dorfkreuzung nahe dem Pfarrhaus eine Vierlingsflak. Daneben ein Feldwebel. Er trägt das Ritterkreuz. Was ich bis dahin nur auf Bildern sah, hier begegnet es mir urplötzlich real. Ein Held! Ich erbebe.

Später: Ich bin mitgelaufen bis zur Allermarsch. In meinem blauen Pullover. Ich begleite einen Oberleutnant. Er fragt mich nach Ilse HEIMSOTH aus Otersen. Das sei ein schönes Mädchen. Ich bin erstaunt: Wieso kennt der sich so gut aus? (heute weiß ich, es war Oberleutnant R. F. LANGE aus Verden). Dann gibt er mir einen Auftrag. Ich soll bis vorne ans Allerufer gehen und den Soldaten dort eine 'Meldung' (den Inhalt weiß ich nicht mehr) überbringen. Ich brauche nicht ganz bis zum Allerufer, als ich die Soldaten, die sich dort eingegraben haben, antreffe. Ich entledige mich meines Auftrages und mache mich auf den Rückweg. Während der ganzen Zeit kann ich mich des Gefühls nicht erwehren, dort drüben, am anderen Allerufer, seien die Engländer (später weiß ich: es traf zu). Plötzlich ist der Himmel voller einmotoriger Jagdbomber, die ununterbrochen kreisen. Ich liege platt im Gras, denke immerzu: dein blauer Pullover! Die müssen dich doch sehen. Warum beschießen sie dich nicht? - Angst.

Dann sind die Flugzeuge fort. Aber im nächsten Augenblick kommt es über mich: Ohrenbetäubende Explosionen. Aus heiterem Himmel. Wie mir scheint, in nächster Nähe. Feuerüberfall, denke ich: 1, 2, 3, 5, 7, 10. Ich liege im Graben, den Kopf tief ins Erdreich bohrend: "Bitte, bitte, lieber Gott, lass mich hier herauskommen, bitte, bitte!" - Todesangst. Urplötzlich, wie es kam, ist alles vorüber. Ich springe hoch, will schnell zurücklaufen, da - vor mir, geradezu gemütlich den Grasweg frontwärts daherschlendernd, der Oberleutnant mit einem Feldwebel. Sie rauchen, plaudern, als sei nichts geschehen. Ich schäme mich zutiefst. Sie wussten's besser als ich:

Die Einschläge waren nicht unmittelbar bedrohlich gewesen. Freundlich schaut der Oberleutnant mich an: "Hast du die Meldung überbracht?" - "Ja", stottere ich.

Als ich zu Hause ankomme - noch zittern mir die Knie -, steht auf der Kreuzung immer noch die Vierlingsflak.

Das unmittelbare Erleben der Besetzung

Nachmittag am 12.4. Etwa 15.00 Uhr. Wir sitzen im Keller des Pfarrhauses, die Familie STEINWEDE mit den KAUNES und die Nachbarsfamilie HOLSTE. Die "Flüchtlinge" sind im massiv gebauten Heizungskeller der Kirche. Schon die Feuerüberfälle des Morgens haben uns tief erschreckt. Die Splitter der 10cm-Aufschlagzünder "rauschten" durch die hohen Bäume des Gartens. Einen riesigen gezackten schweren Metallsplitter fand ich unmittelbar unter dem Kellerfenster, aus dem gleich darauf die dicken Eisenstangen von Herrn SCHACHT, einem unserer Flüchtlinge, herausgeschlagen wurden, um einen Fluchtweg zu öffnen. Jetzt sitzen wir zitternd - ich in bebender Angst - und warten auf den Feuerüberfall direkt aufs Dorf. Der lässt nicht lange auf sich warten. Berstend kracht es los. Und nun Schlag auf Schlag. In tiefste Tiefen möchte ich mich verkriechen. Zwischendurch ein Ruf vom Flur her: "Herr Oberleutnant! Herr Oberleutnant!" Wir rufen zurück: "Der ist hier nicht!" Dann der letzte ungeheuerliche Schlag. Wir wissen sofort: Das ging ins Haus. Und so ist es: Eine dicke weiße Kalkstaubwolke wälzt sich die Kellertreppe herab. Aber es ist heller auf einmal von oben her. Und still, ganz still. Wir wagen uns die Treppe hinauf, öffnen die Tür. Gleich gegenüber, im Amtszimmer meines Vaters: das linke Fenster - ein riesiges Loch. Überall Ziegelbrocken, zersplitterte Holzteile, Granatsplitter. Sämtliche Möbel und viele, viele Bücher durchlöchert. Schon ist Willy HOLSTE ans Fenster des Kinderzimmers gerannt. Das geht nach Westen hinaus: "Dei Tommies komt! Dei Tommies komt!" Ich hinterher. Da - quer übers offene Feld jenseits der Vethe in drei langen Reihen, Mann für Mann hintereinander, langsam, vorsichtig, immer wieder sichernd, mit Sturmgepäck und MPs - die walisischen Eroberer. Kein Schuss fällt. Wittlohe wird nicht verteidigt. Aber das Seltsamste für mich: Diese flachen witzigen Tellerhelme, es gibt sie wirklich (bisher sah ich's nur auf Karikaturen der Nazipresse). Dann rennt Mutter hinaus. Sie schwenkt ein großes weißes Bettlaken. Vorsichtig kommen sie näher, dringen ins Haus, durchsuchen sofort alle Zimmer. Auf dem Flur eine Blutspur. Auf der Dielenbank eine Panzerfaust. Und dann ist das Haus voll von Soldaten. Und dann wird gefragt, ob jemand Englisch spricht. Ich werde vorgeschickt. Ein Offizier will wissen, wieviele deutsche Soldaten im Dorf gewesen seien.

Aufs Geratewohl antworte ich: "About twenty-four or twenty-five!" Das stellt ihn zufrieden.

Dann plötzlich die Frage: "Wissen's die im Kirchenkeller schon?" Wir versuchen's den Engländern klarzumachen. Ich werde losgeschickt, ein Soldat, die MP im Anschlag, äußerst vorsichtig hinter mir. Wir überqueren den Friedhof. Plötzlich dieses seltsame Sirren in der Luft. Ich hörte es nie und weiß doch: eine Gewehrkugel! Da geht's mir auf: Im Augenblick sind wir beide die vorderste Frontlinie. Wir kommen zum Keller. Die Flüchtlinge wollen's nicht glauben. Sie hocken da, bewegen sich nicht - noch unter dem Schock der zwei Treffer, die die Kirche erhielt. Es ist ja alles erst wenige Minuten her. Sie schauen den Engländer an, wie erstarrt, ungläubig. Endlich trauen sie sich. Zögernd kommen sie heraus.

Wenig später. Schützenpanzer sind eingetroffen. Mehrfach durchbrechen sie unsere Gartenmauer, einfach so. Sie zerpflügen die Gemüsebeete. Einer steht mitten im blühenden Tulpenbeet direkt unter dem eingeschossenen Fenster. Aus dem Panzer springen sie ins Haus. Jede Minute dieses Tages, ich meine sie noch zu spüren.

Bilder, Bilder

Sie lümmeln sich in voller Montur in unseren Betten, lachen uns freundlich an. Sie plündern nach Herzenslust. Mit Vaters Offiziersmütze kicken sie. Einige versuchen vergeblich den altertümlichen massiven Geldschrank (die Abendmahlsgeräte sind darin) zu öffnen. Einer spielt auf meiner Geige. Sie ward hernach nicht mehr gesehen.

Um 5 Uhr ist der Krieg unterbrochen. Sie haben tea-time, kochen auf unserm Herdfeuer einen wunderbar duftenden Tee, bieten uns davon an. Ein Sanitäter verbindet, als er's sieht, freundlich die große Kniewunde, die ich mir - ich weiß nicht mehr wie - zugezogen habe.

Wer? - Die englischen Kampftruppen am Spätnachmittag des 12.4. Wir mögen sie irgendwie. Strahlend scheint die Sonne.

Tage später sind sie plötzlich wie ausgewechselt, unzugänglich, abweisend, eisig. Warum? - Wir erfahren es bald. Sie haben - etwa 50 km Luftlinie von uns - Bergen-Belsen entdeckt, gehen offensichtlich davon aus, wir hätten dies alles gewusst und gebilligt.

Ich hatte den Namen nie zuvor gehört ...

Niemals zu vergessen

Ganz still liegt er da, genau über der Stelle, wo wir Tage zuvor die plötzliche Großzuteilung an Speckseiten vergraben haben. Sein Blut ist in die Erde gesickert. Mitten im "Gebüsch" ist das, in unserem Garten. So sieht er also aus, der Tod. Ich erfahre es zum erstenmal.

Sie haben unter der 200 Jahre alten Edelkastanie gelegen, deutsche Soldaten, wenige Mann, mit Blick auf die kleine Veth-Brücke.

Oma HÜLSING, die mutige alte Dame, hat ihnen in einer Feuerpause - die Granatüberfälle waren schon bedrohlich näher gekommen; alle saßen im Keller - aus dem Fenster zugerufen: "Gehen Sie doch weg! Sie gefährden das Haus!" Antwort, ein wenig überheblich, eine junge Stimme: "Wir sind dazu da, das Haus zu schützen!"

Nun liegt er da (hat *er* gerufen?), Erhard KRÜGER aus Berlin, 18 Jahre alt. Ein Granatsplitter vom letzten Beschuss - überall im Garten die flachen Trichter, Bäume zerfetzt, das Haus zweimal getroffen - muss ihn getötet haben. Er wollte durchs Gebüsch unsern Erdunterstand - wir Jungen hatten ihn gebaut - erreichen.

Bis zum Friedhof sind es nur wenige Meter. Die Männer heben ein flaches Grab aus. Schon bald erhält er das Holzkreuz. Todesdatum: 12.4.1945. Viele Jahre lang kommen regelmäßig seine Eltern, bis sie ihn schließlich nach Berlin umbetten lassen.

Die Nacht vom 13. zum 14.4.1945

Die vom 12. zum 13.4. ist ganz friedlich. Wir denken, der Krieg sei für uns vorbei. Nun, wir müssen im Keller auf den Kartoffeln schlafen - die Engländer gaben uns sonst keinen Raum - und ich ekele mich entsetzlich vor den großen nackten Schnecken, die mit einer glitzernden Schleimspur an den Felswänden des Kellers emporkriechen ... Aber diese Nacht ...

Oberleutnant LANGE schreibt in seinem Kriegstagebuch unter dem 14. April: "Ein Gegenstoß mit in Verden schnell zusammengegriffenen Alarmeinheiten, in der vergangenen Nacht in Richtung Wittlohe geführt, ist jämmerlich zusammengebrochen. Größtenteils lag es an der Unerfahrenheit, der Kriegsmüdigkeit und dem allgemeinen inneren Widerstand."

Für uns sieht das anders aus. Und für mich ist es schlimmer als die Beschießung am 12.4. Die ganze Nacht hindurch (de facto ab 22.30 Uhr), so scheint es mir, mich unter der Decke auf den Kartoffeln verkriechend, hämmert nervenzerreißend das Maschinengewehr, das sie direkt über dem Keller im Esszimmer in Stellung gebracht haben - ganz abgesehen von dem zweiten in allernächster Nähe und dem übrigen Kriegslärm. Mitten im Dorf tobt der Kampf. Ein MG (deutsch?, englisch?) peitscht seine Garben die Dorfstraße entlang (die Einschüsse in der zur Straße querlaufenden Pfarrgartenmauer sind noch heute zu sehen). Mehrere Engländer suchen Schutz bei uns im Keller.

Die Wittloher Schulchronik gibt einen näheren Bericht: "Oberleutnant

Herbert MÜLLER, 32 Jahre alt, führte eine Kompanie, die fast nur aus 17-18 Jahre alten Jungen bzw. aus Genesenden bestand. In der Gaststätte Rode hatte er hinter der Wittloher Panzersperre einen Kompaniegefechtsstand eingerichtet. Als er gegen 23 Uhr die Tür zur Straße öffnete, bellte von der gegenüberliegenden Friedhofsecke ein englisches Maschinengewehr auf. Tödlich getroffen sank er zusammen. Er wurde auf dem Grundstück Rode bestattet, im Mai aber nach Verden, seiner Heimatstadt, überführt."

In dieser wilden Kriegsnacht - die Deutschen kämpften offenbar verbissener, als es der Oberleutnant LANGE wahrhaben wollte - brennt das Nachbarhaus HOLSTE nieder. Wir sehen's erst am nächsten Morgen.

An diesem Morgen heißt es, wir hätten das Haus umgehend zu verlassen. Ein Regimentsgefechtsstand solle eingerichtet werden. Gepackte Koffer sind im Keller. Rasch wird der Bollerwagen beladen, und schon sind wir, Familie HOLSTE - jetzt ohne Wohnstatt - mit uns, unterwegs nach Otersen. Was uns dabei entgegenkommt - ein wahrer Heeresstrom, unendlich viele Fahrzeuge, dazwischen immer wieder schwere Panzer, die uns auf der schmalen Straße an die Seite drängen. Krieg! Angst! Ein Rollen, ein Dröhnen!

In Otersen nimmt uns Familie BÖHLING für zwei Tage und zwei Nächte gastlich auf.

Dann aber geht's zurück - warum gerade jetzt, weiß ich nicht - nach Wittlohe. Wir müssen mit der Kirche, die Flüchtlinge sind schon dort, vorliebnehmen. Mutter darf Bettstücke aus dem Pfarrhaus holen. Wir schlafen zwischen den Kirchenbänken, über uns das von der Granate gerissene Loch im Gewölbe.

Was Mutter kaum auszuhalten vermag: Vor dem Altar ein Tisch. Männer spielen Karten. Sie vermag sie nicht davon abzubringen.

Sämtliche Bücher meines Vaters und den gesamten Schreibtischinhalt haben sie - ein Papiermeer - in den Garten geschmissen. Und es beginnt zu regnen. Nach einer Woche zieht der Regimentsgefechtsstand weiter. Und wir dürfen zurück ins leergeplünderte Pfarrhaus.

Am 14.4. stoßen britische Panzer auf dem Dalschweg ins Nachbardorf Hohenaverbergen vor. Als auf der Höhe ein Shermanpanzer von einer deutschen Panzerfaust getroffen wird, schießen die Engländer mit Flammenwerfern alle umliegenden Bauernhöfe in Brand. Eine deutsche Panzerfaust reicht 100 m, die Flammen der englischen Flammenwerferpanzer 120-150 m. Wittlohe ist diesem Schicksal entgangen: kein Panzer, keine Fliegerbombe, kein Flammenwerfer, wohl aber tagelang feuernde britische Batterien aus der Wittloher Feldmark.

Am 17.4. wird Verden, das man zur Festung hatte erklären wollen, von Osten her nahezu kampflos besetzt. Der Krieg geht weiter in Richtung Bremen und Hamburg.

Nachspiel

In der Pfarrscheune stand der große, schwarze, schwere Leichenwagen mit seinen Quastenvorhängen. Er ließ mir immer, wenn wir spielend daran vorbeistrichen, geheime Schauer über den Rücken rinnen.

Im Mai 1945 saß ich vorn auf dem Kutschbock neben unserm Ostpreußenflüchtling TOMUSCHAT, vorn seine beiden kleinen Pferde, hinten zwei Särge mit den schon verwesenden Leichen zweier deutscher Soldaten, die drei Wochen zuvor bei dem nächtlichen Gegenstoß aufs Dorf gefallen, an RODEs Schweinestall ein- und jetzt wieder ausgebuddelt waren. Einer von ihnen war der Oberleutnant MÜLLER (s. o.). Es war eine stundenlange Fahrt 12 km zur Überführung nach Verden. Es war eine Fahrt vorbei an dem mit Panzerfaust 'erledigten' völlig ausgebrannten Shermanpanzer in Hohenaverbergen, vorbei an niedergebrannten Bauernhöfen, vorbei an traurigen, kriegsgeschlagenen Menschen. Neben so vielem anderen aus der Zeit hat sich diese seltsam bedrückende Fahrt hoch auf dem schwarzen Wagen tief in meine Erinnerung eingebrannt.

Die Toten

Ein Ereignis besonderer Art war für uns, dass von Ostern 1945 bis zur Rückkehr meines Vaters aus der Kriegsgefangenschaft Ende Juli 1945 eine Sprengel-Vikarin, Helga RUSCHE aus Bremen (promoviert, von Hanns LILJE, damals Oberkirchenrat, der sie im Auge behielt, in die Hannoversche Landeskirche übernommen, später konvertiert, 1998 in Jerusalem gestorben), von Verden häufig zur Vertretung sowohl im Gottesdienst, als auch in der Konfirmanden-, der Kinderarbeit und bei Hausabendmahlsfeiern zu uns herauskam.

Eine Frau auf der Kanzel, das war damals, schon gar auf dem Dorfe, außergewöhnlich. Mutter schreibt in ihrem Brief vom 2. Ostertag an Vater: "Frl. RUSCHE sprach gut. Aber an den 'weiblichen Pastor' muß ich mich und manche andere doch immer noch gewöhnen."

Die Flüchtlinge akzeptierten sie leichter als die Einheimischen. Zur Familie entwickelte sich eine enge Freundschaft. Sie war sehr gelehrt (Schülerin von Gerhard von RAD in Göttingen), dennoch meine ich, ich hätte (damals 14) ihre Predigten gut verstehen können.

In Briefen an Martin DIBELIUS, Göttingen (sie fasste diese Briefe später zu einem Bericht zusammen) erzählt sie aus dieser Zeit. Einem dieser

Briefe ist zu entnehmen, dass man damals in Pastorenkreisen darüber diskutierte, ob einer Theologin Ordination und Pfarramt gewährt werden dürften.

In einem anderen Brief beschreibt sie den ersten Ostertag 1945 (noch vor der Besetzung durch die Engländer) in Wittlohe: "Am Ostermorgen bin ich 'früh morgens, da die Sonn' aufgeht' nach Wittlohe geradelt. Durch einen herrlichen Wald (Dalsch) und in großer Stille. Da ahnte ich noch nicht, wie anders es in wenigen Wochen hier aussehen würde. In Wittlohe war der Pastor schon länger an der Front. Seine Jungen, seine einzige Tochter und die sehr tüchtige Pfarrfrau entbehrten ihn, wie auch die Gemeinde, aber was kann man außer 'Vertretung beschaffen' machen? Und diese Vertretung war mehrere Wochen ich.

Die Kinder hatten ihrer Mutter bereits in früher Stunde einen richtigen Ostertisch gedeckt, die Kleineren hatten sich bemüht, Häschen auszuschneiden.

Die Gemeinde ist eine singende Gemeinde, das hängt mit dem Pfarrhaus zusammen, aber in den Tagen, wo ich dort war, auch mit dem Notquartier einer hannoverschen Sängerin, Frau KAUNE, die hier im Pfarrhaus (als Freundin der Pfarrfrau) lebte, weil ihre Wohnung in Hannover ausgebombt war. Und das machte aus der Jugend des Dorfes eine singende Jugend."

Wie anders es wenige Wochen danach aussah, ist einem weiteren "Brief" zu entnehmen: "Endlich habe ich meinen Passierschein, auf dem mein Name, die Funktion: Predigt usw., mein Fahrzeug: Rad, die Entfernung von Wittlohe, meine Wohnung usw. draufsteht und der Stempel der Militärbehörde. Ein großes violettes Kreuz auf einer Armbinde, und dann mache ich mich aus dem Haus. Vögel und Frühlingsmorgen, das gibt es heute nicht. Im Pfarrhaus geht es an diesem Sonntag anders zu als zu Ostern. Die Pfarrfrau hält ihre Söhne im Hause fest, weil sie sonst mit den Hinterlassenschaften der Gefallenen gespielt hätten.

Der Gottesdienst wird um zwei Stunden verschoben. Das Geläut geht noch. Hernach müssen die Verantwortlichen zusammenkommen, um Weiteres zu besprechen. Der Kirchenvorstand und der Küster vor allem bekommen das Wort: den Wald aufräumen!

In meiner Erinnerung werden immer zwei der 'aufräumenden' Wittloher Gemeindeglieder unvergessen sein: ein Mann, Herr ALLERHEILIGEN (so hieß er wirklich), und Frau KAUNE. Herr ALLERHEILIGEN nahm bei seinem Aufbruch in den Wald einen großen Wagen, den man ziehen konnte, mit. Die beiden durchstreiften den Wald. Was sie fanden, werden sie nie wieder vergessen: fast nur jugendliche Tote, deren Helme und Gewehre herumlagen. Einigen waren die Schuhe von irgendwelchen Plünderern ausgezogen. Herr ALLERHEILIGEN und Frau KAUNE nahmen behutsam die Beutel mit den Kennzeichen der Toten von ihrem Hals. Dann wurden diese, auch alle Waffen, die herumlagen - mehrere Wagen voll - abtransportiert. Später wurden die Angehörigen, englische wie deutsche, benachrichtigt. Die Gefallenen wurden in zwei kleinen neuangelegten Friedhöfen beigesetzt. Die Gräber wurden von den Wittlohern betreut. Jede Familie verpflichtete sich für eins. Am Sonntag, von dem ich schreibe, begann sicher etwas, das dem Frieden diente. Wir hörten später in Verden davon, daß englische Familien auf Einladung von den Wittlohern kamen und die Überführung ihrer Angehörigen veranlaßten."

Die beiden Friedhöfe lagen am Oterser See und am Lohberg in Wittlohe. In Otersen hatten die Engländer 12 Tote in einem Garten bestattet. Auf dem Friedhof am See lagen später 28 deutsche Soldaten und ein ungarischer Fähnrich zur See. 22 dieser Soldaten waren unbekannt, 2 in der Aller angetrieben, einer erst 16 Jahre alt. In Wittlohe gab es letztendlich 88 Gräber, davon viele englische. Beide Friedhöfe wurden später (der in Wittlohe schon 1946) aufgelöst.

Zwei Blitzlichter aus der unmittelbaren Zeit danach

(1) Wir - mit Handgranaten in der Vethe fischend. Und immer schwimmen 20, 30 Fische mit dem Bauch nach oben. Wir - mit dem Schnellfeuergewehr ein Reh erlegend. Wir - mit derselben Waffe die riesigen Isolatoren von den Hochspannungsmasten (die Leitungen lagen am Boden) schießend. Ganz langsam senkten sie sich herab. Wir - Gewehrgranaten im offenen Feuer hochgehen lassend. Und ein brennender Phosphorplack trifft meinen Oberschenkel. Sofort kratze ich die Wunde mit dem Messer aus. Die Narbe ist noch ein Jahrzehnt zu sehen. Wir - eine Panzerfaust (im Baum festgebunden) per Fernzündung hochgehen lassend. Das Geschoß beschreibt einen steilen ruhigen Bogen. Dann explodiert es berstend. Flacher Trichter. Wir - vor dem Haus des Bürgermeisters (plötzlich ist er, ein gutherziger Mensch, der *Nazi*bürgermeister) eine eingegrabene, mit dem Inhalt von Kartuschen gefüllte Munitionskiste hochgehen lassend. Eine Zündschnur war gelegt. Wir hockten hinter der Hecke. Wir - wirklich wie die Wahnsinnigen. Wir - die Pastorenjungs, voran mein kriegsausgebildeter Bruder Hans-Jürgen, wir galten als die schlimmsten im Dorf.

(2) Vorn fährt ein Jeep mit vier englischen Militärpolizisten vor. Sie stürmen ins Haus (wohl eine Anzeige von Polen: "In *dem* Haus sind noch Waffen!"). Hinten - ich sehe von meinem Standort im Garten wirklich beides

zugleich - rennt mein Bruder Hans-Jürgen mit dem Karabiner, der im Konfirmandenzimmer auf dem Fensterbrett lag (warum nur?) ins Gebüsch. Dort hatte er sich, mit einer kleinen Pistole hantierend, durch die Hand geschossen. Zum Glück ohne ernsthafte Folgen. Ein Flüchtlingsarzt in Otersen hatte unter dem Siegel des Geheimnisses die Wunde versorgt.

Die vier Engländer, das Haus durchsuchend – sie finden nichts. Weiteres – es bleibe verschwiegen.

Nachspiel 15./16.9.1989

Ich bin nach Wittlohe geladen. Ich soll am Vorabend der Einweihung des Capitelhauses (16.9.) in einem Gemeindevortrag aus meinen Erinnerungen 1932-1962 mit dem "Backhaus" erzählen. Schon am 15.9. reise ich an. Ich darf oben im Pfarrhaus in unserm alten Kinderzimmer schlafen. Aber es wird eine unruhige Nacht. Denn: es ist Manöver. Ununterbrochen rollen in der Dunkelheit unten auf der Straße Panzerfahrzeuge vorbei. Irrsinniges Rattern und Dröhnen. Wie am 14.4.1945, als hier die Sherman-Panzer ihren Weg suchten. Ich tue kaum ein Auge zu. Am nächsten Morgen weiß ich: allein zwischen halb sechs und halb acht waren es etwa 100 Panzer.

Ich trete aus der Haustür: Alles dicke voll, die ganze Straße, soweit ich blicken kann: Panzerfahrzeug an Panzerfahrzeug.

Zwischen Gartenmauer (mit den Einschüssen der MG's von 1945) und Straße ein kleiner Parkplatz. Er gehört der Kirchengemeinde, ist für die Kirchenbesucher da. Pastor Urs DOHRMANN, militant in seinem Friedenseinsatz, hat hier vor vier Tagen ein Schild aufstellen lassen. Oben weißes P im blauen Feld, unten - in Deutsch und Englisch - eine Aufschrift: "Für Militärfahrzeuge gesperrt - Der Kirchenvorstand". Sofort - die Manöver haben gerade begonnen - große Aufregung. Berichte in der Lokalpresse und im Regionalfernsehen des NDR. Unverständnis vielerorts in der Gemeinde. Polizei ist gekommen. Das Schild wurde von staatswegen verhüllt. Mit einem blauen Plastiksack (nur so hab ich's gesehen). Anzeige wurde erstattet gegen die Kirchengemeinde. Wegen Verstoßes gegen die Straßenverkehrsordnung. Man darf privat kein Schild aufstellen, das einem öffentlichen Schild ähnlich sieht. Anonyme Telefonanrufe beim Pfarrer. Beschimpfungen. Jemand lässt am Telefon einen Spielzeugpanzer rattern. Niederträchtige Leserbriefe in der Verdener Allerzeitung. U.a.: "Wir kennen doch solche Schilder: 'Juden raus!' - 'For Whites only'!"

Kurz vor halb acht: Der Parkplatz mit dem verhüllten Schild steht voller Militärfahrzeuge. Immer noch rollen die Panzer. Pastor DOHRMANN diskutiert mit dem befehlshabenden Offizier: Oberstleutnant, Landsknechtstyp. Der Pfarrer versucht auf das Schild, seinen Inhalt, seine Intention aufmerksam zu machen: Kein einzelner Soldat wird angeklagt. Das System, in dem so etwas wieder möglich ist, steht zur Debatte. Der Offizier reagiert sehr ruhig, freundlich. Gipfel seiner Aussagen: "Wenn ich das Schild gesehen hätte, wäre ich mit meinen Fahrzeugen nicht auf diesen Platz gefahren..." Die Ablichtung des Zeitungsartikels steckt er ein: "Das behalte ich zur Erinnerung."

Im Pfarrhaus leben Kinder, Elisabeth, 6, Eva Maria, 4. Ich sehe in erschreckte Kindergesichter.

Celle

"Zeugnis wird nie ins Nichts hineingegeben, sondern sucht immer sein Echo im andern. Der Erzieher legt Zeugnis ab vor der ihm anvertrauten Gruppe. Er liegt offen, aufgeschlagen, vor den Augen seiner Kinder. Mit allem, was er ist, tut und sagt, gilt er ihnen als lebendiges Vorbild. Welche Verantwortung! Welcher Anspruch an seine innere Sicherheit!" (Adolf REICHWEIN).

Ich besuchte - für zwei Jahre von meinen liebenswerten Verwandten GUDEHUS im benachbarten Hambühren beherbergt - mit 19 Jahren die Adolf-Reichwein-Hochschule in Celle (sie bestand dort bis 1953), die in der Altstädter Schule, einem damals als modern geltenden Bau ("Glashaus"! - Hochschulzeitung "Glashaus-Blätter"!) neben noch arbeitenden Schulklassen zu Gast war (viersemestriges Studium - 2 Semester à 70 Studierende nebeneinander, da nur einmal im Jahr Aufnahme war, mit 16 hauptamtlichen Dozenten - jeder kannte jeden -, 10 Prüfungsfächer). Neben den Greenhorns in beiden Semestern fanden sich viele z.T. ergraute Kriegsteilnehmer (Offiziere), erfahren, urteilskräftig, souverän, den Jüngeren immer hilfreich zur Seite.

REICHWEIN, Mitbegründer des Kreisauer Kreises und Freund von Helmuth James Graf von MOLTKE - er war es, der im Widerstand die Lehrer vertrat -, sollte, wenn die dort geschmiedeten Pläne zur Ausführung gekommen wären, Kultusminister im Deutschland eines besiegten Nationalsozialismus werden. Statt dessen hängten sie ihn in Plötzensee.

"Der Professor? - Wissen Sie , der hat unsere Kinder frei gemacht!" (Ein Vater über Adolf REICHWEIN zu dem Besucher Hans BOHNENKAMP in Tiefensee bei Berlin, Mitte der 30er Jahre). REICHWEIN, bereits von den

Nazis bedrängt, hatte sich dort eine einklassige Volksschule geben lassen, die er zur Modellschule formte. Ein Bericht über die Jahre währende Arbeit findet sich in "Schaffendes Schulvolk", ein zu Unrecht heute vergessenes Buch.

Hans BOHNENKAMP, Freund REICHWEINs, ihm seit der gemeinsamen Leitung der "Akademischen Vereinigung Marburg" aus Studienzeiten verbunden, war Leiter unserer Pädagogischen Hochschule (= PH). Er wusste das Haus mit einem philosophisch-musischen Geist (Wurzeln in der Jugendbewegung und in den pädagogischen Reformbewegungen der 20er) zu erfüllen, der unvergleichlich war. Ich habe ihn zutiefst verehrt. Über seinen geschliffenen Vortrag sagte Theodor HEUß später: "Der Mann beherrscht die deutsche Sprache."

Was mich heute fasziniert, ist, dass ich in BOHNENKAMP denselben Lehrer hatte, wie der frühere Bundeskanzler Helmut SCHMIDT, der in gemeinsamer Kriegsgefangenschaft BOHNENKAMPs dort gehaltene Vorlesungsreihe "Verführtes Volk" gehört hatte und in "Kindheit und Jugend unter Hitler" (Berlin 1992) schreibt: "Den grundlegenden Anfang meiner Erziehung zur Demokratie hat Hans BOHNENKAMP gemacht. Der gab mir die ersten positiven Grundvorstellungen von Demokratie, vom Rechtsstaat und vom Sozialismus."

Die vier Semester Celle haben mich entscheidender geprägt als alles, was später an deutschen Universitäten (Hamburg - Freiburg - Göttingen) trotz bedeutender Lehrer sich tat. Nicht geringen Anteil daran hatte auch Helmuth KITTEL, damals Theologe und Religionspädagoge an der PH, gleich BOHNENKAMP, dem er für die Celler Zusammenarbeit 'getreueste Opposition' zugesagt hatte, in der Wandervogelbewegung wurzelnd. Sein Buch "Vom Religionsunterricht zur Evangelischen Unterweisung" war gerade erschienen. Seine Vorlesungen langweilten mich. Unterrichtspraktische Hilfen wusste er kaum zu geben. Aber im persönlichen (seelsorgerlichen) Gespräch war er von einer zarten zurückhaltenden Güte und theologisch fundierten Weisheit, die mich nachhaltig berührten. Er gab Zeugnis durch Person und Leben. Er schrieb das Buch "Der Erzieher als Christ". Als ich später in seiner Zunft sein (wenn auch geringer) Kollege wurde, hat er all meine Bücher gelesen, sie stets freundlich (auch kritisch) kommentiert, und mich immer wieder ermutigt weiterzumachen. Ein Satz aus einem Brief von 1982 (er starb 1984), der mich beglückte: "Sie haben mehr und mehr eine eigene Note in die Religionspädagogik der Gegenwart gebracht, was man ja nur von sehr wenigen Kollegen sagen kann." Bis zu seinem Tod war er mir ein stiller, aufmerksam begleitender Freund. Ebenso sein Bruder Heinz, viele Jahre ein liebenswürdiger, liebenswerter Kollege in Loccum.

Celle, das war auch der scharfzüngige Skeptiker Horst WETTERLING (Pädagoge), das war die junge Ilse ROTHER, begnadete Grundschulpädagogin, das war der Mathematiker BREIDENBACH, der seine Sache hinreißend im Unterricht zu demonstrieren wusste, das war vor allem Fritz SCHMIDT, Kantor und Organist an der Stadtkirche, Musikprofessor an der PH, der mich in seiner elitären Stadtkantorei mitsingen ließ, der mich zur C-Prüfung als Organist brachte. Eine Gedenktafel an seiner Wohnung in der Kalandgasse erinnert an ihn. Ob es eine PH-Gedenktafel gibt, weiß ich nicht.

Celle, das war mit 8 Leuten im Treppenhaus spontan eine 8-stimmige BACH-Motette singen. Das waren Konzerte über Konzerte der PH. Das waren Fahrten mit der Kantorei in benachbarte Städte mit BACHs Weihnachtsoratorium oder der Johannespassion. Das waren die schwingenden Semestergottesdienste in der Renaissancekapelle des Schlosses. Und wir sangen zum Schluss immer den BACH-Satz "Gib, daß ich tu mit Fleiß, was mir zu tun gebühret, wozu mich dein Befehl in meinem Stande führet...".

In seiner Abschiedsrede anlässlich der Emeritierung von Fritz SCHMIDT 1952 sagte Hans BOHNENKAMP: "Die Art, in der wir selbst zu musizieren gelernt haben, deo in excelsis gloria singend, aber auch in weltlichen Gesängen uns bewegend und alte und neue Instrumente spielend, hat seine Wurzel in diesem Stück Celleschen Wesens, das uns fortan sehr fehlen wird."

Celle, das war auch eine Aufnahmeprüfung (!), in der ich (eine schriftliche Arbeit über ein frei zu wählendes Kunstwerk - ich beschrieb BACHs Pastorale für Orgel - war absolviert) nach gutem Gespräch mit BOHNENKAMP und KITTEL abschließend ein Gedicht rezitieren sollte. Ich wählte das mittelhochdeutsche Kreuzfahrerlied von Hartmann von der OUWE, in dem es über das Kreuz heißt: "waz touch es uf der wat (Wams), der's an dem herzen niene hat". Ich glaube, die Herren waren beeindruckt.

Celle, das war ein Landschulpraktikum in dem noch völlig unberührten Dorf Bockhorn bei Fallingbostel mit einem inspirierenden Mentor und wunderbaren Kindern.

Zwei Auszüge aus meinem Bericht über das Landschulpraktikum in Bockhorn (Kreis Fallingbostel) vom 20. August bis 22. September 1951. Ich war 20.

(1) Erkenntnis über die Lehrverfahren: "Wenn ich mir auch über kein Lehrverfahren ganz klar geworden bin, so weiß ich doch das: Nur *ein* Lehrverfahren anzuwenden, wäre eine unverantwortliche, einseitige Behandlung des Kindes, dieses Wesens, das überall nach Buntheit, Vielgestalt, Abwechslung verlangt. Und das möchte ich noch sagen: In vielen Stunden gab es Augenblicke, die weder Methode noch Verfahren

vertrugen, die auch keine rege Geschäftigkeit bei den Kindern zuließen. Das waren Augenblicke, die ganz mir überlassen waren, in denen ich nicht mehr der Arbeitsleiter war, in denen ich als Mensch zu Menschen sprach, in denen ich das geben zu müssen vermeinte, was mich selbst zutiefst im Innersten bewegte. Ich glaube, solche Momente des unverblümten, ganz offenen Redens, das direkt von Seele zu Seele geht, haben auch in der Schule ihre Berechtigung. DOSTOJEWSKI hält den für den wahren Pädagogen, der zum Kinde spricht, als sei es erwachsen, und der an ihm handelt, wie an seinesgleichen."

(2) Wahrnehmung eines Kindes: "Katrin W. ist neun Jahre alt. Wenn man sie brav und züchtig dahergehen sieht in ihrer sauberen geschmackvollen Kleidung, das Haar straff gescheitelt, geradeaus der Kopf, ein freundliches Lächeln auf dem sonst streng geprägten Gesicht, so kann man sich des Eindrucks nicht erwehren: Das ideale Schulmädchen. Schaut man in ihren Ranzen, so entdeckt man sauber eingeschlagene Bücher, peinliche Ordnung. Schlägt man ein Heft auf: eine Schrift wie gestochen; hart, klar, eindeutig jeder Buchstabe. Überblickt man einen Aufsatz: konstruktive Phantasie ist da, ebenso ein für das Alter seltenes folgerichtiges Denken, ein immer treffender Ausdruck, kaum Fehler.

Man wird stutzig, erkundigt sich nach ihrer Familie. Beruf des Vaters: Ingenieur. 'Aha', murmelt man, 'das gepflegte Milieu', immer mehr Grund zu der Meinung: Das ideale Schulmädchen.

Hört man Katrin ein Märchen nacherzählen, so kann man in leuchtende Augen schauen. Man spürt förmlich, wie das Kind sich jetzt in die Welt des Magischen, Märchenhaften zu versetzen vermag. Der Klang der Stimme, die Versunkenheit der Bewegungen, der Eifer, auszumalen, alles spricht davon. Darüber hinaus frappiert das Gedächtnis; das Kind scheint abzulesen, so genau bringt es die Folge der Geschichte, läßt auch keine Einzelheit aus. Katrin beweist ein Erinnerungsvermögen, das den Lehrer beschämt. Im freien Gespräch zeigt sie einen nie erlahmenden Eifer. Wird sie aufgerufen, so läßt sich aus ihrer oft minutenlangen zusammenhängenden Rede - das in der freien Beschreibung eines Gegenstandes - eine gute Beobachtungsgabe, sicheres Urteilsvermögen und eine sehr vernünftige Art der Begründung ablesen, einer Begründung, die dem Kausaldenken der Altersstufe im Wenn-Dann-Zusammenhang entspricht. Auch hier scheint zu gelten: Die ideale Schülerin.

Katrin malt und zeichnet gern und zwar in einer typischen, ihr eigenen Art, die ganz der Form ergeben ist. Sie geht souverän mit Farbe und Pinsel um, die ganz große Gelöstheit *nur* in der Farbe aber ist ihr nicht möglich. Sie braucht ein Gefäß, in das sie den Überfluß gießen kann.

Von der Güte ihrer Arbeit ist sie überzeugt, wie nur von irgendetwas. Sie setzt dem Helfenwollen des Lehrers eine feste klare Meinung entgegen. In ihren Sachzeichnungen will sie das Vorbild möglichst getreu wiedergeben. Sie verwirft ihre Arbeit zwei-, dreimal, versucht es auf andere Art, bis endlich das Richtige gefunden ist.

Singen ist ihre ganze Freude. Hier ist sie vollkommen da und läßt sich durch nichts ablenken. Tanzen und springen und *dazu* singen ist noch schöner. Wo sich nur Gelegenheit bietet, fordert Katrin ihre Altersgenossinnen dazu auf. Sie ist von Natur für das Musische aufgeschlossen, braucht nicht erst herangeführt zu werden.

Katrin ist eine gute Sportlerin, stellt nicht nur ihre Altersgenossinnen in den

Schatten. Sie turnt wie ein Junge, der turnen kann, läuft und springt wie ein Reh und hält sich dabei vorbildlich. Auch hier: Das ideale Schulkind.

Katrin hat Einfälle noch und noch, macht Vorschläge; natürlich rechnet sie gut. Sie hat immer zu arbeiten, kaum, daß sie einmal träumt. Ihr Benehmen ist tadellos. Sie streitet nie, es sei denn, ihr Gerechtigkeitssinn sei beleidigt. Kein ungehöriges Wort entschlüpft ihrem Munde.

Katrin hat eine Liebe zu kleinen Dingen. Sie versieht ihr Amt in der Blumenpflege mit viel Aufmerksamkeit, ist nie vergeßlich, sorgt auch sonst für Ordnung in der Klasse. Sie gibt sich *natürlich* in jeder Lebenslage, wird nicht ungeduldig, wenn ihr etwas nicht behagt.

Dem Lehrer gegenüber ist sie ohne Gehemmtheit; sogar teilnahmsvoll kann sie sein. Sie sieht in ihm auch den Menschen, der gleich anderen seine Sorgen und seine Lasten hat. Wo es geht, unterstützt sie ihn. Es ist nicht wegzudenken: Das ideale Schulkind.

Immer merkt man, daß sie da ist. Warum eigentlich? Weil sie so viele Vorzüge hat? Nein, sie will in die Augen fallen. 'Sie ist raffiniert', sagt mein Mentor. Das ist ein hartes Urteil. Aber schon steigen verschiedene Bilder auf: Ein kühler Morgen, frischer Wind. Erste Pause. Katrin fröstelt. Plötzlich meldet sie sich. 'Ich bin krank. Meine Mutter hat mir verboten hinauszugehen. Ich muß in der Klasse bleiben.' Ich spüre sofort, was hier los ist. Dafür habe ich ein oft viel zu feines Empfinden. Natürlich weiß das Kind nicht, was es tut. Es scheint ihm der nächste Weg zum Ziel. Es glaubt, seine Intelligenz nutzen zu müssen. Ich verzeihe dem Kind. Aber es bleibt doch: Katrin ist unaufrichtig.

Ein anderes Bild: Kinderfest. Katrin zeigt ihre Turnkünste vor dem versammelten Dorf. Als sie ans Reck tritt, zusammengerissen, mit bis ins Letzte angespanntem Gesicht, da plötzlich rast mir die Erkenntnis durchs Gehirn: Das ist ja Ehrgeiz, der blanke Ehrgeiz, der ihre Züge so erschreckend alt macht.

Ich beobachte schärfer in Zukunft. Andere Vorfälle bestätigen es: Katrin ist durch und durch von Ehrgeiz zerfressen. Viele ihrer scheinbaren Vorzüge sind von daher zu erklären. Man *soll* sehen, daß sie mehr ist, mehr kann als die anderen. Man soll ihr Anerkennung zollen. Daraus lebt sie. Das ist Katrin W.!

Kann man ihr aus ihrer Natur einen Vorwurf machen? Ist das noch das ideale Schulmädchen? Gibt es überhaupt das ideale Schulmädchen? Wollen wir solche Kinder? Es läßt sich vorzüglich mit ihnen arbeiten. Aber kommt es darauf letzten Endes an?"

Celle, das war Kultur, Kreativität, Gemeinschaft. Das waren nicht zuletzt 1x im Jahr mit der gesamten Hochschule (alle Künste kamen zu ihrem Recht) 14 Tage "Musisches Leben" auf der traditionsreichen Burg Ludwigstein im Werratal. Und, und, und ... Nicht von ungefähr, dass Celle als "Hochschule mit Bibel und Klampfe" respektvoll verspottet wurde. Celle, ein kleines überschaubares System - so wie es jede Schule für Kinder sein sollte -, ein System von höchster Effektivität in der Lehrerausbildung der

Nachkriegszeit, gleichzeitig ein Ort, der sich im deutschen Geistesleben jener Jahre hohen Respektes erfreute, kamen doch durch Vermittlung von Dozenten als Hochschulbesucher Hermann NOHL, Werner HEISENBERG, Nicolai HARTMANN, Friedrich GOGARTEN, Hermann HEIMPEL, Peter PETERSEN, Hanns LILJE, Paul HINDEMITH, Elli NEY, Erich PONTO. – Heinrich ALBERTZ, damals Flüchtlingspastor in Celle, hielt Hochschulvorträge. Schon 1948 wurden Beziehungen zu Teachers Training Colleges in England gepflegt. In einem Vortrag auf einer englisch-deutschen Konferenz 1948 verdichtete Hans BOHNENKAMP, dessen Kompetenz als Erziehungswissenschaftler später auch von Gremien der Bundesrepublik (Berufung in den "Deutschen Ausschuß für das Erziehungs- und Bildungswesen") in Anspruch genommen wurde, sein Pädagogisches Programm:

- Aus dem Schulehalten des Lehrers soll ein freies geistiges Leben erwachsen.
- Das Einüben von Fertigkeiten soll viel vom Charakter des Spieles haben und dem individuellen Tempo nachgeben.
- Viele Erkenntnisse und Fertigkeiten sollen sich am gemeinsamen Werk der Köpfe und Hände erproben (Mein Kommentar: "Lernen mit Herzen, Kopf und Händen").
- Die Kinder sollen im freien Gespräch aktiv und eingehend zu Wort kommen.
- Der gesamte Unterricht hat unter dem Gesetz einer klar eingegrenzten Sache zu stehen.

Die Beziehungen zur Stadt Celle (sie ging durch die Verlegung der Hochschule nach Osnabrück 1953 der Chance, Universitätsstadt zu werden, verlustig) waren vorzüglich. Wieder Hans BOHNENKAMP: "Wir hatten zu dieser Stadt, deren Bürger und Behörden uns in den bitteren Notjahren so wohltuend geholfen hatten und mit denen wir in lebendigem geistigem und musischem Austausch standen, ein Verhältnis dankbarer Freundschaft gefunden."

Celle, das ist noch heute für mich, 7 km südlich, das einmalige Kloster Wienhausen mit seinen unglaublichen Schätzen. So oft ich kann, suche ich es auf, nicht zuletzt, weil mein Studienfreund Helmut SIUTS, erfüllt vom Geist jener Tage, noch immer Organist bei den Klosterdamen ist.

Achim

Mit 21 war ich Lehrer - für ein Jahr - in Achim (Kreis Verden). Das Jahr war - im Ganzen gesehen - ein Schock. Ich wohnte ärmlich (Gehalt: DM 220.--), hatte am 3. Tag den Schulrat (Schulräte waren damals gefürchtet) in der Klasse, am 4. Tag einen aufgebrachten Vater in meiner Wohnung (ich hätte seinen Sohn ungerecht behandelt). Auf der Straße riefen mir die Kinder "Langer" nach. Im letzten Vierteljahr wohnte ich mietfrei in einem schönen Zimmer unterm Dach im riesigen Pfarrhaus. Entgelt: Orgelvertretung und Vertretung des machtvollen baltischen Pfarrherrn von Thiesenhausen im Konfirmandenunterricht. Trotz majestätischer Erscheinung und eines entsprechenden Gebarens wurde er mit den Konfirmanden nicht fertig. Der Junglehrer Steinwede wurde es auch nicht: Eine wilde Meute tobte über Tisch und Bänke, gab unaufhörlich Frechheiten von sich, war unansprechbar. Es war die Hölle. In der Schule kam ich mit meinem 4. Schuljahr gut, mit Englisch und Musik in Oberstufenklassen mäßig zurecht. Rektor und Kollegium waren freundlich und hilfsbereit. Dennoch meine Selbsteinschätzung: "Du bist mit deinen 21 Jahren für den Beruf noch zu wenig gefestigt." Ich bat um meine Entlassung, nahm vom Sommersemester 1953 das Zweitstudium mit Germanistik und Geschichte in Hamburg auf.

Studium 1953/57 in Hamburg, Freiburg und Göttingen

In den drei Hamburger Semestern gewann ich nicht viel. Ich hatte ein reich gefülltes Studienbuch, absolvierte neben dem fächerbezogenen Zentralstudium auch Seitenrichtungen wie Vor- und Frühgeschichte, Theatergeschichte und ein Seminar über Zeitungs- und Rundfunkwesen, aber immer kämpfte ich an gegen den Schlaf, der mich überwältigen wollte. Gründe: Im ersten halben Jahr in Wedel an der Elbe - die S-Bahn fuhr bis dorthin -, nahm ich jeden Nebenerwerb (mein Vater konnte mir nur 70 DM mtl. geben), vom Rollen riesiger Papierkonvolute für den Zeitungsdruck beim Entladen im Hafen bis hin zu Stadtführungen an (in Wedel verfolgte ich unterm Dach im winzigen Volksempfänger die DDR-Ereignisse im Juni 1953). Dann kam ich (Kost und Logis frei) in der Internationalen Jugendherberge am Stintfang nahe den Landungsbrücken am Hafen unter, wo ich zum Abend-, Nacht- und Frühdienst verpflichtet war. Stunde um Stunde im Empfang (bei Nachtankömmlingen immer wieder aus dem Bett), gewann ich unzählige hochinteressante Kontakte mit jungen Ausländern und Ausländerinnen, vor allem aus den nordischen Ländern; aber kaum in der Universität, war's um mich geschehen.

Streiflicht

Eine solche Bekanntschaft war die blutjunge hinreißende Französin Marie-Thérèse GUÉRIN. Sie suchte einen Begleiter für eine Dänemark-Reise. Alles stehen und liegen lassend, bot ich mich (spontan verliebt - sie blieb freundlich zurückhaltend) dazu an. Romantik im Kopf, versprach ich, ihr einen Bischof, einen König und einen Maler zu zeigen. Der Bischof gelang. Per Autostop kamen wir nach Schleswig. Bischof WESTER (ein Freund meines Vaters) und seine Frau reagierten unbefangen herzlich auf diese plötzlichen Gäste. Abendessen. Übernachtung.

Der König misslang. Ich hatte gehofft, den dänischen König irgendwie zu Gesicht zu bekommen, aber da blieb in Kopenhagen nur sein Schloss. Der Maler gelang. Es war - auf einer Rückreisekurve - mein Schwager Hans Jürgen BARTSCH in Bremen. Meine Schwester war nicht da. Er aber erglühte angesichts dieses zauberhaften Wesens, mit dem ich dann noch eine Zeitlang in Briefkontakt blieb. Dies Mädchen hätte ich, wären da Chancen gewesen, auf der Stelle geheiratet. Noch viele Jahre später sprach mein Schwager immer wieder von jenem göttlichen Überfall in Bremen.

Ich wechselte für zwei Semester nach Freiburg. In dieser Stadt zum Genießen begann ich in Geschichte (Vorlesungen bei Gerhard TELLENBACH und dem Althistoriker NESSELHAUF sowie das Oberseminar bei Gerhard RITTER sind mir in besonderer Erinnerung) und den germanistischen Fächern (nur Althochdeutsch und Gotisch hielt ich für überflüssig) hart zu arbeiten und fasste bereits das Examen ins Auge, das ich dann noch während des 8. Semesters in Göttingen (Pädagogik war mir aufgrund meines Lehrerstudiums erlassen; Philosophie machte ich mit 1) mit "gut" bestand. Meine Examensarbeit schrieb ich über "Die Sächsischen Kaiser und Bischöfe als Bauherrn und Mäzene" bei Percy Ernst SCHRAMM, den ich neben Hermann HEIMPEL hoch verehrte.

Bienenbüttel (bei Lüneburg)

Anfang 1957 kam ich nach Bienenbüttel. Die schon des Längeren wiedererwachte heiße Liebe zu den Grundschulkindern hatte meinen Entschluss bewirkt, mich wieder um eine Lehrerstelle in der Volksschule zu bewerben. Zu Bienenbüttel verholfen hatte mir mein Onkel RÖHR, der Lehrer und Organist im Nachbarort Wichmannsburg war.

Ich wohnte im Küsterhaus gegenüber der Kirche, hatte ich doch sogleich die (vakante) Organistenstelle übernommen. Oben im Haus lebte Frau SPECHT, eine gestreng-gütige Dame mit Hakennase.

Die alte Schulklasse hatte man durch eine Wand mit großer Schiebetür unterteilt. Das gab bei der Größe des Gesamtraumes ein herrliches Gefühl der Weite im Wohnen; dazu der Garten - ein Garten für mich, ein Geschenk, ein Wunder.

Ein Dorftischler zimmerte mir ein einfaches Regal für meine ersten Bücher. Ich hatte während des Studiums kein einziges Buch kaufen können. Und da meine Kollegnachschriften in winziger Schrift (in kleinen Heften) gefertigt waren, konnte ich meinen ganzen damaligen Besitz - Kleidung und Studienunterlagen - in *einem* alten Koffer unterbringen. Eine meiner ersten Bucherwerbungen war - höchst kostbar - eine Dünndruckausgabe von Hugo von HOFMANNSTHAL.

Im Kollegium fand ich freundlichen Zuspruch. Ich genoss die Gunst des Rektors. Später, beim Abschied nach Loccum, legte er mir das Wort aus: "Wer seine Hand an den Pflug legt und schaut zurück, der ist nicht geschickt zum Reiche Gottes." Gewiss, man fragte sich schon: "Wieso geht der mit seinem Studienabschluss nicht zum Gymnasium nach Lüneburg?" Ich spürte es - und ließ es offen.

Das große Ereignis aber waren die Grundschulkinder mit ihrer Offenheit, ihrem Vertrauen, ihren immer weit offenen Augen (Erzählen konnte ich damals schon). In den vier Jahren führte ich einmal eine Klasse von 1-4, parallel dazu eine weitere Klasse von 1-2; dazu gab's Fachunterricht Deutsch, Religion, Englisch, Zeichnen in der Oberstufe. 1997 baten die von 1-4 (sie waren mir seinerzeit wirklich ans Herz gewachsen) mich zu einem Klassentreffen (wo gibt's das sonst schon, Klassentreffen einer Grundschulklasse!). Sie schrieben liebevoll, wollten mich unbedingt dabeihaben. Ich schrieb zurück, konnte nicht, war krank.

In der 2. Lehrerprüfung - Frl. UCKEL, die Leiterin der Junglehrer-AG (auch hier gab's einen schönen Zusammenklang), wollte mich unbedingt auf 1 bringen - kam ich auf eine 2. Ein Grund: Der "Heimatkundeexperte" Prof. WOCKE aus Lüneburg, der nicht hören wollte, dass ich die "originale Begegnung" (sein Steckenpferd; damals in aller Munde) bereits am Tage vorher absolviert hatte. Es ging um "Wasser", und ich hatte die Prüfungsstunde auf sprachliche Umsetzung des Erfahrenen hin konzipiert. Nein, die originale Begegnung hätte in dieser Stunde stattfinden müssen. Nun ja, Brett vor dem Kopf ... Grund zwei, vermutlich erheblicher: So wie ich im Studium Gotisch und Althochdeutsch vernachlässigt hatte, so war mir Schulrecht immer ziemlich egal gewesen. Da wusste ich trotz der wirklich gütigen Zurede des Prüfungsvorsitzenden (es war Dr. VATER von der Regierung in Lüneburg, der mir später beim Wechsel nach Loccum in vielem sehr geholfen hat) wenig Sachdienliches zu sagen.

Bienenbüttel, das war Singen mit den Kindern noch und noch, das waren Flötenkinder nachmittags, das war ein Musizieren mit jungen befreundeten Leuten aus Uelzen und Lüneburg bei mir - es gab in den Ferien richtige Musikfreizeiten -; ein Cembalo hatte ich mir erspart; später kam ein alter Flügel hinzu. Das waren Haus-, aber auch Kirchenkonzerte (ich habe, glaub's kaum noch, wirklich die Bachkantate "Actus tragicus" - "Gottes Zeit ist die allerbeste Zeit" - aufgeführt). Der Chor, ein richtiger Dorfchor, hatte viele jugendliche, teilweise sehr schöne Stimmen. Die Arbeit machte mir Spaß, doch hatte ich Schwierigkeiten mit der Beschaffung von Noten. Die Leitung des Posaunenchores - immer wieder finstere Miene bei meinem Pastoren (ich verstand einfach nichts von Blechbläsern) - lehnte ich jedoch kategorisch ab.

An der Orgel wurde ich zweimal von Lüneburger Kirchenmusikdirektoren visitiert, einmal von Jan BENDER, einmal von Volker GWINNER, beide sehr generös. Denn: beide spielten viel lieber selbst, als dass sie mich abhörten. Eins aber bedaure ich noch heute zutiefst: Von Albert SCHWEITZER, der in hohem Alter noch einmal auf der Lüneburger Johanniskirchenorgel spielte, erfuhr ich zu spät. Ich gab auch Orgelunterricht. Doch meine Schülerin, die Enkelin meines Vorgängers, spielte die großen Bachwerke bald besser als ich selbst. Im Chor ging es mir (so hatte ich's in Celle gelernt) um lockeres ein- und mehrstimmiges Singen von Volksliedern, wie um strenge Arbeit an geistlichen Partituren vor allem der Barockzeit. Fröhlichkeit war immer da. Nicht selten endeten die Proben, vor allem von den Mädchen her, in einem Tanzabend.

Mädchen näherten sich mir auch von anderer Seite her. Oft wurde ich als "Organist der Trauung" von mir ganz unbekannten Leuten zu Bauernhochzeiten mit hübschen Tisch- und Tanzpartnerinnen eingeladen - ohne

Ergebnis. Ich war immer noch viel zu schüchtern, zu unerfahren.

Bienenbüttel, das war auch die Familie des Gemeindedirektors ALLMANN. Hier sah ich mich mit unzähligen Einladungen in einen Familienkreis, der mich nachhaltig an die eigene Kindheit erinnerte, aufgenommen. Der Mutter - ich besuche sie Jahr für Jahr (der Vater ist gestorben) - und den vier Kindern (Volker, der Älteste, ist heute der erste Schulmann im Regierungsbezirk Düsseldorf) bin ich noch immer tief verbunden.

In Bienenbüttel habe ich den eigenen Unterricht erstmals nachhaltig reflektiert. Ergebnisse legte ich im *Rechenschaftsbericht zum 2. Lehrerexamen* (geschrieben Herbst 1960) nieder. Was ich darin zum Grundsätzlichen, aber auch zum Methodischen (Memorieren - Bildnerisches Gestalten) der *Evangelischen Unterweisung* festhielt, scheint mir noch heute - nach 40 Jahren - erwähnenswert:

"Ev. Unterweisung ist der gemeinsame Versuch von Lehrer und Kind, sich unter das Wort zu stellen, um danach zu leben. Der Lehrer erschließt dem Kind den Zugang, daß es erfahre, mir gilt Anspruch und Zuspruch Gottes in der Schrift, für mich steht die Kirche im Ort, für mich hat sich das Festgeschehen von Weihnachten, Ostern, Pfingsten vollzogen. Die Kinder werden in der Anschauung vertraut mit den greifbaren Dingen der kirchlichen Umwelt (kirchliche Heimatkunde). In der Katechese, in Andacht und Gebet, in dem vorgelebten Glauben des Unterrichtenden wird ihnen die Allgegenwart des unsichtbaren Gottes zur Selbstverständlichkeit ihres Lebens. Ihre vertrauende Hingabe wirkt zurück auf den Lehrer. Wie kann man reiner beten als mit Kindern zusammen.

Ev. Unterweisung fordert intensive Vorbereitung in dem vielfachen Wenden und Bewegen des Textes, daß er zugleich unverbogen und dem Kinde gemäß von Gott rede, daß Vergebung und Nächstenliebe in die Handlungen des Alltags übergehen, doch nicht zerredet werden, daß die religiöse Empfindung der Kinder nicht durch Eintönigkeit - etwa durch Benutzung immer des gleichen Gebetes bei Schulanfang und Schulschluß - beeinträchtigt werde. Das Gesangbuch will als Gebetbuch in die Hand genommen werden. Sein reicher Schatz an auch sprachlich wertvollen Strophen wird viel zu wenig gewürdigt.

Im Methodischen sind mir zwei Dinge wichtig:

1. Ich bemühe mich, das in seine alten Rechte wiedereingesetzte Memorieren als sinnvolles Auswendiglernen zu gestalten, nur das nachsprechen und merken zu lassen, was, katechetisch gründlich aufbereitet, mit dem Herzen aufgenommen wurde. Choralstrophen lernen meine Kinder leicht und rasch, wetteifernd schon während des Unterrichtes, weil konsequent seit 3 Jahren jeder Gedächtnisstoff gemeinsam angegangen wird.

2. Bei der Festigung der biblischen Geschichten verachte ich das Nacherzählen durch einzelne Kinder oder das abfragende Verfahren nicht, doch die Situation wird lebendi-

ger, wenn der Lehrer auf Kinderfragen Antwort gibt oder wenn ein Kind in die Mitte der Klasse gestellt wird: 'Fragt dieses Kind!'. Das alles ist nichts gegen die Begeisterung bei der Erlaubnis, die Geschichte zeichnen zu dürfen. Meine Sammlung an Zeichnungen nach Themen der Ev. Unterweisung ist in 3 Jahren reich geworden. Manchmal habe ich das Gefühl, es wird Zeit verschwendet, doch die Bild gewordene innere Anschauung des Kindes von der Geschichte, die so oft an Nebensächlichkeiten hängenbleibt und doch so liebenswert aus der Seele spricht, wie es dem Kind mit Worten gar nicht möglich ist, scheint mir dann wieder Rechtfertigung genug. Zeichnen in der Ev. Unterweisung ist nicht Kunsterziehung. Es geht nicht um Bildqualitäten, sondern um Nacherzählen in Bilderschrift, um eine Reihung dessen, was das Kind nun neu weiß und was ihm wichtig geworden ist; farbig schon, denn es ist farbig erzählt worden, aber nicht primär mit dem Pinsel. Die vielgeschmähten Buntstifte haben hier ihren schönsten, weil begründeten Platz.

In abgelegenen Gassen des südfranzösischen Carcassonne fanden wir die Straßenfläche bedeckt mit märchenhaften Teppichen von phantastisch ausgeschmückten Abbildern dieser aufgetürmten Stadt. 'C'est la cité', erläuterten die 5- und 6jährigen Schöpfer ihre Werke. Das Kind malt, was es weiß und kennt und bereichert es in 'ursprünglicher Bildefreudigkeit' aus dem unerschöpflichen Born seiner Phantasie. Glücklich ist es dabei; soll es da nicht Glück bedeuten, ihm beizustehen, es zu geleiten in diesen Reichen der Daseinsfreude. Im Grunde gehört so wenig dazu: eine Aufgabenstellung, die der Phantasie Raum läßt, die Ansprüche nur maßvoll steigert und die Möglichkeit einer bildmäßigen Lösung in der betreffenden Altersstufe zuläßt; Bereitstellen der geeigneten Materialien, Wechsel in Techniken und Formaten, dann: Anregen, Besprechen und Beraten statt Vorzeichnen und Korrigieren; Ernstnehmen eines jeden Bildes, Mühen um Verständnis des kindlichen Anliegens; mit einem Wort: Liebe zur Sache.

Die Zeichenstunde ist meinen Kindern das Liebste; eifersüchtig wachen sie darüber. Als ich einmal - nicht unbedingt gerechtfertigt - eine Stunde ausfallen ließ, zog ich mir tiefe Verachtung zu. Die Begeisterung kennt keine Grenzen, wenn es eine zusätzliche Stunde gibt. Aber auch jede andere Gelegenheit wird genutzt. Überallhin - wenn nur erlaubt - verstreut das Kind seine Schmuckformen: abgeschriebene Texte, sprachliche Übungen, Aufsätze, heimatkundliche Niederschriften, alles wird gerahmt und durchsetzt von Bildwerk. Den Eltern erscheint das ungewöhnlich. Einige verbieten streng, im Schreibheft zu malen. Ich habe versucht, sie durch Ausstellungen und Vorträge bei Elternversammlungen zu einer anderen Einstellung zu bewegen, doch trauen sie - mit Ausnahmen - dem Frieden noch nicht recht.

Ich habe meine Kinder bereits im 1. Schuljahr mit großen Haarpinseln aus dem Farbkasten tuschen lassen, habe sie mit Farbkreiden große Packpapierflächen füllen, vor allem die große schwarze Tafel von vielen Kindern oft bunt ganz zumalen lassen. Es gab Bilder von magischer Wirkung. Großformat und großzügiger Umgang mit den Materialien entbinden erst die schöpferische Kraft. Die Kinder bewegen sich wie Maler vor der Staffelei.

Ich habe versucht, Bilder aus der ursprünglichen Farb- und Formenfreude (Klecksbilder; Motiventwicklung aus dem Farbfleck), aus der Bewegungsfreude (Zweihandmalerei), aus der beschränkten Palette, auf verschieden getöntem Grund (Tapeten) zu gewinnen; ich habe versucht, das Mischen und Abstimmen der Farben, das Nuancieren von Einzeltönen als Lehrgang zu bieten, aber auch den Blick zu schulen für die vielfältigen Formen der Natur (Blumen, Insekten), die dann aus dem Gedächtnis nachgestaltet wurden. Ich habe mit Bleistift und Feder dem Geheimnis der Linie nachspüren lassen, aus der Knetmasse formen, aus selbstgesammelten bunten Papieren kleben, aus Eicheln und Kastanien Figuren bilden, in der Vorweihnachtszeit Strohtiere, Ketten und ganz einfache Transparente herstellen lassen. Bei all dem ist mir aufgegangen, daß letztlich doch das Thema in seiner Formulierung und die darauf hinleitende Besprechung das Wesentlichste ist für die unterrichtliche Förderung des Kindes im bildnerischen Gestalten. Deshalb habe ich mich auf die Suche gemacht nach guten Themen. Die Thematik der beiden Anfangsjahre entnahm ich vorwiegend dem hier behandelten Märchengut. Auch im 3. Schuljahr habe ich noch Gestaltungsaufgaben nach ANDERSEN ('Des Kaisers neue Kleider', 'Die Prinzessin auf der Erbse', 'Die Nachtigall') gestellt, doch waren die Aufgaben jetzt meist enger gefaßt. Z.T. war die Gestaltung erst nach intensiver Beobachtung möglich, so bei den Themen, die den Tier- bzw. Insektenkörper zum Gegenstand hatten (das dicke Froschungeheuer, Schildkröte im Sand, hungriger Rabe im Astwerk, viele Katzen, Maikäfer auf Blättern, Libelle am Halm, die Biene), wo es um Pflanzliches ging (Frühlingsblumen im Gefäß, Blumenwiese gegen den Himmel gesehen, Kastanienblüte, viele Pilze, Herbstblätter), oder bei Themen, die auf eine Porträtierung hinausliefen (Kopf eines Kindes, Gesicht im Spiegel, mein Freund, mein Lehrer macht ein böses Gesicht, mein Lehrer hat gute Laune, Kinder unserer Klasse auf der Schulbank, beim Tanzen, Spielen, Baden; der Polizist auf der Kreuzung, mein Fahrrad). Immer ging es darum, Gestaltungskraft zu lösen, Vorstellungskraft zu beleben (Faschingsmaske, Haus bei Nacht, Flaschen und Gläser, Wellen im Meer; bunte Sonnenschirme im Kaffeegarten, Menschen unterm Regenschirm, die Feuerwehrkapelle marschiert, zwei Kinder zanken sich, ich möchte eine Prinzessin, ein Prinz sein, Wunderblume, Wundervogel, ein kunterbunter Hahn, bunte Fische im Wasser)."

Zusatz 1999: Dass freies Gestalten und Gestalten nach religiosen Themen in Wechselwirkung zueinander standen, liegt auf der Hand.

Streiflicht 1

Ich stehe im gegen die Straße hin tiefgelegenen Küstergarten. Ein Junge läuft vorbei. Er hat ein (neolithisches) Steinbeil in der Hand. Ich stoppe ihn. - "Das habe ich in der Ilmenau gefunden. Ich will es Herrn KOPTIK (sein Klassenlehrer!) bringen." - "Gib's mir. Du kriegst 'ne Mark dafür!" Soviel ich von dem jovialen Kollegen KOPTIK halte, die Besitzgier des Hobby-Archäologen schlägt durch. An einer Mark ist der Junge hochinteressiert. Ich bekomme, was ich will. Als ich's tags drauf dem Kollegen KOPTIK erzähle, ist der - ich staune nur - einverstanden. Später beim Abschied aus Bienenbüttel, schenke ich dies Steinbeil Herrn MANGER.

Der Kollege - zwei Dörfer weiter - hat mir viel Vorgeschichtliches vermittelt, vor allem meine Urnen, die ich aus früherer Zeit besitze, restauriert. Und dann, 1997, schenkt mir Frau ALLMANN - die Dinge laufen, so scheint es, auf ihr Vorher zurück - ein Steinbeil, dem anderen ähnlich. Ihr Mann hatte es im Feld gefunden.

Streiflicht 2

Sie kamen zu Weihnachten 1958, die MICHNA's aus der DDR - sie hochschwanger. Gleich Maria und Josef hatten sie keine Unterkunft; und sie hatten mit Kirche nichts am Hute.

Ich wurde gefragt. Selbstverständlich - ja. Sie erhielten zwei von meinen vier Zimmern, Küchen- und Badbenutzung. Später holten sie seine Mutter nach. Es ging wohl über ein Jahr. Bis auf gelegentliche kleine Reibereien vertrugen wir uns blendend. Er war Kollege an der Schule, sie, blutjung, höchst aufgeweckt, sprühend vor Lebenslust, ist noch heute als Lehrerin tätig.

Mein Pastor, selbstbewusster Pfarrherr und engstirniger Lutheraner, der von seinem studierten Kantor, dem Pastorensohn, eine geheime Konkurrenz (die nie bestand) befürchtete, hielt mich immer kurz, bedeutete mir z.B. mehrfach unter Bezug auf LESKOWs "Klerisei" - welch abenteuerlicher Gedanke - ich hätte mich keinesfalls zum "clerus minor" zu rechnen.

Nun autoritär, wie er war, forderte er kategorisch - Widerspruch schien zwecklos -, wer in einem kirchlichen Hause wohnen wolle, der müsse sein Kind - ein Sohn war den MICHNA's inzwischen geboren worden - auch taufen lassen. Das war brutale Erpressung. Ich weiß nicht, eigentlich hätte ich mich damals wehren müssen. Nein, ich ließ mich auch noch zum Paten bestellen. So geschah es denn, dass ich Anfang 1959 als Zwangspate an einer Zwangstaufe (die MICHNA's ließen's über sich ergehen) teilnahm. Zwangstaufe, das kannte man in sächsischen Landen aus der Zeit KARLS DES GROßEN. Wir aber waren im 20. Jahrhundert. Das Tragische: Ich habe mich um dieses Patenkind später nie mehr gekümmert, bis ich 1997 von dem plötzlichen Unfalltod des 39-Jährigen hörte. Da erschrak ich. 1999 ein Besuch bei den Eltern. Ich wurde mit kaum fasslicher Herzlichkeit empfangen.

Nachspiel

Ich war bis vor kurzem der Auffassung, ich hätte in Bienenbüttel kein Kind mehr geschlagen. In Achim war's noch gelegentlich - hatte doch in Celle niemand dagegen gesprochen - geschehen, wenn auch nie bei Mädchen. Es ging um Ohrfeigen. Vollmundig formuliert, steht in meinem *Bienenbütteler Rechenschaftsbericht:*

"Ich habe stets versucht, im Kinde den Menschen zu sehen, das Individuum, das eine eigene von Gott verliehene Würde trägt und dem Freiheit zugestanden werden muß. Eine körperliche Züchtigung stellt eine Entwürdigung dar, das habe ich erst lernen müssen und lerne noch daran. Es gibt eine Auffassung, die Körperstrafe leicht zu nehmen. Viele Kinder sind von Haus aus daran gewöhnt. Manche Eltern kommen und bitten darum. Kinder mit kräftiger seelischer Konstitution ertragen sie gelassen. Bei manchen hat man den Eindruck, sie verlangen geradezu nach einer Quartalsstrafe als Pauschalabgütung für begangene Untaten. Anderen ist die drastisch vollzogene Löschung des Sündenregisters heilsamer Schock, der innere Regeneration verbürgt. In jedem Falle handelt es sich um einen unmißverständlichen Ruf zur Ordnung, erreicht durch ein Erziehungsmittel, das zum Zuchtmittel geworden ist. Wo aber bleiben wir mit unserer humanitas, wenn wir nicht achten, was Gott ihm zum Bilde schuf. Ist nicht ein jedes Kind Wunderwerk göttlicher Schaffensfreude und Schaffensvielfalt, dem gleich der Blume in der sorglichen Obhut des Gärtners ein großes Maß an Wasser und Sonne zuzumessen ist? Das Goethewort, das mir zur Richtschnur meiner Arbeit wurde, mag hier den Gedankenkreis schließen: 'So wie Gott sie uns gab, so muß man sie haben und lieben, sie erziehen aufs beste und jeglichen lassen gewähren'."

Aber dann kam der Schock in Form eines Briefes vom November 1998. Absender: Manfred BIECK, Apotheker in Bodenfelde am Solling, vormals in dem durch das große Eisenbahnunglück zu trauriger Berühmtheit gelangten Eschede. Sein Pastor hatte ihm beim Abschied von dort mein Buch "Kommt und schaut die Taten Gottes" geschenkt, und nun wollte er wissen, ob der Verfasser sein ehemaliger Bienenbütteler Lehrer sei. Ja, schrieb er u.a., ich hätte einmal, als sie im Jux leere Milchkartons mit lustvollem Tritt knallend hätten platzen lassen, sie in Reihe antreten lassen und jedem eine Ohrfeige verpasst. Die schmerze ihn heute noch, wenn er auch der Ansicht sei, manchem Kinde heute könne dergleichen durchaus guttun.

Ich war wie vom Donner gerührt und schrieb sofort voller Reue zurück. Und wir hatten ein langes freundschaftliches Telefongespräch danach.

Dennoch - es hat mich umgehauen. Nichts, auch nicht die Spur einer Erinnerung an diese Schandtat. Sicher, es muss zu Anfang der Bienenbütteler Zeit gewesen sein, denn Manfred BIECK - ihn als Schüler erinnere ich genau - verließ die Klasse bald, weil sein Vater versetzt wurde. Und so mag denn die Formulierung oben "ich lerne noch daran" hier vielleicht ein wenig verdeutlichen.

Christine - auch diese Erinnerung gehört hierher:
Ich hatte es mir zur Gewohnheit gemacht, kein Kind, mit dem es eine Auseinandersetzung gegeben hatte, oder dem ich eine Rüge erteilt hatte, nach Hause gehen zu lassen, ehe nicht bei Schulschluss ein Wort der Versöhnung gesprochen oder eine Friedensgeste gemacht war. Einmal aber hob ich noch zu einer kleinen Strafpredigt an. Da schaute mich Christine aus großen vorwurfsvollen Augen an: "Aber Herr STEINWEDE, Sie haben doch gesagt, man soll *immer* vergeben!"

Loccum – Im Dienste der Kirche

"Was in unserer Kirche seit dem Ende des Krieges geschehen ist, glich mehr als einmal einer kühnen Fahrt ins Ungewisse. So war das schöne alte Kloster Loccum nicht nur Ort bewahrender Pflege, sondern auch Stätte mehrfachen Aufbruchs in die Zukunft. Da war vor allem die Evangelische Akademie, die sich gegen dunkle Unheilsprophezeiungen der Skeptiker durchsetzen mußte, aber auch das Religionspädagogische Institut, von dem ein gleiches gilt" (Hanns LILJE 1973).

"Die Lampe harrt der Flamme, die entzündet" (GOETHE). So war das wohl mit dem Ruf nach Loccum, dem ich in einer gewissen Naivität folgte. Ein Telefonat, ein Gespräch mit Prof. WITT - und schon kam die Sache auf den Weg. Sie suchten einen jungen Lehrer mit dem Fach Religion, der "wissenschaftlich arbeiten" konnte. War's eine Berufung in dem besonderen Sinn des Wortes - ich weiß es nicht. Jedenfalls: Der Dorfschullehrer avancierte, nachdem vier Jahre lang jeweils für ein weiteres Jahr Beurlaubung beim Staat beantragt war (= vier Jahre Probezeit!), zum Dozenten für Religionspädagogik im Kirchendienst. Und er hat es nicht bereut.

Der Geist jener Loccumer Nachkriegsjahre war einmalig. Das Katechetische Amt (der Name bis 1965) hatte anfangs (ich kam 1961) neben Prof. WITT mit eigenem Amtszimmer vier Mitarbeiter: Ingo BALDERMANN, Heinz KITTEL (der Bruder von Helmuth), Wolfgang SCHMIDT, der die ersten überzeugenden Berufsschulmodelle der Nachkriegszeit entwickelte, und mich. Wir saßen - eine verschworene Gemeinschaft - an großen alten Schreibtischen, je einander gegenüber, in zwei winzigen Räumen, rings an den Wänden die Regale der "Bibliothek". Es gab zwei Sekretärinnen. Frau WITT regierte mit. Als BALDERMANN ging, kam Peter BIEHL.

Der Arbeitsanfall war immens. Jeder in Loccum war nolens volens in die zisterziensische (benediktinische) Tradition eingebunden: ora et labora. Ich hatte eine Doppelfunktion: Im Kloster agierte ich einerseits als (nie bestallter) Stiftsorganist (KMD Günther KRUSE, der ältere Bruder von Martin, war viel zu Prüfungen und Revisionen unterwegs), andererseits als Betreuer der damals noch üblichen wöchentlichen Katechese der Vikare in benachbarten Schulen. Offiziellen Zutritt zum Kloster erhielt man damals nur über einen Antrittsbesuch beim alten Prior FLEISCH. Ich wurde gründlich examiniert, bevor das Heiligtum sich auftat.

Natürlich lag die Hauptarbeit im Katechetischen Amt. Alles musste ich machen: Akademievortrag vor Leitern kirchlicher Schulen schon am 3.(!) Tag. Ich konnte meine Arbeit zur 2. Lehrerprüfung über das damals noch junge Thema "Schulleben" zugrundelegen, hatte einen überraschenden Erfolg und damit einen guten Einstand. Sonst aber: Kurse mit Lehrerinnen (Lehrern) aller Schularten (Sonder- und Berufsschule eingeschlossen). Zuständigkeit ebenso für Kindergottesdienst und Konfirmandenarbeit. Unzählige Veranstaltungen außerhalb, in den Lehrerfortbildungsheimen des Landes Niedersachsen, vor allem in Religionspädagogischen Arbeitsgemeinschaften für Lehrer/Pfarrer, häufig verbunden mit Unterrichtsstunden (Vorführstunden!) in fremden Klassen; all das zwischen Aurich und Göttingen, zwischen Lüneburg und Osnabrück. Langfristigere Verpflichtungen im Amt waren die Schulvikariatskurse (damals noch ohne Unterrichtsbesuch vor Ort) und der alle zwei Jahre zu absolvierende Katechetische Oberkurs für Kindergärtnerinnen (Erzieherinnen sagte man damals noch nicht) und Diakone.

Immer blieb ich den Kindern unmittelbar (in Loccum wie später in Godesberg mit 2 Wochenstunden Religion) verbunden. Der eigene Unterricht war Quellort all dessen, was ich - für meine Partnerinnen/Partner dadurch glaubwürdig - weiterzusagen und auch zu schreiben hatte. Wenn Kinder mich fragten, was ich von Beruf sei, ich konnte immer nur antworten: "Ich bin Lehrer für Kinder *und* Erwachsene." - Und das in Religion. In all den Dingen, die den Menschen zwischen Himmel und Erde in der Schwebe halten. Ich habe das als den schönsten möglichen Beruf angesehen, hart gearbeitet, alle Unbill ertragen - und es genossen. Nun ja, eins kam hinzu: Man hörte mir zu, die Kinder ebenso wie Vikarinnen, Lehrerinnen - und auch die Schulräte.

1963: 800-Jahr-Feier des Klosters. An der Eingangstür der Klosterkirche steht Bischof LILJE. Es naht mit Gefolge Heinrich LÜBKE, der Bundespräsident. LILJE ruft es ihm entgegen, den alten Zisterziensergruß: "Porta patet - cor magis!"

*

Im Wald. Wir gehen spazieren mit Kinderwagen, mit unserem Erstgeborenen. Da - uns entgegen - Bischof LILJE. Er hält an, schaut aufs Kind, murmelt: "Propres Bürschlein!" Und schon hat er ihn weg, unser Jacob, den bischöflichen Segen, unser Jacob, heute Doktor der Philosophie, entschiedener, wenngleich liebenswerter Agnostiker, der der Kirche längst den Rücken gekehrt hat.

*

Sonntagnachmittag. Ich gehe über den Akademiehof. Am Morgen habe ich die Orgel in einem großen Ökumene-Gottesdienst gespielt (in der Akademie läuft eine entsprechende Tagung). Und sie haben gesungen, brausend, pfingstlich - und die Wände des alten Gemäuers erbebten. LILJE lehnt aus einem Fenster (es ist wohl Pause), sieht mich, ruft mir zu: "Gut gemacht!" Zwei Worte, und mir ist, als habe der liebe Gott selbst gesprochen.

*

Oberkirchenräte und Bischöfe (Präses BEIER, Bischof KRUSE, Bischof FORCK u.a.) pflegte (pflege) ich mit "Bruder" anzureden, Pastoren mit "Herr". Bischof LILJE aber hatte und erhob denAnspruch auf die Titulatur "Hochwürden". Oft lief ich (meist in der Akademie) hinter ihm her: "Hochwürden, die Nummern!" (die Lieder für den nächsten gemeinsamen Gottesdienst). Der leicht ironisch-süffisante Ton, den ich dabei anschlug, entging ihm nicht. Aber was konnte er schon machen. Er nahm es grimmig zur Kenntnis. "Bruder" indes, das hätte ihn zum Platzen gebracht.

*

Ich trug sie oft, diese hellbraune Manchesterhose, damals Berufskleidung der Maurer. Schon in Bienenbüttel hatte man mir wiederholt (erfolglos) bedeutet, dies sei eines Lehrers nicht würdig. Aber nie vergessen werde ich den zutiefst verwundert-strafenden Blick von Hochwürden LILJE. Vor einem Abendgottesdienst mit ihm hatte ich die Sakristei betreten - es war noch etwas hinsichtlich des liturgischen Ablaufs zu klären. Er war im Gespräch. Er schaute auf - und erstarrte. Das - ihm! Sein Blick sollte mich, dessen bin ich sicher, in den Boden versinken lassen. Aber Zisterzienserböden sind stabil.

*

Hanns LILJE. Ich sehe ihn den heute nach ihm benannten Weg vom Kloster zum neuerbauten Institut heraufkommen, uns Religionspädagogen (so wie es für mich nach ihm nur noch Präses BEIER konnte) wirklich Wegweisendes zu sagen.

Weiteres - anekdotisch

13. August 1961, Sonntag. Ich sitze an der Orgel. Martin KRUSE predigt. Mittendrin teilt er es mit: "In Berlin bauen sie seit heute morgen eine Mauer, quer durch die Stadt." Mir wird ganz anders, ich weiß nicht wie ... 1999 erinnere ich ihn daran. "Ja damals", so seine Antwort, "es war mir alles noch nicht so bewusst."

*

Von Loccum aus bin ich in Berlin, in der Ev. Akademie. Kindergottesdiensttagung übers Wochenende, Schluss am Sonntag, zum Mittag. Noch ist Zeit bis zum Rückflug. Tags zuvor habe ich im Flugzeug etwas von einem erschossenen Studenten gelesen: Benno OHNESORG. Ich will über den Kurfürstendamm bummeln. Überraschung: Überall diskutierende Gruppen, alles voll. Dazwischen Polizei. Bei einer Gruppe bleibe ich stehen. Ein Araber hat das Wort. Er plädiert für die Rechte der Palästinenser. Neben mir ein kleiner Mann in Lederjacke. Glühend die Augen. Ich weiß es genau, dieser Blick, diese Unruhe, das hat mich berührt. Er sagt nichts. Später weiß ich seinen Namen: Rudi DUTSCHKE.

*

Im Wald. Großer missionarischer Gemeindetag. Dieter ANDERSEN, Vorgänger von KRUSE als Studiendirektor des Predigerseminars (genauer Titel: Konventualstudiendirektor) hat mich beauftragt, von der Holzkanzel herab den Zuhörern an einem großen selbstgefertigten Plakat das (gefährliche) Vordringen des Islam in Afrika zu demonstrieren. Ich demonstriere zitternden Herzens, denn eine wirkliche Ahnung von der Sache habe ich nicht. Aber, o Wunder, sie spenden Beifall. Heute würde ich dergleichen niemals mehr tun. Wie weit ab war ich doch damals von dem, was mich heute im Hinblick auf das Miteinander der Religionen bewegt.

Abendandacht in der Klosterkirche. Martin STALLMANN liest das Evangelium. Und zum erstenmal in meinem Leben geht mir auf: Man kann einen Text, ihn lesend, so interpretieren, dass es keines auslegenden Wortes mehr bedarf. Die Lesung ist die Predigt.

*

Ich mache (wiederholt) den Kantor in den Retraiten, zu denen Gerd HEINZ-MOHR (sein "Lexikon der Symbole", der christlichen, halte ich noch immer für das beste auf dem Markt) einlädt. Und immer ist damals ein Bruder aus Taizé dabei. Und ich darf für das schweigend eingenommene Mittagessen die Musik aussuchen. Und wir singen - streng liturgisch - die Stundengebete, im Wechsel die Psalmen des Morgengebetes, der Vesper und der Complet und wahren darin die zisterziensische Tradition des Ortes. Und immer ist es eine Kraft der Stille, die, lange nachwirkend, aus diesen Wochen hervorgeht.

*

Ursula HAUPT, die Bibliothekarin des Klosters, versucht - eine Sisyphusarbeit -, den Nachkriegswust unter den unzähligen Büchern zu beseitigen. Uns ist sie, eine treue Seele, herzlich zugetan. Oft besucht sie uns. Sie wird Jacobs Patentante. Taufgeschenk: silbernes Besteck aus dem Nachlass ihres Vorfahren Emanuel GEIBEL. Ihr sehnlichster Wunsch: "Ich möchte zu Füßen von Bischof LILJE begraben werden." Sie schafft es. Man kann es nachprüfen auf dem Fleckchen Loccumer Dorferde nahe der Klosterkirche, wo so viele Große der Hannoverschen Landeskirche ruhen. Wenn ich dort innehalte und die Kreuze überschaue, sage ich mir wohl: "Und ich kannte sie fast alle!"

*

Eva und Lore

Wir hatten sie zu einem Abendplausch in meine Wohnung im 1. Stock geladen. Wer? Der Vikar E. G. BURGGALLER aus dem Predigerseminar und ich. Wen? Die etwas steife Eva HUHS und die springlebendige Lore (Leonore) WENSCHKEWITZ (manch einer mag die Professorin SIEGELE-WENSCHKEWITZ – kürzlich wurde ihr viel zu früher Tod vermeldet – kennen). Wir hörten Musik. Wir waren heiter. Es wurde spät.

Plötzlich von unten laute Rufe. Wir schauten hinaus. Da standen sie, der Professor WENSCHKEWITZ, Rektor des Pastoralkollegs, und der Obrist a.D. HUHS, Verwaltungschef der Akademie (er hatte 1945 die Kurland-Armee den Russen übergeben). Sie standen und schrieen nach ihren Töchtern, die sie in den Armen von Wüstlingen wähnten. Gerade an diesem Abend - ich wusste es nicht - ging die Klingel (warum, mir unbekannt) nicht. Das hatte sie in Weißglut versetzt. Ich war mir keiner Schuld bewusst. Doch sie forderten einen offiziellen Entschuldigungsbesuch. Gut, sie bekamen ihn.

Loccumer Traum (22.1.1965)

Ich bin sicher, die vielen Stunden an der Orgel sind hier Beweggrund für das, was aus dem Unbewussten aufstieg:

> Im Gehäus:
> Er trat in die Halle. Ringsum die Steilheit der Wände. Das Gedröhn der Orgel war unüberhörbar. Es quoll aus den Fugen, ritzte die Steine, verschlang Luft und Atem und Licht.
> Das erschlägt mich, dachte er. Diese Töne fressen mein Selbst. Dein Weg, die verschlungenen Pfade, dieses Haus ... Was soll's? Komme ich je auf Gottes Spur?
> Das harte Ticktack der Uhr erschreckte ihn. In Lettern, riesenrot, stand's überm Gehäus. Die Pfeifen langten empor.
> Griffig, dachte er, griffig werden hier Tasten gedrückt. Und das System: Gezählt, gereiht, gehorsam. Vielgefingert, da fehlt auch nicht eins. So geht es über sie hin.
> Arbeitswillige, dachte er, immer bereit, Geliebte. Du kommst, du sagst es, du kommst ...
> Übermächtig kam das Rauschen, ein sirrendes Trillern, Gejohl. Er zitterte. Es durchrann ihn, Fasern des Klanges ...

Godesberg

Godesberg seit Anfang 1970 (bis Anfang 1993), das war der Ruf in dieselbe (sich später immer mehr auf die Primarstufe konzentrierende) Arbeit in einer anderen Landeskirche (weit weg von aller norddeutschen Verwandtschaft). Meine Frau, Oldenburgerin, die gerne wieder in einer Stadt leben wollte, gab den Ausschlag für die Entscheidung. Hätte ich gewusst, was mir in Godesberg über viele Jahre hinweg an Schwierigkeiten mit einem Direktor (der sich selbst dazu aufgeschwungen hatte) bevorstand, ich wäre in Loccum geblieben. Die Freude an der Arbeit aber konnte auch hier niemand zerstören.

Eigentlich gerufen hatte mich Manfred WICHELHAUS. Bei einem Loccumer Treffen mit dem Godesberger Institut hatten wir uns kennengelernt. Beim Familien-Sommerurlaub auf Spiekeroog trafen wir uns zufällig wieder. Er bewohnte mit den Seinen das Haus seines Schwiegervaters Gustav HEINEMANN. Es gab einen fröhlichen Abend in diesem Haus und die inoffiziell vorgebrachte Frage, ob wir nicht Lust hätten, nach Godesberg zu wechseln. – Wir hatten. Er bahnte mir fast alle Wege. Es gab ein Gespräch mit dem Godesberger Kollegium, einen Tag Arbeit mit Lehrern dort, ein Gespräch mit zwei Kirchenräten, und die Sache - ich musste nicht einmal vor die Kirchenleitung nach Düsseldorf - war perfekt. Im Februar 1970 zogen wir in die untere Wohnung des damals noch kirchlichen Hauses Behringstraße 5.

Streiflicht

Das Foto des Jahrhunderts
Nun, ich hatte es viele Male gesehen im Frühjahr 1970, was man sich erzählte: Gustav voran und Hilda immer 10 Schritte dahinter. Gesehen auf unserm langen Gartenweg, wenn Tochter Barbara in der Wohnung über uns die Eltern aus der Villa Hammerschmidt (Gustav HEINEMANN war sehr familienfreudig) zu Besuch hatte. Und er saß oben auf dem Balkon in der Wohnung, die jetzt die meine ist (und darum auch ist der Balkon heute nach HEINEMANN benannt), und ich hörte seine Tochter fragen: "Vater, bist du müde?" Und immer stand die Staatskarosse (einmal hatte unser

Johann, 1 ½, als "Freund" des gleichaltrigen Enkels beim Familien-Sonntagsausflug darin mitfahren dürfen und das Staatsoberhaupt hatte gefragt. "Wer ist denn dieser Blondschopf?") vor dem Gartentor.

Eines Tages, ich kam vom Institut herangeprescht, parkte, rannte wie üblich aufs Gartentor zu - die herumlungernden Bodyguards zuckten zusammen -, da hielt ich inne. Und doch, ich hab's nicht begriffen: ich hätte eins der schönsten Friedensfotos machen können, denn sie atmete wirklich Frieden, die Staatskarosse: Stander innen, und aus dem geöffneten Kofferraum hinten ragten Kästen mit blühenden Geranien hervor - von der Villa Hammerschmidt für die Behringstraße 5 bestimmt, wahrhaftig, ein Bild für die Götter.

Vikarsausbildung: die 68er und die danach

Drei Blitzlichter:

1. Im Loccumer Institut: Wir standen vor der Tür zum Hörsaal, ein Häuflein verzagter Dozenten, Hans-Bernhard KAUFMANN darunter. Drinnen tobten die Vikare. "Wer geht da jetzt hinein?" - Ich ging. Ich wusste, wenn du den Mund auftust, jedes Wort, jeder Satz wird hinterfragt, analysiert, zerfetzt.

2. Im Kloster: Im Predigerseminar. Martin KRUSE war Studiendirektor. Sie wüteten gegen sich selbst, gegen Gott und die Welt. Sie verhöhnten Kreuz und Altar. Details seien verschwiegen. Eins aber muss gesagt werden: Als Frau LILJE (Frau "Abt"), wegen ihrer Schlichtheit und Güte allseits geachtet, zu Grabe getragen wurde, hatten sie den Strick zum Zisterzienserglöckchen hinauf abgeschnitten. Die Totenglocke konnte nicht läuten. Man sagt, Bischof LILJE, Abt zu Loccum, dieser großartige (eitle) Gottesmann, weltweit gereister und geachteter Ökumeniker – der "Spiegel" nannte ihn nach seinem Tode den größten Lutheraner seit LUTHER –, sei seitdem ein gebrochener Mann gewesen.

3. In Godesberg, Anfang 1970: Es erschien Dietrich ZILLEßEN mit einem Strauß roter Rosen und der vorsichtigen Frage, ob ich wohl bereit sei, im Schulvikariat mitzuarbeiten. Der zuständige Kollege weigere sich konstant. Ich war bereit. Neun Jahre Erfahrung (bis 1965 als Adlatus von Prof. WITT) lagen ja bereits hinter mir.

Und was ich von da an erlebte im Wechsel der Generationen, in der von Jahr zu Jahr sich verändernden Mentalität, in dem immer stärker positiv ausgleichenden, inspirierenden Einfluss der zahlenmäßig stetig zunehmenden Vikarinnen - dies gilt im Hinblick auf Tiefe theologischer Reflexion ebenso wie im spontanen Zugriff auf alles praktisch Unterrichtsorientierte - möchte ich niemals missen. Die Freude meiner Partnerinnen/Partner am Umgang mit Kindern (oft nach anfänglichen Berührungsängsten), ihre Lust an kreativer Gestaltung, an Spiel, Lied, Musik, an Fest und Feier ließen mir die Schulvikariatskurse (damals waren es - aufgeteilt - vier Wochen PTI und acht Wochen Praktikum vor Ort mit Unterrichtsbesuch durch einen Dozenten) zu immer freudigeren Unternehmungen werden. Geist und Begeisterung auf beiden Seiten. Was mich oft tief berührte, war die Unbedingtheit zum Amt, verbunden mit der Offenheit für Kinder, das Probieren, die Ideen, die Erfahrungslust, die Freude am Gelingen.

Was manche, die strenge Hierarchie des Universitätsbetriebes gewöhnt, überraschte (auch irritierte), war unsere Art des Lehrens: In der Regel folgten wir dem Prinzip Franz ROSENZWEIGs: Keiner ist vorgeordnet in der Lehre. Wir lehren einander im Kreis.

Das Schönste bleiben trotz allem die "wilden" Jahrgänge! Welche Feste wurden da gefeiert (auch mit den Schulmentorinnen/-mentoren zusammen). Berstende Abende und Nächte, aber auch Gottesdienste unter dem Wehen des Geistes. Es wurde ruhiger zu den 90ern hin (auch durch die zunehmende Existenzproblematik), weniger anstrengend, milder, eine andere Art von Tiefe.

Etwa 1200 (so überschlage ich) Vikarinnen und Vikare habe ich in 32 Jahren religionspädagogisch betreuen (bzw. mitbetreuen) dürfen. Betreuen hieß für mich, ihnen zu zeigen, wie ich selbst versucht hatte, Kindern Gott weiterzusagen. Hilfreich war dabei in Godesberg die unmittelbare Verbindung zur Heiderhof-Grundschule. Für die pädagogisch/ religionspädagogischen Erstversuche der angehenden Pfarrerinnen/Pfarrer konnten wir uns immer Kinder zu Videoaufnahmen – nichts war lehrreicher als die Detailanalyse solcher Aufnahmen – ins Institut holen.

Meine 'Schüler' – 'Schülerinnen'

Nun, der genialische, unglaublich kreative Jürgen FLIEGE war darunter (seine Ideen überrollten ihn immer von hinten), auch jener, der steil aufstieg und ebenso steil wieder fiel, ein Theologe mittlerer Begabung, fanatischer Parteiredner schon im Kurs, milde im Persönlichen: Peter HINTZE.

Vor allem aber - ich muss es sagen - waren mir viele der jungen Theologinnen in diesem Lehrer-Schüler-Verhältnis unmittelbar nahe - mit ihrer Aufmerksamkeit, ihrem kreativen Fleiß, ihrer Schnelligkeit im Begreifen, ihrer Hilfs- und Aufopferungsbereitschaft, ihrem Gutsein (Zicken gibt es überall), ihrer (stillen) tiefen Gläubigkeit, ihrem Charme und dem eigenartigen Zauber, herüberstrahlend vom Amt, auf das hin sie dachten und lebten.

Zeichnung: Vikarin Ursula ARMBRUSTER

Drei Sätze, die mir zu Herzen gingen, seien an diesem Ort notiert: Eine Mentorin sagte im Hinblick auf die gemeinsame Schulzeit mit ihrem Vikar: "Es war eine Atmosphäre entspannter Heiterkeit." Eine Vikarin schrieb im Praktikumsbericht: "Es gibt noch Dozenten, denen beim Zuhören und Erzählen die Augen funkeln." Vor allem aber jener Vikar, der aus dem Praktikum zurückkam - und ich sah darin all unser Bemühen erfüllt -: "Elementarisieren? - Beim Versuch, Theologie für Grundschulkinder zu elementarisieren, habe ich überhaupt erst herausgefunden, was ich selbst theologisch eigentlich meine."

Immer gab's Probleme mit den Katechesen zum 2. theologischen Examen. Immer hieß es von den Prüfern her: "Was haben die eigentlich im Schulvikariat gelernt, wenn wir derartige Elaborate erhalten?" Wir setzten uns zur Wehr, fragten nach, nahmen später auch als Beobachter an den mündlichen Examen teil. Und häufig war es offenkundig: Jemand, der bei uns exzellent gewesen war, ebenso im Umgang mit Kindern wie in der theoretischen Bewältigung der Sache, ging baden. Grund für mich eindeutig: Leser von Prüfungsarbeiten und Prüfer(innen), die vollkommen andere Dinge in ihren Köpfen hatten – und diese dann ihren Befragungen und Bewertungen zugrunde legten –, als wir sie zu lehren versucht hatten. Ein altes Problem, wie mir eines Tages aufging, als ich den 1958 von Wolfgang TRILLHAAS geschriebenen Aufsatz in die Hand bekam: "Die Examenskatechese - offenes Wort zu einem Trauerspiel".

Ein ähnliches Phänomen sind die Kinder, die mit nachweislich hervorragendem Religionsunterricht der Grundschule nach Aussagen von Pfarrern im Konfirmandenunterricht nichts, aber auch gar nichts wissen. Grund: Gewiss auch die Pubertät (Vorpubertät). Nicht weniger aber die Tatsache, dass sie – pädagogisch ungeschickt – durch dümmliches Herausfragen einfach abgeblockt werden.

Über die Unterrichtsbesuche bei den Vikarinnen/Vikaren schrieben wir Beurteilungen, sogenannte "Voten". Naheliegend, dass sich mancher Kurs zum Schluss mit einem Gegenvotum für den (die) Dozenten revanchierte. Ein solches ironisch-anerkennendes *Votum aus dem Schulvikariat 1990/Ia* mag hier (gekürzt) folgen:

"Herr Steinwede hat rasch Kontakt zu den VikarInnen gewonnen. Die VikarInnenherzen flogen ihm zu. Es gelingt ihm durchgängig, die altersgemäße Elementarisierung eines soliden didaktisch-pädagogischen Konzeptes zu realisieren. Herr Steinwede hat sich immer redlich bemüht, Tagesmoderatoren zu finden. An diesem Problem hat er mit hohem Einsatz und nicht ohne Hoffnung auf Erfolg gearbeitet. Auch sonst zeigte er Eifer und große Effektivität im Delegieren von Aufgaben. Seine unaufdringlich-verbindliche Penetranz führte dabei zu verblüffenden Erfolgen.

Herr Steinwede ist in der Lage, verstehbare Arbeitsanweisungen für alle VikarInnen zu formulieren. Fast alle vermögen die Aufgaben zu bewältigen und lösen diese mit freudigem Eifer. Die meisten beenden die Arbeit beim Essensgong.

Besonders positiv ist zu bemerken, daß Herr Steinwede trotz milieugeschädigter und verhaltensauffälliger VikarInnen keine Disziplinierungsschwierigkeiten hatte. Unpünktliche KandidatInnen werden herbeigesungen (methodisch geschickt!). Besinnliche Lieder aus dem endlich geschenkten Liederbuch wurden von den VikarInnen begeistert aufgenommen. Herrn Steinwedes Wille und Vertrauen zur Kreativität ist ungebrochen, sein Glaube an das Schöpferische in den VikarInnen ist unerschöpflich.

Eindringlich und leise flüstert er seine Meditationen in intensiver Konzentriertheit. Hierbei vermag er es, die Gabe des Erzählens, über die er in besonderer Weise verfügt, gewinnbringend (!) einzusetzen. Die Wochenplanung bestach durch kompromißlose Variabilität; dabei war Herr Steinwede stets bemüht, auch einen jungen, vielversprechenden Kollegen zu Wort kommen zu lassen.

Alles in Allem verleihen seine freundliche, gewinnende Art, kombiniert mit einer profunden pädagogischen Kompetenz diesem Schulvikariat eine überaus positive Note."

Unterschriften.

Kollegen - Kolleginnen

Was ich nicht verstehe, ist, dass man andere diffamieren muss, um sich selbst zu profilieren. Heißt das Christus dienen?

Qualvoll oft das endlose Reden ("Ich rede, also bin ich") in den Konferenzen. "Das ganze Geschling kniffig verdrehender Deutung" (AUGUSTINUS), aber auch, ich geb's zu: "Eine den Einklang nicht störende Entzweiung schöner Art" (WILLIBALD, Biograph des BONIFATIUS). Dennoch: "In silentio et spe erit fortitudo vestra" (LUTHER). Hätt' ich mich nur daran gehalten... Und noch eine Erfahrung, gelegentlich. Ich fasste sie in den Satz: "So ist das eben. So spielt das Leben: Liebevoll hinterrücks!"

Zur Einweihung des neuen PTI in Godesberg 1996 schrieb ich den Kolleginnen und Kollegen mit LUTHERs Pfingstlied den Wunsch: "Daß wir uns von Herzen einander lieben und im Frieden auf einem Sinn bleiben..."

Tagungen, Tagungen

So viele! Manches misslang. Aber nicht selten, da war es, als wehe der Geist Gottes. Zeugnis sei ein Brief nach einer Tagung, den ich irgendwann wiederfand. Die Schrift: ein kraftvoller Duktus steiler Buchstaben:

"Sehr verehrter, lieber ...
Noch immer bin ich hier nicht ganz angekommen, obwohl ich mir mit dem schnellen Ade Abschiedsschmerzen ersparen wollte. Die wenigen Tage waren ein Leben auf einem anderen Stern: erfüllt, bis an die Grenzen gelebt, gespannt, klingend und singend, voller Nähe mit eigentlich fremden Menschen.
Mit so viel Sprache aus Worten und Tönen und Körpern Brücken bauen, sie erst vorsichtig, dann sicher begehen zu dürfen - welch ein Geschenk.
Diese zarte Glockenspielmusik begleitet mich noch immer, das Beten und Horchen auf den und mit den anderen.
Einen schmalen Pfad an der Hand der anderen gefunden zu haben, Brot aus ihrer Hand zu nehmen, beschenkt zu sein mit der Gewißheit, daß im Nächsten immer auch das zu finden ist, was in einem selbst liegt.
Grenzen und Ferne sind überspannt. Zeichen sind da.
Ach könnte doch etwas, das mir so nahe ist, bleiben, nicht vergehen, nicht im Abschied ertrinken. Warum ist gerade das ein Indiz für Leben, irdisches Leben, daß man loslassen muß?
Schöpfen werde ich aus dem Geschenkten - und weitergeben, so viel ich kann - und danken möchte ich ...
Auf einmal war dieser Brief da - und ich freute mich so."
Düsseldorf, den 10.7.1987

Zwischenruf

Orgel spielte (und spiele) ich nicht mehr in Godesberg. Ich musste angesichts des immer wachsenden Arbeitsanfalls irgendwo reduzieren. Aber Orgelkonzerte hören! Das bleibt. Und da gab es in Bonn diesen Wundermann, diesen Zauberkünstler auf der Orgel: in großen Konzertreihen (das gesamte Bachsche Orgelwerk in zwei Jahren!), in genialen Choralimprovisationen vor den gottesdienstlichen Liedern, in der vollkommenen Beherrschung der Orgelliteratur des 18.-20. Jahrhunderts, in hinreißenden eigenen Kompositionen usf. Ein Kind Gottes: Johannes GEFFERT. J. S. BACH hätte seine Freude an ihm gehabt. Doch er ist entschwunden, nach Köln als Professor für Orgel und Improvisation an der dortigen Hochschule für Musik. Wenn ich's den Studentinnen/Studenten dort auch gönne – ich möchte weinen. Paradies – der Himmel – Überströmen Gottes, all das war da in dieser Orgelmusik.

Willy BRANDT

Auf hier nicht mitzuteilendem Wege war ich in den Besitz eines großen Wachssiegels seiner Heimatstadt Lübeck von 1323 gelangt. Ich sandte es ihm mit einigen Zeilen spontan zu und erhielt als Antwort ein *persönliches Schreiben,* das mir – wohl verständlich – viel bedeutet. So soll es auch hier, zumal ich aus Verehrung für Willy BRANDT im Frühjahr 1969 in die SPD eingetreten war, festgehalten werden:

BUNDESREPUBLIK DEUTSCHLAND
DER BUNDESKANZLER

Bonn, 13. April 1970

Herrn
Dozenten Dietrich Steinwede
53 Bonn - Bad Godesberg
Behringstrasse 5

Sehr geehrter Herr Steinwede!

Zurückgekehrt von einer USA-Reise fand ich auf meinem Schreibtisch Ihren Brief vom 5. April 1970 vor.

Ich danke Ihnen für die Worte der Anerkennung, die Sie für meine Politik gefunden haben, aber ganz besonders für das sinnvolle und auch wertvolle Geschenk. Als Sohn der Hansestadt Lübeck bedeutet mir das Siegel natürlich viel. Es wird einen Ehrenplatz in meinem Hause finden.

Mit nochmaligem Dank für Ihre Aufmerksamkeit und

mit freundlichen Grüssen

Sie wurde am 1.9.1939 (Tag des Kriegsausbruches) geboren. Ihr Vater fiel zu Beginn des Russlandfeldzuges. Sein Grab ist unbekannt. Ohne Vater, ohne Geschwister wuchs sie auf. Die Mutter (1997 gestorben) trug alle Last.

Ich habe es aufrichtig gesprochen vor Martin KRUSE am 12. September 1964 in der Loccumer Klosterkirche: "... bis dass der Tod uns scheide". Und ich dachte, es muss schön sein, mit einer Frau zusammen alt werden zu dürfen. Ich ahnte nicht, dass der soziale Tod nach 15 ,wenn auch immer spannungsvollen (das fand ich gut), so doch erfüllten Jahren unsre Ehe schleichend aber unerbittlich zerstören sollte.

Nichts über die Gründe. Da gibt es einander widerstreitende Interpretationen. 11 Jahre dauerte der qualvolle Prozess.

Mit Schmerz lese ich bei Martin BUBER: "Wenn einer mit seiner Frau innig beisammen ist, sind sie von der Sehnsucht der ewigen Hügel umweht. - Die Ehe ist die exemplarische Bindung. Sie trägt uns in die große Gebundenheit; und nur als Gebundene können wir in die Freiheit der Kinder Gottes gelangen."

"Weißt du es noch, wie wir in jungen Jahren
mitsammen sind auf diesem Meer gefahren?
Gesichte kamen, groß und wunderlich,
wir schauten miteinander, du und ich.
Wie fügte sich im Herzen Bild zu Bildern!
Wie stieg ein gegenseitig reges Schildern
draus auf und lebte zwischen dir und mir!
Wir waren dort und waren doch ganz hier
und ganz beisammen, streifend und gegründet."

Martin BUBER an seine Frau Paula

Der Oberkirchenrat in Düsseldorf, vor den ich zitiert wurde, fragte behutsam, gütig. Ich sah mich angenommen. Und sie waren da und bleiben immer: die Kinder. Psalmworte hatte ich in ihre Geburtsanzeigen geschrieben:

"Deine Söhne werden dir geboren wie der Tau aus der Morgenröte." (Ps 110,3)

"Wie Pfeile in der Hand eines Starken, also geraten die jungen Knaben." (Ps 127,4)

"Unsere Söhne seien wie die Pflanzen, die aufschießen in ihrer Jugendkraft - unsere Töchter wie Säulen, geschnitzt für Paläste." (Ps 144,12)

"Deine Frau wird sein wie ein fruchtbarer Weinstock drinnen in deinem Hause, deine Kinder wie junge Ölbäume um deinen Tisch her." (Ps 128,3)

Ja, sie waren da, diese Jahre des Glücks. Aber dann schrieb ich: "Meine Ehe - sie ist nicht auf Null. Sie ist auf minus siebentausend."

Januar 1979. Sie öffnete den Vorhang, der unser Schlafzimmer von Julianes Zimmer – ihr Schlaf wurde von uns immer überwacht – trennte, ich lag schon im Bett, und sagte: "Jemand ist in mein Leben getreten."

Sie hatte den "adäquaten Begleiter" gefunden. Ministerialdirigent in einer Bonner Landesvertretung, nach einer Notiz in der Frankfurter Allgemeinen der beste Pianist unter den Bonner Beamten, war er von einer leichten heiteren Lebensart – ich hatte trotz glühender Eifersucht (verstehe, wer's will) immer nur freundschaftliche Gefühle für ihn –, war ein wunderbarer Künstler, war Frauenheld, war, so schien es ... ohne jede Moral. Er zerstörte unsere Familie – und sah lächelnd zu. Bald ging er ein und aus; es gab Hauskonzerte bei uns, bei ihm; es gab öffentliche Liederabende – immer war ich hingerissen.

Und ihr geschah das, was mir fünf Jahre später mit Schuschan geschehen sollte – hilflose Verfallenheit. Ich sagte: "Lass es uns gemeinsam tragen." Sie war nicht fähig dazu. Ich wurde mehr und mehr an die Seite geschoben. Dann sollte ich einfach nicht mehr da sein.

Seine Frau – sie bewohnten und führten ein hochkultiviertes Haus – sah, wie ich, was lief. Sie war eine stille Kämpferin. Kinder waren in dieser Ehe nicht vorgesehen. Dann, eines Tages, obsiegte sie. Sie gebar eine Tochter. Ihre Rechnung war aufgegangen. Von dem Tag an gab es nur noch die Tochter. Es zog sich noch ein Jahr hin, dann ward er nicht mehr gesehen.

Aber unsere Ehe war nicht mehr zu retten. Die Musik hatte sie einst gestiftet. Die Musik war ihr Untergang. Trotz der vier Kinder, es ging steil bergab.

Worte der Sehnsucht

Die Frau
"Die Frau ist aus der Rippe des Mannes gemacht, daß sie einander nahe seien" (Babylonischer Talmud).

Die Liebe
"Sie ist das Amen des Universums" (Novalis). Ich möchte sagen: Die Liebe ist das Amen der Ewigkeit.

Schuschan

Hebräisch: Lilie

1983-1988 (Sie 25 - Er 53)

Unsere Ehe war schon seit fünf Jahren in der Krise.

Ich kann dies nur in *Aphorismen* beschreiben. Doch es war das Zentrum meines Lebens.

*

Ich sehe eine große himmelstürmende Lilie mit weißen Blüten über und über. Sie verströmt einen Duft, unnennbar ...

*

"Eine Frau, schöner als der Mond, zarter als eine Spinnwebe" (Spanisches Märchen)

*

"Wie der Mond vom Gebirg herab in Eichen sich stürzt, so hat Eros mein Herz zerwühlt" (SAPPHO)

*

"Über meinem Bett erhebt sich ein Baum. Drin singt die junge Nachtigall. Sie singt von lauter Liebe. Ich hör es sogar im Traum" (Heinrich HEINE)

*

Eros regiert mich.

*

Es läuft alles mit einer so großen, seltsamen Klarheit ab – und Gott schaut zu.

*

Das gibt es nur einmal im Leben, so verzehrend, fressend, vernichtend – und dennoch: reine Seligkeit. – Manche erfahren es nie.

*

Nicht dramatisieren ...?
Als ob es nicht das tiefste Drama wäre, wenn ein Mensch sich rettungslos an einen anderen verliert.

*

Dass eine bestimmte körperliche, seelische Figuration eines Menschen einen anderen Menschen so ins Abseits bringen kann.

*

Und in das Loch unter dem Grabmal des Rabbi LÖW auf dem alten jüdischen Friedhof in Prag – man raunte, wenn du es tust, wird es erfüllt – steckte ich den Zettel: "Gott, gib mir Schuschan!"

*

Schuschan, der verneinende Engel über dem Meer.

*

Eisgraue Könige wecken keine schlafenden Prinzessinnen.

*

"Der Königssohn geriet außer sich vor Schmerz, und in seiner Verzweiflung sprang er vom Turm herab. Das Leben brachte er davon. Aber die Dornen, in die er fiel, zerstachen ihm die Augen. Da irrte er blind im Wald umher" (Brüder GRIMM, "Rapunzel")

*

Erledigen: Einen Auftrag – die Post – einen Menschen – die Liebe.

*

"Hat sich die Liebe durchgeliebt, so fängt die Freundschaft an" (Heinrich HEINE)

*

Und so ist es heute. Gott gab sie mir: eine warme freundschaftliche Zuneigung. Und ich bin der Pate ihrer Tochter. Und ihr Mann, hoch begabter und erfolgreicher Grafiker und Maler, ist ein ganz reiner Mensch.

*

Traum (3.12.1998): ... sie kreuzen sich nicht. Sie berühren einander. Und dann sind sie plötzlich fort.

Der große Crash

Ich brach zusammen. Im Herbst 1988. Alkohol spielte eine nicht unerhebliche Rolle. Ich wurde operiert. Gegen Querschnittlähmung. So stark war der Bandscheibenvorfall. Cauda-Symptomatik sagen die Fachleute. Der vegetative Nerv, der das linke Bein versorgt, ist unwiederbringlich zerstört. Ich verfiel in Depressionen. Über mehrere Jahre hinweg. 1 x 3 Wochen, 3 x 6 Wochen Nervenklinik, 1 x 6 Wochen Krankenhaus Herdecke, Psychosomatische Station. Mehrmals kürzerfristig in anderen Krankenhäusern. Alle Bindungen in die DDR – wie abgeschnitten. Die Wende – ich war krank. Tat, soweit es ging, Dienst. Aber ich fehlte in drei Jahren 1 3/4 Jahr. Ich beschloss, meine vorzeitige Pensionierung zu beantragen. Pensioniert mit 62 seit Februar 1993.

Schritt für Schritt, unendlich langsam, immer noch unter starken Mitteln, geht es aufwärts, nunmehr seit 11 Jahren. Was Gott mir schenkte, eine wiedererwachende und ebenso stetig sich ausweitende Produktivität.

Gerettet hat mich letztlich eine Frau, eine "Heilerin", mit der strahlenden Kraft ihrer Hände. Neuerwachte Lebensfreude verdanke ich allein ihr. Sie ist eine wahre Philanthropin, interessiert an ihren Patienten, an Geld nicht im Geringsten.

Signale aus jenen Jahren: Im Halbdämmer der Nervenklinik schrieb ich kleine *Texte, Szenen zwischen Tag und Traum.* Drei sollen hier stehen:

Der Zeiger

In den heimlichen Tiefen des Siebengebirges bei Bonn findet sich der steile Eingang zu einer unterirdischen Höhle. Wir steigen hinab, durchkriechen enge Gänge. Wasser tropft. Von irgendwoher dumpfes Klopfen.

Dann tut sich lichthell in weitem Rund ein Glaspalast vor uns auf. Uhren aus Edelgestein lassen ihre Pendel schwingen, oben und unten, an allen Seiten. Hier ein schwergewichtiger Schlag, dort ein schnelles Perpendikel, jedes mit seinem eigenen Tick-Tack.

Es sind viele tausend. Und wir übersehen nur einen Teil des Raumes. Lebensuhren, denke ich.

Und dann erkenne ich die eine. Es ist meine. Der Zeiger steht auf fünf vor zwölf.

Liebe

Im Jahr 1918 reiste ein junger Mann inkognito von einem Ort zum andern. Auf dieser Reise geschah es, dass die Liebe ihn überfiel.

Ein junges Bauernmädchen stieg zu und brachte sein Herz im Nu zum Rasen. Feurige Lohe ergoss sich über ihn. Atemnot presste ihm das Herz. Seine Augen quollen hervor. Eines Wortes war er nicht mehr mächtig. Das Mädchen hatte aus braunen Augen nur einmal kurz aufgeblickt.

Beim Aufstehen ihren Arm streifend, nahm er für den Bruchteil eines Augenblicks den Duft ihres Haares wahr.

Leichenblass verließ er das Abteil, schob sich zitternd den Gang entlang, öffnete die Waggontür und stürzte sich hinab in eine namenlose, erbarmungsvolle Tiefe.

Kreise

Als Jesus auf der Höhe von Kafarnaum den See erreichte, legte er die lederne Tasche und seine Sandalen ab, schürzte sein Gewand und tauchte die Füße ins kühlende Wasser. Leicht war der Wellenschlag. Die Sonne warf Lichtreflexe. Kleine Fische zogen schwerelos spielend ihre Kreise.

Der Herr blickte zu den Jüngern auf und sagte: "Spielend seine Kreise ziehen, das ist das Leben."

Petrus, wie so oft nörgelnd, darauf: "Das ist zu wenig, Meister. Die Arbeit bestimmt unser Leben."

"Nein", gab Jesus zur Antwort, "im Angesicht Gottes, nein!"

Vielleicht muss man durch alles hindurchgehen, durch die große Krise, die große Krankheit, durch die große Liebe.

In Herdecke fielen mir die *Tom-Elke-Verse* ein. Auch davon einige Kostproben:

Tom ging für sich an einem Abend.
Es war im Juni und erlabend.
Doch da im Dämmer, ohne Alter,
tiefblau und schwarz, der Sehnsuchtsfalter.

*

Tom hat zur Liebe immer Mut.
Er weiß, wie gut die Liebe tut.
Denn Liebesfreud und Liebesstunden,
die hat der liebe Gott erfunden.

Tom spielt mit Elke Blickversenken.
Den Rest kannst du dir selber denken.
*

Tom geht mit Elke Hand in Hand.
Sie gehen durch ein Wunderland.
*

Tom baut ein Wolkenkuckucksheim
und richtet es für Elke ein.
Dort lässt sich gut beisammensein.
*

Tom Pitsch hört eine Melodey,
die bringt ihn ganz ins Schwingen.
Sie macht ihn wunderbarlich frei.
Tom Pitsch hebt an zu singen.
*

Die Musi liebt er und den Kuss.
Tom Pitsch ist doch ein Musikus.
*

Tom liest auch Goethe, manchmal Schiller.
Bei Schiller wird er immer stiller.
Tom seufzt: Was für ein großer Geist,
der so mit Reimen um sich schmeißt.
*

Mit Jesus hat Tom viel im Sinn,
mit all dem damals zu Beginn.
Er sagt: Wem ist das schon gegeben
in diesem unserm armen Leben,
'nem Lahmen in die Augen sehn -
und siehe da - der Mensch kann gehn!
*

Tom hört ein Wort – er hört es nie.
Das Wort heißt Anthroposophie.
Er fragt den Klugen, was das sei.
Der spricht darauf: S'ist Dreierlei.
Auf diese drei das Auge fällt:
der Mensch, die Weisheit und die Welt.
*

Und dann spricht Tom vom Kinderkriegen.
Das Thema scheint ihm sehr zu liegen.
Die Elke denkt: Da braucht man zwei.
Wie bring ich's diesem Schelm nur bei?
Doch Tom, geschickt, nicht ungebührlich,
macht das, was nottut, sehr manierlich.
Und so, nach gut 3/4 Jahr
ist Fritz Eugen, der Schreihals, da.

Familie

In Godesberg wurden unsere beiden Töchter geboren, Juliane gehörlos, aber das wussten wir anfangs nicht. Die Gehörlosigkeit wurde erst mit 1 ½ Jahren endgültig festgestellt. So war es die Angst um irgendeine Schädigung – Jacob wusste davon –, die uns in Atem hielt. Die Mutter hatte im 3. Schwangerschaftsmonat die Röteln gehabt (angesteckt im Krankenhaus, wo sie im 2. Monat mit Blutungen lag). Eine Abtreibung – auch der Gynäkologe war dagegen – hatten wir verworfen. "Wenn Behinderung", so sagten wir, "dann ist es uns zugemessen."

Gespräch anlässlich Julianes Geburt:

8.12.1973
11.30 Uhr erhält der Vater telefonisch die Geburtsnachricht.
Etwa 12 Uhr kommt Jacob (8) aus der Schule nach Hause (Johann liegt im Bett und schläft).
Vater flüstert: "Jacob, du hast 'ne kleine Schwester."
Jacob: Stocken ... "Hmm ... Is se gesund?"
...
Zwei Minuten später: "Das ist jetzt irgendwie anders. Ich komme nach Hause, und du sagst, ich hab 'ne kleine Schwester ..."
Eine Minute später: "Hab'n se denn - die Schwestern - gesagt: 'Ja, es ist gut, sie ist gesund'?"
Vater: "Ich habe mit Mutter gesprochen, die sagt, sie hat schon 'ne richtige Frisur und schöne lange Finger und sie schreit ganz tüchtig!"
Jacob: "Kann ja auch sein, dass sie wegen der Röteln nicht ganz gesund

wäre, dann hätte se ja nicht geschrien. Das Schreien ist ja ein Zeichen, dass sie gesund ist."
Eine Weile später: "He, ne Schwester! Ich hätt' aber lieber 'n Bruder! Das wär schöner ... Hmm ... Ich find' beide gut ...Aber ..."

Johann (5) erwacht mit abwesenden Augen aus seinem Traum.
Vater: "Weißte, was du hast? ... Du hast 'ne kleine Schwester!"
Johann gähnt.
Jacob kommt: "Weiß er schon, dass er 'ne Schwester hat?"
Johann flüsternd: "Hab' ich schon gehört!"
Vater: "Wie findste das denn?"
Pause
Johann flüsternd: "Das find' ich gar nicht ...!"
Nach etwa 10 Minuten: Jacob hüpfend, freudig: "Wer sagt's denn! Jetzt sind wir drei!"
Johann inzwischen aus dem Bett gekommen, immer noch traurig: "Wo ist denn Mutter?"
Jacob: "Im Krankenhaus. Da muss se noch zehn Tage bleiben."
Johann: "1, 2, 3, 4, 5, 6, 7, 8, 9, 10!"
Jacob: "Heute hat unsere Schwester Geburtstag!"
Johann: "Im Krankenhaus???"

PS: Bei Johanns Geburt hatte Jacob mit großen Augen gefragt: "Johann, bist du aus dem Bauch gekommen?"

Am 6.2.1974 schreibt Barbara WICHELHAUS geb. HEINEMANN: "Ich klingelte bei Ihnen. Niemand war da. Ich wollte Ihnen einen Strauß edelster Blumen überbringen. Meine Mutter hatte sie mir für Sie mitgegeben, da sie verreisen mußte. Es war ein Strauß weißer Orchideen, die Nuntius BAFILE meinem Vater zum Neujahrsempfang überreicht hatte."

BAUSCH und BÖHLKE

Das waren zwei ältere Herren, Freunde und Gönner meiner Frau, die sie gewissermaßen mit in die Ehe brachte. Beide waren, jeder auf seine Weise, in sie verliebt - die junge Lehrerin und Organistin in Huntlosen bei Oldenburg war ein wunderbar anzuschauendes charmantes junges Mädchen und eine hochbegabte Sängerin. Grund, dass ich mich bei einer Tagung Hals über Kopf in sie verknallte; die Hochzeit war drei Monate später. BAUSCH und BÖHLKE aber hatten sich zusammengetan, ihr ein Musikstudium zu finanzieren. Ich kam völlig überraschend dazwischen. Und so wollte mir denn auch Victor BAUSCH eine heiße Loccumer Nacht lang - der Rotwein floss in Strömen - diese junge Frau ausreden - erfolglos.

Dann gaben beide unsrer Hochzeit auf der Arensburg (vorher Trauung in der Loccumer Klosterkirche durch Martin KRUSE, auch er war mit seiner Frau Hochzeitsgast) einen besonderen Glanz und waren fortan die besten Freunde der bald kindergesegneten Familie. Ich muss sagen, die großartigsten Freunde, die ich je hatte. Sie öffneten dem 34-jährigen Loccumer Dozenten, der immer noch ein Landjunge war, weite geistige Horizonte und brachten ihm ein Stück Weltläufigkeit bei.

Generalmusikdirektor Prof. Erich BÖHLKE, ein Typ wie HOROWITZ, besuchte uns aus Oldenburg – dort hatte meine Frau Gesangsstunden bei ihm – wiederholt in Loccum. Er blieb beim distanzierteren und doch ganz vertrauten "Sie". Immer erfüllte er unser Haus (er war Antisemit, ich konnt's nicht begreifen) mit seinem sprühenden Charme und seiner unfasslich virtuosen und schönen Musik; zum Glück besaßen wir Klavier und Flügel. Er spielte ein schwieriges Stück von PROKOFJEW oder SKRJABIN. "Soll ich's transponieren", fragte er, heiter gelaunt, "einen halben Ton nach unten oder zwei Töne höher?" Am Vorabend unserer Hochzeit gab's im Herrenrefektorium des Klosters einen spontanen Liederabend. Erich BÖHLKE am Flügel. Meine Frau sang die von ihr technisch wie künstlerisch perfekt beherrschten "Lieder aus der Kinderstube" von MUSSORGSKY. Dass sie es konnte, war BÖHLKEs Verdienst – er war auch ein exzellenter Gesangspädagoge.

Sein Weg?: Als 11-Jähriger gab er sein erstes öffentliches Konzert als Pianist. 16-jährig brillierte er, stürmisch gefeiert, als junger Wunder-Dirigent bei den Kaisermanövern von 1911. Er nahm am ersten Weltkrieg teil, war danach Lehrer, bald aber, nach erneutem Musikstudium, wieder musikalisch tätig. Der junge Dirigent und Komponist (sein Werk weist insgesamt 51 Opus-Titel auf) war Hospitant bei SCHÖNBERG in Wien und bei TOSCANINI in Mailand. Mit 31 Generalmusikdirektor auf Lebenszeit, war er in verschiedenen deutschen Städten tätig, zuletzt in Magdeburg (mit bedeutenden Aufführungen von MAHLER, WAGNER und Richard STRAUß – diesem eng befreundet – sowohl in Sinfoniekonzerten als in Opern). Nach 1945 (sein Antisemitismus, den er nie verhehlte, stand ihm im Wege) hatte er eine Anstellung als Generalmusikdirektor am Oldenburger Staatstheater. Konzertreisen führten ihn in verschiedene Länder. Er war Gastdirigent der Münchener und auch der Berliner Philharmoniker. Doch KARAJAN, der sein Können fürchtete, ließ ihn nicht wirklich wieder hochkommen. 1963 war er für lange Zeit Gastdirigent sowie Lehrer von Interpretations- und Dirigierkursen in Japan. Die University of Arts in Tokyo verlieh ihm den Professor h.c. Zu seinem 70. Geburtstag 1965 brachte Radio Bremen in Uraufführung eine Reihe seiner Werke, das ZDF widmete ihm einen Lebensbericht.

Nie werde ich vergessen, wie er einem Orchester voller Phantasie die 10. Sinfonie von SCHOSTAKOWITSCH in wahrsten Sinne des Wortes aufgetan hatte.

Mitteilenswert ist auch, was E. BÖHLKE unter dem 23.11.1965 zum Geburtstag unseres Jacob schreibt: "Liebe Mutter und lieber Vater Steinwede! Die Photographien Ihres Herrn Sohnes sind gar köstlich. Leider bin ich persönlich unbegabt in der Ausdeutung der Physiognomien. Ich halte es wie Richard Strauß in der 'Domestica', wo alle Tanten mit den Oboen rufen 'ganz der Papa!', und alle Onkels mit den Trompeten 'ganz die Mama!' Auf jeden Fall schaut aus den Bildern ein würdiger

Erbprinz heraus. Ich habe mir heute gleich einen Kalender von 1975 besorgt und für Freitag, den 5. Januar, die erste Klavierstunde für ihn eingetragen. Von meiner Frau und mir allerherzlichste Wünsche für weitere Genesung der Mama, weitere Glücksgefühle für den Papa und weiteres Gedeihen des Sprößlings - Euer Erich Böhlke und Frau."

Victor BAUSCH hauste sich tiefer in unsere Familie ein, schrieb öfter, kam öfter – er hatte meine Frau (beide waren zur Erholung dort) auf dem Tannerhof in Bayrisch-Zell kennengelernt. Victor war der große Erzähler, unendlicher Zigarettenkonsum und Rotwein – er schätzte meinen Amselfelder – inbegriffen. Jacob, er rief ihn Jakkopp, war sein Spezi. Er konnte es sich leisten, hinter meinem Rücken – ich war schon damals fanatischer Gegner jeglichen Kriegsspielzeuges – Jacob (die Mutter goutierte es) ein Gewehr aus Holz zu schenken ("Der Junge braucht das"). Jacob wild damit tanzend und herumfuchtelnd, erschoss mich hernach dann viele Male: "Peng! peng...!"

Wenn Victor erzählte - und er konnte es stundenlang -, saß alles wie gebannt und lauschte, lauschte. Er war Zeuge des Jahrhunderts. Über seinen Studienfreund, den Sozialdemokraten Theo HAUBACH (von den Nazis am 23.1.1945 hingerichtet), hatte er dem Kreisauer Kreis nahegestanden. Über seinen heißgeliebten Lehrer Eugen ROSENSTOCK-HUESSY war er auch dessen späterer Lebensgefährtin Freya von MOLTKE nahe. Er duzte sich mit Helmut GOLLWITZER. Und, und, und ...

"Warum habt ihr mich nicht zu Jacobs Paten gemacht?" – Ich hatte es verhindert – aus Eifersucht. Statt dessen baten wir seine Frau, Erika von HORNSTEIN, die bekannte Schriftstellerin, Halbschwester des Freiherrn von SELL, der lange WDR-Intendant war, Mal-Schülerin von SCHMIDT-ROTTLUF - das Berliner Haus der BAUSCHs hing voll mit Werken von ihm und mit wunderbaren Ölbildern von Carl HOFER. "Warum habt ihr nicht Victor genommen?", fragte Erika. Die Frage blieb unbeantwortet.

Uralt ist Erika heute. Jacob besucht sie jedes Jahr – Victor ist gleich BÖHLKE schon lange tot – treu immer am 2. Advent. Da ihr Stiefvater, der alte Freiherr von SELL, letzter Oberhofmeister des deutschen Kaisers war, hatte Erika WILHELM II. als Paten, was Jacobs Freundin zu der gelegentlichen süffisanten Bemerkung veranlasst: "Das Patenkind vom Patenkind des Kaisers."

Aber wenn ich vom Institut nach Hause kam, wie freute ich mich, wenn Victor da war (er kam oft unangemeldet). Das waren wieder Stunden, Abende, Nächte - und die geistige, die kulturelle, die politische Welt des 20. Jahrhunderts taten sich auf. Gut, Victor (auch er hatte einen geheimen Pik auf mich) stellte mir gelegentlich Fangfragen. Zum Glück konnte ich sie immer beantworten. So war ich von einem bestimmten Zeitpunkt ab bei ihm dann nur noch "der gebildete Herr Steinwede".

Victor, gelernter Chemiker mit vielen Patenten, baute seine (noch heute florierende) Fabrik ein drittes Mal in West-Berlin (Rudow) wieder auf und übergab sie dann seinem ältesten Sohn. So konnte er reisen – nicht selten nach Bonn. Januar 1968 hat er dann für meine Frau (Begleiter Erich BÖHLKE) einen Liederabend (MOZART-BRAHMS-BÖHLKE-MUSSORGSKY) in Schloss Tegel arrangiert. Er wurde von ihr vor der feinsten Berliner society (Preußischer Hochadel) phantastisch bestritten. Am Vorabend waren wir bereits zu Gast im Schloss bei Frau von HEINZ. Es saß ein heiter plaudernder Grandseigneur aus Amerika mit am Tisch, ein v. HUMBOLDT. Direkter Nachkomme Wilhelm von HUMBOLDTs, saß er genau unter dessen Porträt – ihm wie aus dem Gesicht geschnitten.

BAUSCH und BÖHLKE – sie haben unser Leben unglaublich bereichert.

Weihnachten

Aus Godesberg gingen *Weihnachtsbriefe*, die gewissermaßen Familien-, Lebens- (und auch Welt-) Situation an einem Punkt festhielten, hinaus. Einer sei hier mitgeteilt:

> 4. Advent 1986.
> "Zweitausend Jahre alt ist die Legende
> von einem funkelnden Stern.
> Und aus Tyrannengewalt sollte sein Licht
> die Menschheit erlösen ..."
> aus einem Gedicht der DDR

Allen Freunden und Verwandten ein Gruß zuvor. Die Macht der Mächtigen regiert uns weiter - wie vor 2000 Jahren. Verletzung der Menschenrechte, brutales Foltern und Töten ('die moderne Rüstungsindustrie garantiert Arbeit für viele, den Tod für alle'; 'deutsche Waffen, deutsches Geld morden mit in aller Welt'), hungern und an Hunger sterben lassen, all das gilt weiter. Die Stichworte, auch die für die Umwelt, sind jedem geläufig: 'Tschernobyl, Iran/Irak, Afghanistan, Libyen, v. BRAUNMÜHL, REAGAN'. Challenger zerplatzte ebenso wie Reykjavik. Ich sah ein Bild in diesem Jahr. Es trug den Titel: 'Dem unbekannten Friedensstifter'.

Wie sagte Albert SCHWEITZER: "Leute, die nie dabei waren, wenn eine Mißgeburt ins Dasein trat, nie ihr Wimmern hörten, nie Zeugen des Entsetzens der armen Mutter waren, nur Leute, die kein Herz haben, vermögen den Wahnsinn der Atomspaltung zu befürworten ..." Ja, das ist es, was mich (und uns und Euch) alltäglich betrifft; und in meinem Beruf bedrückt mich weiterhin das, was schon A. STÖCKER im 19. Jahrhundert die "klirrende Kette am Bein des Staatskirchentums" nannte.

> "Hilflose Heiligkeit,
> das, was die Menschen
> im Christuskind anbeten ..."
> A. HUXLEY

Gegenüber dieser hilflosen Heiligkeit wagen wir Weihnachten zu feiern, wir, eine Familie unter unzähligen anderen in der Welt - hilflos - und in Hoffnung zugleich. Hoffnung, diese zarteste aller Pflanzen ... Wir erzählen von uns.

Jacob und Johann haben (nicht ohne Sarkasmus) einen alternativen Familienbrief (er kam gestern mit der Post! 'Nur für die Familie!') geschrieben, den ich nicht verschicken darf. Doch haben sie mir nicht verboten, daraus zu zitieren. Der kesse Jargon gefällt mir, darum hier ein die Familie betreffender Auszug: 'Zu unseren Lieben: Mit Vater schon lange nicht mehr gesprochen - stop - echt Du auch in Gruppe sein - stop - immer Arbeit - stop - Arbeit echt wichtig - stop - Ernährung: Iss in Ordnung so, echt!

Mutter, die liebliche 'Kantate', pflückt jeden Arbeitstag Gottes und scheuert unsere Hütte. Singen auch. Gut! Kochen auch gut! Fährt weißen Golf - schwarzes Lenkrad. Freut sich voll auf das Fest im Kreise ihrer Lieben. Jaja!

Franziska - 'I am dreaming of a white Christmas'. Liebt die Vierbeiner Gottes (Pferd!). Sonst natürlich noch echt kein Durchblick - kein Wunder: erst 1,52 m lang.

Julchen, poppig, flockig, my melody, Garfield usw. Ist gewachsen. Der Countdown zur Konfirmation läuft. ____________ Wo dieser Strich zu Ende ist, da wartet schon der Antichrist.

Johann: echt unheimlich so bestärkt, was so interaktionsmäßig abgeht. Klaro.

Jacob ißt gerne Apfelsinen und Nüsse. Das ist jetzt ja auch die richtige Zeit.'

Jargon, ja, aber belebend. - Ein paar Notizen dazu aus meiner Sicht:

Der Vater sieht das erste Halbjahr als eines der anstrengendsten in seinem bisherigen Berufsleben überhaupt an, fand im zweiten einige Ruhepunkte. Im Institut macht die Arbeit in der Ausbildung junger Menschen (Vikarinnen/Vikare), in der Fortbildung von Lehrerinnen/Lehrern, in Reisen über Land zu Unterrichtsbesuchen und religionspädagogischen Tagungen, auch im selbsterteilten Religionsunterricht weiterhin Freude. Auf dem literarischen Sektor wird das "Bildwerk zur Kirchengeschichte" (Mitarbeit) im Dezember '87 zum Abschluß kommen. Das "Erzählbuch zur Kirchengeschichte" Bd. II soll im Frühjahr '87 erscheinen. In der Reihe der Märchenbücher kamen 1986 die beiden Bändchen "Wenn Träume sich erfüllen" und "Wenn die Streitaxt begraben wird".

Für Helgards immer noch zunehmende Singetätigkeit ist bezeichnend, daß z.B. der Bonner Generalanzeiger im Hinblick auf einen öffentlichen Liederabend in Godesberg am Freitag vor dem 1. Advent (Werke von LISZT, MAHLER und MUSSORGSKY) schrieb: 'Eine Sängerin, rückhaltloser Expressivität fähig'.

Jacob, unser höchst kirchenkritischer Philosoph, dessen Semesterarbeiten hervorragend bewertet werden, will sein Studium (Philosophie, Politologie, Soziologie im Nebenfach) - jetzt 3. Sem. - im Herbst '87 in Berlin fortsetzen.

Johann, als Trompeter in mancherlei Veranstaltungen gefragt, immer noch pubertär (aber sympathisch), Kl. 12 im Amos Comenius Gymnasium, wird im Frühjahr einige Wochen karitativ in Herrnhut (DDR) arbeiten. Das von seiner Schule in Kl. 12 vorgeschriebene Sozialpraktikum wird er in einer Bonner Körperbehindertenschule ableisten.

Juliane hat sich an den Internatsaufenthalt (mo/fr) in Dortmund gewöhnt. Der Konfirmandenunterricht wird in der Klasse erteilt. Sprachlich ist sie - als Gehörlose - weiterhin gut. Ihre große Schwäche: Mathematik! Nach dem Wechsel von Köln (1.2.'86) hat unsere immer originelle (manchmal auch übersensibel reagierende) Tochter in Dortmund eine fabelhafte Klassenlehrerin, die viel Verständnis für sie aufbringt, gefunden.

Franziska, Sonnenschein, ist jetzt mit Bruder Johann zusammen auch auf dem 'Amos'-Gymnasium (Kl. 5). Freundinnen sind ebenso wichtig wie die schon angesprochenen Pferde. Schulleistungen bekommen bereits leichte Fragezeichen. Was mich aber wirklich schmerzt, ist, daß bei Franziska kein nachhaltiger Impuls zum Erlernen eines Instrumentes besteht.

Meine Schwester Trudy in Frankreich, das möchte ich für die, die sie kennen und lieben, hinzufügen, hat nun schon seit einigen Jahren ihre Schwermut überwunden. Auf dem Berge entstehen wieder wunderbare Teppiche und - auch dies seit einigen Jahren - für meine Begriffe großartige Ölbilder ihres Mannes Hans-Jürgen.

Dies als kurze Notizen wie alljährlich. - Was aber fangen wir nun an mit '87 ? Jacob und Johann schreiben ironisch: 'Die Schicksalswahl am 25. Januar vor Augen, hoffen wir auf ein weiteres glücklich-rückläufiges Jahr 1987.' So nicht, denke ich. Eine eigene Tagebuchaufzeichnung vom 5.1.86 kam mir kürzlich wieder in Erinnerung: 'Heute Nachmittag - ich war allein im Haus - kamen die Sternsinger. Schon von weitem leuchteten ihre Kronen. Sie sangen wunderschön, wohllautend. Ich gab in ihre Dose. Sie dankten. Ehrerbietung lag auf ihren Gesichtern. 'Wollt ihr nichts an die Tür schreiben? ' fragte ich. Einer schrieb: 19 C + M + B 86. 'Christus mansionem benedicat 1986.' - Auf die Tür unseres Hauses! Dann gingen sie. Ich schaute ihnen nach. Leuchtend ihre Kronen ...'

Kürzlich, das war am 18.12., als wir mit einer Vikarsgruppe eine Montessorischule in Mönchengladbach besuchten, fand ich's an eine Klassentür geschrieben (und es hatte nahezu ein Jahr gehalten):

Herzlich willkommen!
19 - C+M+B - 86

'Christus mansionem benedicat' - 'Christus segne dieses Haus'. Ist das nichts, die eigene Klasse als 'Haus' unter den Segen Christi zu stellen?

Christus segne das 'Haus 87' ... Euer (Ihr) Haus, unser Haus, das Haus der Christen, das Haus der Menschen, das Haus der Welt. Das wünsche ich allen zum Fest.

Seid getrost in Hoffnung! Morgen, zwei Tage vor Weihnachten, werde ich bei der milden Dezemberwitterung in diesem Jahr noch Blumenzwiebeln in die Erde tun. Mir ist es ein Zeichen: Noch lebt unsere liebe Erde ... Euer (Ihr)

*

Wieder ein Traum. Nichts weiß ich mehr von seinem Inhalt. Nur das Ende: Und da war sie auf einmal da, diese Melodie – mit Text: "Das ist für mich, für dich das Friedensland ..." Ich sprang aus dem Bett, schrieb's auf am Klavier. Und bald danach war es fertig – es flog mir nur so zu – *mein Weihnachtsfriedenslied.* In der Zeit der großen Friedensdemonstrationen war's, im Advent 1983. Es darf in diesem Lebensbericht nicht fehlen, ist es doch Teil meiner selbst:

1. Wenn Engel in Betlehem singen,
   die Botschaft ins Dunkel bringen,
   wenn Hirten nicht verweilen
   und zu der Krippe eilen:

das ist für mich, für dich das Friedensland,
das ist für mich, für dich das Friedensland.

2. Wenn Männer sich nicht schlagen,
wenn Frauen zu reden wagen,
wenn Kinder nicht erschrecken,
wenn Hungernde nicht verrecken ...

3. Wenn Wege sind noch offen,
wenn Zweifelnde dürfen hoffen,
wenn Freude weitet die Herzen,
wenn Menschen lachen, scherzen ...

4. Wenn Völker sich erkennen,
wenn Feinde sich Brüder nennen,
wenn Güte uns wird regieren,
wenn keine Soldaten marschieren ...

5. Die Früchte, schwer in den Bäumen,
die Winde in weiten Räumen,
das Schwert, zur Pflugschar geschmolzen,
und Sanftmut lernen die Stolzen ...

6. Wenn Seufzen und Schreien zu Ende,
gebunden nicht mehr die Hände,
wenn keine Bomben mehr fallen,
weil Sehnsucht ist in allen ...

7. Wenn Menschen von Liebe träumen,
wenn sie es nicht versäumen,
in Liebe auch zu handeln -
sie werden die Welt verwandeln ...

Im Advent 1999, als wir das Lied in einer Tagung sangen, meinte eine Lehrerin, in Strophe 2 könne man heute die Aussagen der ersten beiden Zeilen möglicherweise auch vertauschen: "Wenn Frauen sich nicht schlagen, wenn Männer zu reden wagen". Außerdem kämen in Strophe 4 wieder mal nur die Brüder vor. Sonst aber sei das Lied in Ordnung.

Die tiefste durchgehende Lebensbindung – ich habe meine Frau heiß geliebt – besteht zu meiner älteren Schwester Trudy BARTSCH-STEINWEDE (geb. 1928). Darum muss ich von ihr, auch von ihrem Lebenswerk, erzählen, und zwar ausführlich. Denn ihr künstlerischer Weg und mein Weg als Religionspädagoge waren über die Jahrzehnte hinweg eng miteinander verflochten.

Ihre Kindheit – sie war gegenüber den vier jüngeren Brüdern niemals durchsetzungsfähig und litt unter mancherlei anderer Bedrängnis – stand unter keinem guten Stern. Sie lebte erst auf, als ihre künstlerische Begabung nach Kunststudium in Bremen und Werkstattausbildung in Meersburg in der Ehe mit dem Maler Hans Jürgen BARTSCH zum Durchbruch kam. Seit 1953 begann sie in Bremen als Autodidaktin in Bildteppichen zu arbeiten. Die Familie – alternatives Leben stand hoch im Kurs – lebt seit 1963 (ein drittes Kind wurde in Frankreich geboren) auf einem einsam gelegenen Bergbauernhof in der Drôme Provençale. Weben wurde Trudys Leben. Das Dasein war einerseits von hoher Anerkennung – immer wieder gelangen Teppichverkäufe und bemerkenswerte Ausstellungen – andererseits dennoch von ständiger Geldnot und (1974-1985) von einer 11 Jahre dauernden tiefen Schwermut bestimmt. 1995 starb ihr Mann. Heute vermag sie, schwerkrank, nicht mehr zu weben. Künstlerdasein in der Einsamkeit ...

Ihr Lebenswerk ist anerkannt. Es hat Bestand. Ich möchte das in einer Textfolge verdeutlichen, in einer kleinen Dokumentation. Sie enthält Ausstellungskritiken aus Zeitungen ebenso wie ganz persönliche Zeugnisse. Häufig zu Besuch, war ich nicht selten Partner bei der Entstehung neuer Werke. Dieses stetige Miteinander – Schauen, Reden, Schauen – hat, wie gesagt, auch meiner ureigenen Arbeit entscheidende Impulse gegeben. Manchmal dachte ich, einen Teppich zu machen - Entwurf, Versuch einer schönen Gestaltung der Einzelpartien, Kärrnerarbeit der Detailausführung, immer die Gesamtkomposition vor Augen –, das ist wie ein Buch machen.

Jedes Stück, z.T. Riesenwerke bis zu 2 x 4 ½ Metern (dann aus Teilen zusammengesetzt; der Hochwebstuhl ist 1,50 m breit) hat sie vom ersten Farbentwurf über die Entwurfsausarbeitung 1:1 bis zur Ausführung im Alleingang bewältigt, d.h. sie hat gewebt, gewebt, gewebt mit Kraft, Hingabe, Geduld und Ausdauer. Unmittelbare sinnliche Freude am Material, an den verschiedenen Garnen, an der Fülle der farbigen Möglichkeiten, an der Variabilität der Formen wird immer wieder deutlich. So entstand in über drei Jahrzehnten im südfranzösischen Domizil eine beträchtliche Zahl von Gobelins ("Gobelin" schon im Namen eine urfranzösische Sache), "höchst ausgewogene, phantasievoll orchestrierte Arbeiten, die einen Glanz aus Lutetia, ein heiteres französisches Licht in unsere nördlichen Zonen bringen", so Herbert ALBRECHT, Kunstkritiker des 'Bremer Weserkurier'.

"Die großartige und sonnige Landschaft der nördlichen Provence, sowie deren liebenswerte Bewohner mögen von Einfluss gewesen sein", meint meine Schwester.

Der Ehemann Hans Jürgen BARTSCH (Okt. 1972) an seine Frau: "Gestern traf ich Christoph MECKEL, der erzählte, daß die Frau von dem Professor ..., die Leiterin der Webeklasse an der Akademie in Hamburg, Deine Arbeit ganz ungewöhnlich gefunden habe. Sie habe bemerkt, daß Deine Technik sehr anders sei als üblich, und man sähe, daß Du von einer Bildvorstellung ausgingest und daß Du die Technik souverän Deiner künstlerischen Idee unterordnen würdest. Das sollte ich Dir nur schnell berichten ..."

Friedrich WILKE, Künstler und Psychotherapeut, schreibt: "Es stellt sich für mich immer wieder die Frage, wie es Frau Bartsch-Steinwede gelungen ist, ihre Erlebnisse auf so eindringliche und eindrucksvolle Weise darzustellen, die Farben, Formen, Materialien, Symbole, Mythen so zu wählen, sie künstlerisch zu Einheiten zu verbinden und zu verweben. Darin liegt nach meinem Empfinden das Besondere, das Große und Geniale ihres Werkes. Die Künstlerin offenbart dem Betrachter ihr seelisches Erleben mit allen Höhen und Tiefen, mit Momenten der Ausweglosigkeit bis zum Überschwang in Schaffensfreude. Wir erleben Darstellungen von Heilung und Befreiung – Momente des Sichwiederfindens, des Wiedergewinnens von innerer und äußerer Struktur und Lebendigkeit, die Wiederentdeckung von Kraft, Freude, Sinnlichkeit, von geheimnisvoller magischer Faszination, von spielerischer Lust, ein Heraussprudeln von Ideen und Einfällen. Es finden sich auch Momente der inneren Sammlung und schließlich des Friedens und der Harmonie, des Einklangs zwischen dem Ich und dem Kosmos."

Meine Schwester war vertraut mit den Dämonen. Immer wieder gab es tiefes seelisches Leid; immer wieder brandete Lebensfreude neu auf. Und alles war Arbeit, unendlicher Fleiß. Einige Sätze von ihr mögen das Tagesgeschehen skizzieren: "Ich habe immer wieder gesagt: Ich will schöne Teppiche weben mit Sonnen und herrlichen Farben!" - "Gerade, wenn einem das Leben mitgespielt hat, ach, gäbe es da nicht eine Musik, ein Gedicht, ein Bild ... am tiefsten aber trifft mich dann die Musik." - "Ich habe mir immer wieder Hieronymus BOSCH angeschaut." - "Manchmal brauche ich Monate, bis mir ein Entwurf zusagt, dann wieder kommen die Ideen so schnell, daß ich gleich anfangen kann zu weben." - "Es kam plötzlich über Nacht, und ich bin glücklich darüber..."

1979 erhielt ich von ihr den Teppich "Schutzengel", der jetzt vor meiner Wohnungstür im Treppenhaus hängt. Sie schrieb dazu: "Es ist ein Engel, eine Erscheinung. Euer Schutzengel, der beide Arme hochhält. Ich habe beim Entwurf diese Idee gehabt und finde alles gut, ohne daß es gegenständlich geworden ist. Es ist auch das Leben. Es gibt viele aufsteigende und hinunterfallende Formen und Schwebendes ... Es sieht wunderbar aus bei Lampenlicht und bei Tageslicht, wenn es direkt drauffällt. Es ist ein Teppich zum Anschauen, zum Sich-Besinnen, zum Ausruhen, zur Freude an reicher Formenwelt; und die Farbigkeit ist für Euch ganz persönlich gemacht."

Viel verdeutlichen die Titel. Ich kann nur einige nennen. Teppiche wie "Dans la Drôme", "St. Genest" oder "Das Tal von Leoux", letzterer in wunderbaren Grüntönen, sind glühende, von urhaftem Wachstum bestimmte provençalische Landschaftsklänge. In "Europa und der Stier" (2x) oder "Daphnis und Chloe" offenbart sich Antikes, im ersteren auch Picassohaftes. "Geheimnis" zeigt hintergründige Farben, märchenhaft-koboldartige Formen. "Persischer Golf", farbenprächtig, enthält beides, den Orient und den Golfkrieg. "Freya" ist eine Hommage an Freya von MOLTKE. Den ganz in Gelbtönen gehaltenen Teppich "Zauber" ("Magie"), einen der Lieblinge meiner Schwester, nennt Günther BUSCH, ehemals Direktor der Bremer Kunsthalle, "ein durchaus flächiges Gewebe, in das Raumhaftes einsickert, wodurch der Gobelin etwas Atmendes, Befreiendes bekommt, wirksam, weil all das sich nicht aufdrängt, sondern sich bei aller leuchtenden Farbigkeit zurückhaltend, leise darbietet." "Erinnerung an Laragne" (Laragne, eine provençalische Psychiatrie) enthält hinwiederum Bildmotive nackten Entsetzens. Unter den Großteppichen nenne ich "Triptychon"; auch, den Inhalt bezeichnend: "Indianisch", dann "Genius Mozart", einen Teppich überschäumender Lebensfreude, der Musik, des Farbenrausches, paradiesisch, rokokohaft, sinnlich, vergleichbar einem Bild von BOUCHER oder WATTEAU. Ich nenne "Nacht" ("Nacht, dich feiert mein Lied, der Menschen und der Götter Gebärerin. Aller Wesen Ursprung ist Nacht" – Orphisch), oder – eins ihrer Hauptwerke – "Tage und Jahre" mit einem magischen Zauber in drei riesigen, vielfach belebten Baumgebilden (das Plakat der vorerst letzten Ausstellung im Schloss Divajeu bei Crest – August/September 1999 – zeigt einen Ausschnitt daraus) und last not least "Pours les jeunes" - "Für die Jugend der Welt" (3 Fassungen gibt es davon), hinter dessen kraftvollen vielverzweigten

Formen tief verschlüsselt das alte Volkslied steht: "Es waren zwei Königskinder, die hatten einander so lieb; sie konnten zusammen nicht kommen, das Wasser war viel zu tief". Zu ihrem großen Teppich "Rêve" - "Traum" hält sie fest: "Als ich 20 Jahre alt war, hatte ich einen Traum, den ich nie aufgeschrieben habe, aber er ist mir noch immer gegenwärtig: Ich saß in einem ganz kleinen Boot mit einem weißen Segel und fuhr durch grüne Wiesen (nicht auf dem Wasser). Ich fuhr immer schneller, zum Schluß war es, als flöge ich wie ein Vogel mit großen Schwingen. Es war ganz sonnig, ganz hell und glasklare Luft. Aber das Tolle an dem Traum war das großartige, ja, ich kann sagen, das kosmische Gefühl, das ich hatte; es war auch ein erotisches Gefühl – und das ist mir bis heute, da ich 66 Jahre alt bin, in Erinnerung geblieben. Ich habe es heute, am 24.6.1994, zum ersten Male aufgeschrieben."

In dem Wandteppich "Rêve" ist bildnerisch ein aufsteigendes Schiff, eine bedrohliche Riesenschlange im Wasser und eine in zarten Rosatönen gehaltene Gestalt mit einem verklärten Blick, die den schwarzen Oberrand des Bildes durchbricht, dargestellt.

"Leben aus der Tiefe" hieß (nach dem Titel eines Gobelins) die Bonner Ausstellung 1996. Das Thema war bewusst im Hinblick auf Paul TILLICH gewählt. Denn die Ausstellung zeigte (auch) Beispiele religiösen Inhalts: "Schöpfung", "Nach einem Tode" (Tod des Ehemannes), "Maria", vor allem "Et in terra pax" oder auch "Wittlohe II" (von den Brüdern an die Heimatgemeinde Wittlohe gestiftet), ein Gobelin des Einklangs von Schöpfung und Frieden. Meine Schwester hat diesen Teppich ein 3. Mal, noch reicher, gewebt und dazu geschrieben: "Da hatte ich einfach Lust, noch die herrlichen Eindrücke, die ich als Kind hatte, von Sonnen, Monden, Sternen, Blumen, Ornamenten, Vögeln, Fischen, einem Kelch, einem betenden Kind, in Weberei umzusetzen. Es erschien mir auch noch wichtig, rechts oben in die Ecke einen blauen Pfeil, der in den Kosmos zeigt, zu machen" (TBS). Solch behutsame Signale, etwa ein geheimnisvoller blauer Vogel oder ein abstraktes Gottessymbol in "Schöpfung", finden sich auch anderswo. M.a.W.: Wenn sich die Pastorentochter auch nicht dezidiert zu den Inhalten des Christentums bekennt, meine Schwester ist eine tiefreligiöse Natur. Ulrike BAUMANN, die Initiatorin der Bonner Ausstellung, drückte das so aus: "In der Teilhabe an der natürlichen und geistigen Lebensfülle offenbaren viele dieser Gewebe eine religiöse Dimension." Ein Wort von Jeremias GOTTHELF, das meine Schwester als Hintergrundtext für ihre ganze Arbeit empfindet, mag das - Traumhaftes spielt hier die entscheidende Rolle ("Vieles kam bei mir aus dem Unbewußten", TBS) - unterstützen: "Wenn Gott sich kündet in der

Morgenröte, im Tau der Blume, in des Windes Spiel, und des Frommen Auge den Ewigen erkennt in allem Vergänglichen, warum soll dasselbe ihn nicht erkennen in des Traumes Spiel, diesen Offenbarungen des innersten Lebens des Menschen, diesen Weissagungen von Kraft und Schwäche, diesem wunderbaren Leben, das, wenn die Sinne ruhen, die Welt verhüllt ist, sich gestaltet als eine eigene Welt, bald verbunden mit dieser Welt und bald abgerissen von allem Bekannten, eine nie sichtbar werdende Insel im ungeheuren Meere des unsichtbaren Lebens, das in der Menschheit nach unbekannten Gesetzen ebbet und flutet. Wenn jede gute Gabe von Gott kommt, dem Vater der Lichter, und dem Frommen alles zur guten Gabe werden soll, und wenn wir Rechenschaft zu geben haben von jeder, sind da nicht auch Träume gute Gottesgaben, und haben wir sie nicht anzuwenden zu unserem geistigen Wachstum?"

RILKEs Satz, "Ein Kunstwerk ist gut, wenn es aus der Notwendigkeit gewachsen ist", bedeutete meiner Schwester ebenfalls sehr viel. Ich denke, alles bei ihr, meditativ geschaut, kreativ umgesetzt, entsprang einer solchen Notwendigkeit. Ihre Arbeiten wollen im Sehen "gehört" werden ("Meine Seele hört im Sehen" beginnt Georg Friedrich HÄNDEL eine seiner deutschen Arien), so wie sie zugleich hörte und sah.

HILDEGARD VON BINGEN ist hier ganz nahe: "Ich hörte die Stimme - und sah."

Die Arbeiten meiner Schwester hängen in Bremen, Bonn, Wiesbaden, Frankfurt, Hamburg, München (Bayerische Staatsgemäldesammlungen), in New-York, in öffentlichen und privaten Sammlungen. Sie gingen an Hotels, an Banken, an Versicherungen. Viele Teppiche (vor allem aus der frühen, der Bremer Zeit) hängen auf Schiffen. So mag denn der schon bereits nach der großen Ausstellung in der Bremer Kunsthalle 1979 geschriebene Satz des Kunstkritikers Herbert ALBRECHT weiter gelten: "Ein deutscher Ansatz zu internationalem Niveau."

Trudy BARTSCH-STEINWEDE. Zeichnung Hans Jürgen BARTSCH.

Ein zentrales Werk meiner Schwester ist der mittelgroße *Bildteppich "Kleine Jüdin"*. Darum sei er *hier ausführlich gewürdigt*. Er entstand 1977/78.

Trudy war im Zustand der Verwirrung. Weit zurückgehende Erfahrungen liegen dahinter. In ihren Briefen an einen Freund aus den 80er Jahren erinnert Trudy sich (sie war damals 10) an 1938: "Nie habe ich die grauenhaften Sachen über die Juden gehört. Und doch, ich erinnere mich jetzt, daß Mutter eines Tages vom Wocheneinkauf in Verden heimkam und ganz entsetzt war, was sie dort erlebt hatte. Die Nacht vorher hatten sie die Synagoge niedergebrannt und die jüdischen Geschäfte kaputtgeschlagen. Auch waren dann später Menschen auf den Straßen - wenn ich zum Lyzeum ging -, die trugen einen gelben Stern (1941). Es hieß, weil sie Juden waren. Manchmal erlebte ich, wie sie von den Schulkindern verspottet wurden. Glauben Sie mir, mein Freund, mir kamen dann die Tränen, und sie taten mir so leid. - Dann weiß ich noch, daß zwei alte Schwestern, die jede Woche in der Kleinbahn nach Verden fuhren, plötzlich nicht mehr kamen. Nie wieder habe ich sie gesehen. Es kann sein, daß ich ein Gemunkel in der Bahn gehört habe, aber ich weiß nicht mehr den Inhalt. Mir kam alles so merkwürdig vor..."

1945: "Bald kamen Zeitungen und Zeitschriften, die von Hand zu Hand gingen. Sie zeigten grauenvolle Fotos von Konzentrationslagern, Judenverfolgungen, Foltern. Ich sah mir das an - und doch konnte ich es nicht ansehen. Es ging mir so unter die Haut. Diese Bilder haben mich lange verfolgt und haben sich dann wohl tief ins Unterbewußtsein gesenkt, wie man sehr viel später erkennen wird."

Im Alter: "In meinen verwirrten Zuständen habe ich immer die Leidensgeschichte Jesu an mir selber erleben müssen, genau, wie ich die Leidensgeschichte der Juden habe durchmachen müssen ... immer wieder. Ich wurde gequält und gefoltert."

Beim Teppich muss man lange hinsehen. Unter Schmerzen gewebt. KZ-Tragödie in Gestalt eines jungen Mädchens, das zutiefst leidet. Der 6-zackige Judenstern, das Schandmal der Nazizeit, fällt ins Auge; aber er ist nicht gelb-schwarz. "Er sollte farblich schön sein", sagt meine Schwester, "darum habe ich ihn weiß mit blauem Kreis (blauer Sonne) gemacht. Es ist auch nicht der Davidstern der israelischen Fahne. Es ist ein Stern der Versöhnung."

Das Mädchen: "Sie hat keine Arme, keine Füße. Sie hat etwas Verstümmeltes am Körper. Sie ist gepeinigt. Ihre Beine sind ganz schwach. Sie sind wie zwei Holzstangen. Ihre blauen Augen (sie ist eine deutsche Jüdin) sind voller Schmerz. Ihr Gesicht ist zerschlagen, gefoltert. Ganz lange habe ich am Gesicht gewebt, immer schräg geguckt, immer wieder aufgemacht, immer wieder neu gemacht. Dann ist mir der Ausdruck der Verlorenheit, der Angst, des Entsetzens gelungen, auch mit der Nase. - Dieses todtraurige Gesicht - so wollte ich es.

Das Mädchen ist schwanger: geschwängert - mit Gewalt. Und dann das Haar: Schwarz (links oben aschfarbenes Gewirr). Sie ist zugleich Jüdin, Zigeunerin, Indianerin. Sie ist die geschundene junge Frau, das geschundene Mädchen schlechthin. Am meisten aber bleibt sie Jüdin" ("Dein aschenes Haar, Sulamith", sagt Paul CELAN in der "Todesfuge". Und: "Der Tod ist ein Meister aus Deutschland").

Rechte Seite: Ein weißes gerippeähnliches figürliches Element. Meine Schwester: "Manche sehen das als Ausdruck des Bedrohlichen. Ich sehe es anders: Zone des Guten. Wunderbare Form. Daraus erwächst alles, was gut und schön ist. Die linke Seite aber: Verzackte Zone des Bösen, durchscheinende Kettfäden. Hier habe ich jeden Faden mit Schmerzen gewebt. Lange. Es ist die Zone des Zerreißens, des Aggressiven. Als ich das webte, dröhnten jeden Tag Tiefflieger über uns hinweg. - Bei der Form neben dem Kopf dachte ich: Atombombe! Und die umfallende 8 (in der Jahreszahl 1978): Ich bin an der Grenze, mir das Leben zu nehmen." –
All das eingewebt in Flächen. Mit Fäden!

"Wer auch das Leben gibt und den Tod sendet,
vielleicht läßt er es geschehen,
daß mein Bild aufleuchtet in Wirrnis und Dunkelheit."
Marc CHAGALL

Eine ganz andere Art biographischer Verwobenheit, bestimmt durch eine stets intensive, immer auch kritische Auseinandersetzung, bestand zu meinem *Schwager Hans Jürgen BARTSCH.* Er war ein tiefer höchst originärer Denker und impulsiver Redner, dessen zwingenden Argumentationen – ich nannte ihn immer den Philosophen vom Berge – man sich nicht so leicht entziehen konnte. Das Eindrucksvollste: Seine dezidierten Anschauungen etwa zur Umwelt-(Schöpfungs-)Problematik verdeutlichte er 10 Jahre bevor der Begriff "Umwelt" überhaupt ins allgemeine Bewusstsein drang. In vielem anderen war er seiner Zeit, bedingt durch intensives kreatives Nachdenken, weit voraus. Aber er hatte keine Öffentlichkeit. Seine Arena waren die zahlreichen Besucher, die er immer wieder sofort in alles aufsaugende Gespräche verwickelte. Ich verdanke ihm, was Einsicht in Natur- und Weltzusammenhänge angeht, unendlich viel. Aber ich gab auch Kontra - seine Rede (es quoll gleichsam aus ihm heraus) wurde nur umso fanatischer. Er wollte Bauer sein - und konnte es nicht. Seine große künstlerische Begabung ließ er nahezu 20 Jahre ruhen. Dann, nach 1982, als alles wieder aufbrach, konnte er nicht mehr öffentlich reüssieren. Es gab Ausstellungen bis hin nach Paris, es gab einen Besuch von Lothar Günther BUCHHEIM (von Künstler zu Künstler, von U-Boot-Mann zu U-Boot-Mann), nichts half.

1989 bat mich mein Schwager, etwas über ihn und sein Werk zu Papier zu bringen. Es folgt hier:

Selbstporträt Hans Jürgen BARTSCH

"Die Impressionisten machten sich ein Bild aus einem Eindruck, der von außen kam", sagt der Künstler, und die Augen in dem bartverwucherten Gesicht des Achtundsechzigjährigen brennen: "*Ich* male, was aus mir herausläuft, was mir erscheint, was mich von anderswoher steuert. Dem suche ich nachzuspüren, ihm eine Gestalt zu verleihen, eine Gestalt, die mich von Form und Farbe her ästhetisch befriedigt. Ein Titel stellt sich immer erst im Nachhinein ein. Auch einen Gegenstand lege ich nicht vorher fest. Entscheidend ist, was mir bei der Arbeit, sei es bei einem Ölbild oder einer Collage, plötzlich vor Augen ist."

Dies erinnert an eine Äußerung Willi WOLFRADTs: "Aus der Tiefe des menschlichen Innern allein als geoffenbartes Unterbewußtes quillt die echte künstlerische Gestaltung." Oder an eine Selbstaussage von Max ERNST: "Die Rolle des Malers besteht darin, einzukreisen und zu projizieren, was er in sich selbst sieht." Doch Hans Jürgen BARTSCH geht darüber hinaus: "Ohne jegliches Bestreben, modern sein zu wollen, sind viele meiner Arbeiten, obwohl oder gerade weil sie aus dem Unbewußten aufsteigen, immer auch Ausdruck kritischer Auseinandersetzung mit der heutigen Welt." Titel wie "Der Zeitgeist" (Ölbild 1986), "Dem unbekannten Friedensstifter" (Collage 1985) oder "Ledernacken beim Aufbringen eines Trinkwasserschmugglers" (Ölbild 1987) verdeutlichen dies.

Im Hinblick auf Techniken oder Stilverwandtschaften verhält sich der Künstler dabei souverän: "Wenn ich meinen Ausdruck suche, ist mir die ganze Bandbreite von Zeichnung und Malerei bis hin zu Relief und Skulptur dienlich. Was da auf mich zuwächst, kann einen rein gegenständlichen, ebenso einen kubistischen oder surrealistischen Einschlag haben. Es kann an MATISSE, an Max ERNST oder PICASSO erinnern. Da ist mir nichts verboten."

Dem Besucher des großen selbstgebauten Hauses, das der Künstler bewohnt, bietet sich in einer Folge von Wohn-, Arbeits- und galerieartigen Ausstellungsräumen indes noch eine ganz andere, sehr unterschiedliche Thematik. Neben den Gobelins seiner Frau hängen da in kaum fassbarer Fülle Arbeiten, die jenseits alles Politischen Alltag und Familie, Denken, Sinnen und Träumen des Künstlers spiegeln. Mythologisches findet sich ("Die jüngste Tochter des Minotaurus", Ölbild 1985; "Europa auf dem Stier", dies Motiv sowohl in gezeichneten, gemalten und collagierten Varianten wie als freie Skulptur). Teuflisch Finsteres ("Das dämonische Fest", Triptychon 1987) wechselt ab mit humorvoll Witzigem

("Spaziergänger am Strand", Ölbild 1987; "Ieronymus Bosch auf dem Weg nach Delft", Ölbild 1988).

Spannungsvoll erregende Werke von dennoch klassischer Schönheit fallen ins Auge ("Die Marquise von O", Ölbild 1985, "Die Lesende", Ölbild 1985, "Die Dichterin", Ölbild 1986, "Was ist los mit Josephine?", Ölbild 1985, "Das heilige Huhn von Urx", Diptychon 1986). Ebenso ganz und gar märchenhaft verklärte Materialbilder ("Der alte Hafen", 1984, "Die Eroberung der Insel Moy", 1985). Der Künstler hat hier wie anderswo auf geschnittener und geklebter Tapetengrundlage gespritzt und/oder gemalt, sowie mit Spachtelmasse und den unterschiedlichsten Abfallmaterialien reliefartige Wirkungen erzielt.

In den Räumen, die man durchschreitet, korrespondieren plastisch gestaltete Türen freistehenden Skulpturen (z.B. "Die afrikanische Majestät", "Graf Lambsdorff im Schafspelz"). Seestücke und Reiterbilder alternieren sowohl mit Zeichnungen/Karikaturen wie mit Porträts und Selbstporträts – der Künstler ist ein Porträtmaler von Rang.

Ein Bild von 1983 trägt den Titel "Schöne Dame auf feurigem Zelter, von gepanzertem Knappen begleitet, auf dem Weg zum Vogelherd einem würdig wandernden Bischof die Tageszeit bietend" und erzählt damit ebensoviel über sich selbst wie über den Maler. Dasselbe gilt für eine farbenfrohe Collage in meinem Besitz. Titel: "Eine fröhliche Maschine zum Zerkleinern und Kompostieren schmutziger Gedanken". Ein anderes Bild, "Die Versuchung der heiligen Antoinette", erhielt 1985 auf der Biennale von Brignoles/Provence einen ersten Preis.

1988/89 entstanden u.a. sechs großformatige abstrakte Ölbilder in leuchtenden Farben, vor allem aber eine Unzahl von kleineren Collagen, in denen der Künstler mit oft sparsamen Mitteln verspielt, ernst, ironisch, skurril, zart poetisch die Unerschöpflichkeit dessen, was da in ihm aufsteigt, sichtbar werden lässt.

Wer ist dieser so ganz unbekannt gebliebene Hans Jürgen BARTSCH?

Geboren am 21.3.1921 in Hannover, aufgewachsen in Dresden und Potsdam (der Vater, ehemals kaiserlicher Marineoffizier, malte; Großvater und Urgroßvater waren Maler), empfing der früh Karikaturen zeichnende Junge entscheidende Eindrücke in dem Atelier eines ebenfalls malenden Großonkels. Stets dem Wasser verbunden, wurde er einmal von Albert EINSTEIN – der segelte auf den Havelseen – zur Mitfahrt eingeladen. Weniger die Berühmtheit des Mannes, der später der bedeutendste Geist des 20. Jahrhunderts genannt werden sollte, faszinierte den Jungen, als vielmehr die Tatsache, dass EINSTEIN ein nacktes Mädchen an Bord hatte. 1939 machte er auf dem Realgymnasium in Potsdam das Abitur. Als

Offizier (Marinedienst 1939-1945) in englischer Kriegsgefangenschaft, begann er sich autodidaktisch intensiv mit Malerei (erste Porträts und Landschaften) und Architektur auseinanderzusetzen. Nach kurzem Besuch der Kunstschule Bremen 1947 (Meisterschüler bei Professor G. A. SCHREIBER) lebte er als freischaffender Künstler in der Hansestadt (1949 Ausstellung in der Bremer Kunsthalle). 1950/51 begann er ungegenständlich zu malen. In einem der ersten ausländischen Artikel über deutsche Nachkriegskunst reihte ihn die französische Kunstzeitschrift "Art d'aujour d'hui" mit dem Foto eines seiner Bilder unter die jungen deutschen Künstler ein. 1955 zerstörte er alle bis dahin entstandenen Werke und begann aus finanziellen Gründen als Architekt zu arbeiten. 1963 zog er mit seiner Frau (Gobelinweberin) und zwei Kindern auf einen 10 Jahre vorher verlassenen Bergbauernhof in der nördlichen Provence, wo die Familie (ein weiteres Kind wurde 1965 geboren) seitdem bei teilweiser Bewirtschaftung des Hofes (Pferdezucht) in großartig herber Landschaft ein ursprüngliches Leben führt.

Hier geschah es dann nach fast zwei Jahrzehnten von Ruhe und Abgeschiedenheit, dass 1982 die alte Malleidenschaft geradezu eruptiv wieder hervorbrach. Lang Aufgestautes suchte sich Bahn. Seitdem arbeitet Hans Jürgen BARTSCH wie ein Besessener. Im Gespräch mit der Welt aktiv auf der Suche, unter dem Drang, unaufhörlich Neues zu finden, hört er nicht auf, bildnerisch zu experimentieren, wobei es ihm durchaus wichtig ist, Fehler zu entdecken, Standpunkte zu überprüfen. Intuition und Vision aber regieren die Hand. Frei, kühn und wie selbstverständlich wird umgesetzt, was da aus rätselhaften, wenn auch sicher von Kindheits- und Jugenderlebnissen gespeisten Urgründen aufsteigt. Tag für Tag entstehen formal farbig immer stärker geläuterte Werke, die, ohne die Bergwelt mit ihrem berühmten provençalischen Licht wiederzugeben, doch andere sind, als lebte der Künstler in Bremen, Bonn oder Paris. Ein Ende dieser Schaffensperiode ist nicht abzusehen.

Zitieren wir zum Schluss noch einmal den Künstler selbst: "Ausgeschnittenes Papier - da sind Sofas; ich mache daraus nackte Mädchen. Ich sehe einen Schuh; daraus mache ich einen betenden Menschen." Und das Grundbekenntnis: "Ein Maler ist jemand, der aus sich Bilder herauszuholen und sie zu formulieren versucht. Woher sie eigentlich kommen, vermag er nicht zu sagen."

Seit 36 Jahren bringe ich jährlich viele Wochen (früher waren es die Sommerferienwochen der Kinder) auf "Les Treilles" ("Die Weinlauben") - Name des Anwesens in 700 m Höhe - zu. Immer vollgepackt mit Arbeit. Ich finde Erholung und gute Gedanken. Viele meiner Manuskripte sind hier entstanden. Im zweiten, im Alten Haus lebt die liebenswerte jüngere Tochter mit ihrem normannischen Mann und betreibt mit viel Gemüse, Blumen und Tieren - sie haben zwei wunderbare Kinder - eine Wirtschaft. Bleibt ihr Zeit, widmet sie sich mit bemerkenswerten Ergebnissen in Tonfiguren der Skulptur.

Die ältere Tochter meiner Schwester, mein Patenkind, als Mädchen zart, anmutig, wunderschön, wurde von drogenabhängigen Jugendlichen an Körper und Seele brutal verletzt. Deren Tochter, vom französischen Vater und dessen spanischen Vorfahren her dunkel in Haar- und Augenfarbe, Pferdenärrin, entwickelt eine hohe Begabung im Zeichnen und Malen.

Der Sohn meiner Schwester, Afrikafan, heiratete eine Muslimin aus dem Senegal. Da gibt es einen Yussuf, braun und kraushaarig, dessen Gesichtsausdruck mit drei Jahren einem Foto von mir im selben Alter täuschend ähnlich war.

Les Treilles ist mein zweiter Lebensort. Dort bin ich ebenso fest verwurzelt wie in Godesberg, der Heimat meiner Kinder.

Aus dem Werk meiner Schwester lässt sich hier nichts darstellen. Aus dem Werk meines Schwagers indes ein Gedicht und eine für ihn sehr bezeichnende Karikatur. Hans Jürgen BARTSCH war ein Genie - und verlor sich im Vielerlei, auch darin, dass er nicht eine eindeutige künstlerische Handschrift, die ihn unverkennbar gemacht hätte, zu entwickeln vermochte, auch darin, dass er nur ganz selten stetig arbeiten konnte. Zu den vier Porträts meiner Kinder habe ich ihn gewissermaßen gezwungen. Ein Text von ihm, den ich sehr liebe:

"UNGLAUBLICHES -
in kürze
im bilde vermengt -
hat manchmal
mehr würde
als man so denkt.
Denn IRGENDWER lenkt, vergnüglich mitunter
(jedoch nicht immer)
DEINE GEDANKEN."

Erstaunen. Zeichnung Hans Jürgen BARTSCH

Hans Jürgen BARTSCH, seit vielen Jahren schwer herzkrank, starb im März 1995. Auf seinem Grabstein, sich aufschwingend, PICASSOs Friedenstaube.

Wege in die DDR

In 28 Jahren (1961-88) war ich jährlich zwei- bis dreimal, von den unterschiedlichsten Institutionen in fast allen Landeskirchen als Referent geladen, jenseits des eisernen Vorhangs. Die Eindrücke - kaum zu verarbeiten. Hier nur *Streiflichter.*

Für meinen religionspädagogischen Weg waren die Tagungen von hoher Bedeutung. Hinzu kam das Äußere: die unzähligen Grenzübergänge, der subtile Terror, aber auch Absurdes (z.B. als die Vopos den leeren Karton, aus dem sie meine Bücher genommen hatten, sorgfältig durchleuchteten).

Panik

Sie hatten mich erwischt. Am Bahnhof Friedrichstraße. Mein Mantel hatte sich leicht geöffnet. Papier blitzte auf. Ich wurde leibesvisitiert. Ein ganzer Stapel von Manuskripten kam zum Vorschein. Dann saß ich allein in einem düsteren Raum. Zwei Stunden etwa. Ich wusste, draußen vor dem Bahnhof wartet Siegfried SCHMUTZLER. Dann kam ein Beamter, knallte die Papiere vor mich hin. Ich musste erklären. Ich sagte: "Alles für die und die kirchliche Tagung." So hatte SCHMUTZLER es mir eingebläut: Niemals etwas verheimlichen, immer ganz offen und präzise sagen, worum es geht. Und, oh Wunder: ich durfte alles mitnehmen. Draußen: Kein SCHMUTZLER mehr. Er hatte aufgegeben. Aber ich wusste ja den Weg zur Auguststraße. Dort: Freudige Überraschung. Niemand hatte mehr mit mir gerechnet.

Panik auch, als ich mich ein andermal auf dem Rückweg in den Westen (es war nicht der Übergang Friedrichstraße) plötzlich in einer winzigen Zelle (von allen Seiten Stahl, eine Stahltür vor mir öffnete sich nicht, die Stahltür hinter mir hatte sich lautlos geschlossen) allein fand. Erlösung nach etwa einer halben Stunde. Ich hatte vergeblich laut geschrien.

In den letzten Jahren gab ich immer den Aktenordner mit allen Unterlagen zur betreffenden Tagung sofort ab: "Das müssen Sie lesen!" Und sie lasen. Manchmal auch in den Büchern. Manchmal war ich dabei. Und es war dann, dass plötzlich einer eine religiöse Frage stellte, ganz tief. Oder es war, dass einer sich nicht fassen konnte, dass es so etwas noch gäbe, Bibel und Gott und Menschen, die sich berufsmäßig damit befassten.

Es war immer wieder eigentümlich seltsam: Die Welt jenseits erinnerte mich atmosphärisch (im Westen längst vergangen) an meine Kindheit in den 30er Jahren: Dörfer, Städte (auch Ost-Berlin), Baumalleen, Kopfsteinpflaster, die Felder, die Menschen, wie sie sich gaben, vor allem die Pfarrhäuser mit diesem ganz spezifischen Flair. Manchmal sagte ich es einem Vopo: "Ich liebe die DDR!" Ungläubigkeit: Der spinnt!

Freundschaften: Viele halten heute noch. Ich nenne Georg Siegfried SCHMUTZLER (jetzt weit über 80), als Studentenpfarrer in Leipzig in den 50ern, denunziert von einem theologischen Kollegen, vier Jahre inhaftiert (davon zwei Jahre in Einzelhaft), danach, ungebrochen, weiterhin mutiger Regimekritiker. Meine Briefe an ihn waren in den 60er und 70er Jahren immer an eine bestimmte Ostberliner Adresse zu richten: Rainer EPPELMANN. Siegfried SCHMUTZLER lud mich über viele Jahre hinweg zur Mitarbeit in das überregionale Katechetische Oberseminar des Bundes in der August-Straße Berlin-Ost.

Ich nenne Eckart SCHWERIN (heute Oberkirchenrat der Mecklenburgischen Kirche). Viel haben wir gemeinsam vollbracht. Ich nenne Helga MONDSCHEIN, die Katechetische Referentin des Bischofs in Erfurt, und (unter vielen anderen) Christine OETTEL, Mitglied des Exekutivausschusses des ÖRK, Dozentin am PTI in Dresden-Moritzburg, heute pensioniert, eine wahrhaft treue Freundin.

Zwischenruf: Freundinnen/Freunde
Mir waren und sind in meinem Leben viele geschenkt, denen ich begegnen durfte, nicht zuletzt unter all den Lehrerinnen/Lehrern, den Vikarinnen/Vikaren, den Schulreferentinnen/Schulreferenten. Zu vielen besteht noch heute enge Verbindung. Hier möchte ich unter den reichen Aussagen zum Thema Freundschaft nur einen mir wichtigen Aspekt herausgreifen: Freund nenne ich auch den, der gut für mich handelt – in der Stille, im Hintergrund, ohne dass ich es merke. Zwei solcher Freunde aus jüngerer Zeit sind Harald BEWERSDORFF, früher Kollege in Godesberg, heute Oberkirchenrat in Düsseldorf, und Berthold FRINKEN, der im Patmos Verlag die Halbfas-Religionsbücher und auch das Grundschulwerk "Oikoumene" betreut. Hier ist kein Pathos. Hier ist nur fester Grund.

Unter den unzähligen Orten in der DDR einen: Nie werde ich das kleine Thüringische Ponitz vergessen mit seiner wundersamen Silbermann-Orgel (im Pfarrhaus hatte Reiner KUNZE viele Jahre innerer Emigration verbracht).

Nun gut, ich begegnete vorwiegend Christen! Alle freundlich aufgeschlossen, gierig nach Neuem. Viele sozialistisch gesinnt. Manche skeptisch, was die Chancen der Kirche im Sozialismus anging. Und immer wieder das Politische als stets gegenwärtiger Kontrast. Einmal, ich glaubte zu träumen, sah ich mich plötzlich am Brecht-Theater Schiffbauerdamm (irgendeine Veranstaltung sollte dort beginnen) - fast hautnah, von keinem Vopo gestoppt, neben HONECKER und STOPH. Die Menge klatschte für STOPH, für HONECKER kaum. Einmal fuhr ich mit meinem großen Westwagen mutterseelenallein und völlig ungehindert mitten durch ein russisches Manöver. Einmal umfuhr ich Ost-Berlin im Norden. Die Dörfer starrten von russischen Waffen. Einmal saß ich abends in Berlin-Weißensee (es war eine Tagung über Christentum und Landjugend, die Teilnehmer aus allen Kirchen der DDR folgten aufmerksam, waren aber an dem für sie so seltenen persönlichen Austausch noch viel mehr interessiert) mit einigen aus der Tagung am Biertisch. Ein Pfarrer erzählte - und es ging mir wirklich durch und durch -, wie er in seiner kritischen Einstellung zu Staat und Regime von der Volkspolizei in der Ausübung seines Amtes behindert und immer wieder übel schikaniert wurde. Er sei am Ende seiner Kraft. Später sah ich ihn wieder (im Fernsehen) - als Fraktionsvorsitzenden von Bündnis 90/Die Grünen im Magdeburger Landtag: Hans Joachim TSCHICHE.

Engagement für die Sache in der Situation von Bedrängnis und Verfolgung, das faszinierte mich. Aber auch anderes: Ich kleidete es oft in den Spruch: "Was ich an Ihnen so schätze, ist, wie wunderbar sie singen (leuchtende Augen) - und ihre sozialistische Disziplin" (Betroffenheit; sie waren sich dessen nicht bewusst).

Erinnerungen über Erinnerungen. Wie ich bei Eckart SCHWERIN in einem Bett schlief, in dem vor mir Heinrich ALBERTZ und Paolo FREIRE (nebst anderen Zeitgrößen - SCHWERIN hatte beste Beziehungen) geschlafen hatten. Wie ich im Güstrower Dom bei einer Andacht mit Katechetinnen unter dem BARLACHschen Engel einen Abschnitt aus Franz FÜHMANN "Barlach in Güstrow" lesen durfte. Wie ich bei der Erstbegegnung mit Christenlehre-Kindern dachte, die kommen ängstlich und verhärmt unter dem wachsamen Auge der Staatsmacht um die Ecke geschlichen - und dann waren es fröhliche, lachende, freche, tobende Kinder wie allüberall. Wie ich, Referent beim DDR-Bibelkongress in Görlitz 1986, in dem riesigen Saal als "Verfasser bibelbezogenen Schrifttums" vorgestellt wurde und urplötzlich - ich war vollkommen überrascht - ungeheuerlicher Beifall aufbrandete. Blitzlichter, "Highlights"! Ingo BALDERMANN tat es mir gleich. All das bis zum Frühsommer 1988. Nach der Wende - ich war krank - kamen andere.

Und noch ein *Blitzlicht*
Halberstadt: Martin GABRIEL, reformierter Pfarrer der Liebfrauenkirche gegenüber dem Dom, zeigte mir sein Amtszimmer, das bis unter die Decke mit geschnorrten Materialien für die Reparatur seiner stark lädierten Kirche gefüllt war. Er war auch Initiator der kleinen jüdischen Gedenkstätte am Portal des Domes (1985!). Ich schenkte ihm den "Augustinus". Später nahm ich als Schlusstext im "Erzählbuch zur Kirchengeschichte II" seinen lebendigen Bericht, wie er als zugreisender Pfarrer von einer DDR-Klasse höchst begierig - alles Novitäten für die Kinder - über Gott, Jesus und Bibel ausgefragt worden war, auf.

Nachspiel
1994 lud mich der Kirchenkreis Bonn zu einem Treffen mit dem Partnerkirchenkreis Nauen (Brandenburg) nach Altenau/Harz. Ich war Korreferent zweier Bischöfe: Bischof FORCK (schon im Ruhestand, voller Freude auf seine Alterspfarrstelle in Rheinsberg) und mein Bischof, der von mir hochverehrte Präses Peter BEIER (in meiner Sicht nach Bischof LILJE der bedeutendste protestantische Bischof zumindest im deutschsprachigen Raum). Beide starben kurz nacheinander im November/Dezember 1996. Beide starben viel zu früh. Die Tagung: Eine schöne schwingende Sache. Plötzlich ein Beitrag zur Zeitgeschichte: Im Plauderton erzählte Bischof FORCK von einer im abhörsicheren Raum streng abgeschirmten Sitzung der Berlin-Brandenburgischen Kirchenleitung, bei der es um einen wichtigen Beschluss ging. Am nächsten Tag lag ein Protestschreiben der Stasi gegen diesen Beschluss auf dem Tisch. "Ja", so Bischof FORCK abgründig, "mein Konsistorialpräsident...!"

Zukunft
Für Herbst 2000 - nach 12 Jahren Abstinenz - ist erstmals wieder eine größere religionspädagogische Tagung in Brandenburg geplant.

Kirche

"Die Kirche ist exakt das, wogegen Jesus gepredigt hat und wogegen er seine Jünger kämpfen lehrte" (Friedrich NIETZSCHE).

So hart würde ich's nie sagen, es gibt immerhin die communio sanctorum, allüberall höchst lebendige Kirchengemeinden, kirchentreue Christen als wahre Gotteskinder; dennoch, ein Körnchen Wahrheit ist enthalten.

Soviel ist verkrustet. Soviel bewegt sich nicht, weil Funktionäre an ihren Stühlen kleben. Reformfreudigkeit ist weithin unbekannt. Mittelmaß, so meine Erfahrung, ist gefragt. Wer zu gut ist, macht sich leicht verdächtig. Originelles, ideenreiches Denken wird vielfach unterdrückt. Die Bürokratie hat eine unglaubliche Macht, dabei "warten wir doch auf unsern Herrn, statt eine Religion zu verwalten", wie eine Bonner Pfarrerin es treffend ausdrückte. "Der dienstliche Leerlauf ist zu hoher Kunst entwickelt" (Stefan HEYM, "Schwarzenberg"). Das alte Spiel, das Seelenbeherrschungsspiel, wird immer noch gespielt. Und immer noch liegen Kirche und Staat (oft auf eine ungute Weise) einander in den Armen.

Und was heute in Rom geschieht (ich nenne den Papst immer noch "Bruder"), spottet jeder Beschreibung. Der Papst gebietet über eine Streitmacht von weltweit einer Milliarde katholischer Christen. Daraus mag u.a. die derzeitig wieder krass hervortretende selbstherrliche Anmaßung ("ex cathedra") in Fragen von Geburtenregelung und Schwangerschaftsberatung resultieren. Indes ruft auch das letztliche Einknicken der deutschen Bischöfe den Satz von Kurt TUCHOLSKY wieder in Erinnerung: "Kluge Gesichter lächeln in Rom. Deutschland war stets ein einziger Dom." Und wer erinnert daran, dass in der jungen katholischen Kirche, als sie sich im 2. Jahrhundert zu organisieren begann (Presbyter, Diakone, Bischöfe), nirgends von einem Zölibat die Rede war?

Es gab eine Zeit (Mitte der 70er), da untersagten mir meine evangelischen Oberen – ich hatte Vorträge in den Katechetischen Instituten in Trier und Aachen sowie im Generalvikariat in Köln gehalten – die Zusammenarbeit mit den katholischen Schwestern und Brüdern. Man sehe das nicht gern.

Es gab eine Zeit (Ende der 70er), da untersagten mir meine Oberen in Düsseldorf die Mitarbeit in religionspädagogischen Arbeitsgemeinschaften der Gehörlosenseelsorge. Von verschiedenen Seiten dazu aufgefordert, hatte ich als Vater einer Gehörlosen offiziell darum gebeten. Begründung: Dafür seien andere zuständig.

Es gibt die Zeit, da schlägt ein Kirchenführer einem andern auf die Schulter: "Die Zeit der Großen unter uns ist vorbei!" Ich höre es, seh's mit eigenen Augen - und erstarre. Schwachkopf steht für Schwachkopf ein. Die anderen, die

Fragen stellen, die Zeichen setzen, nein, diese bitte nicht! "Hat man ein lebendiges Christentum, von einzelnen Menschen und einzelnen Gruppen abgesehen, bemerkt?" fragt Alfred DÖBLIN.

Es ist wahrhaftig eine Knechtsgestalt. "Wenn Jesus käme, er wäre weit von der Kirche der Macht und des Geldes, er, der arm geboren, erbärmlich gestorben ist" (Walter JENS). Soll ich mich rühmen oder schämen, dass ich der Rheinischen Landeskirche angehöre? Ich weiß es nicht. Zu denen, die dem Kardinal MEISNER in Köln zuhören müssen, jenem "Gottesmann", der der Herderbuchhandlung am Dom den Garaus machte, der vor allem jenes großartige oikoumenische Zeugnis weltoffener Verbundenheit aller Leidenden, die Klagemauer auf der Domplatte (Deutschland hatte eine Klagemauer!), entfernen ließ, möchte ich mich jedenfalls nicht zählen.

Wer schreit? Wer schreit auf? Viele! Und das ist eine Hoffnung.

Wie sagte doch LUTHER?: Die Kirche ist "nicht nur ein Wesen, sondern ein Werden; nicht nur Ruhe, sondern eine Übung; wir sind es noch nicht, wir werden es aber; es ist noch nicht alles getan oder geschehen, aber es ist in Gang und Schwang; es ist noch nicht das Ende, aber es ist der Weg!"

Und es gibt sie ja, die Diakonie, Liebe für den Nächsten: Es gibt all die humanitären kirchlichen Einrichtungen, kirchliche Entwicklungshilfe. Es gibt das Sichaufopfern im Namen Jesu. Und es gibt die vielen hochbegabten Pfarrer und Pfarrerinnen an einsamen Orten, von ihrer Kirche nicht wahrgenommen, die sich verzehren für das Reich Gottes. Und es gibt die Kirchentage! Und nicht zu vergessen die vielen tiefernsten Christen (nicht wenige Religionslehrerinnen und Religionslehrer unter ihnen), die ein heiligmäßiges Leben *neben* der Kirche führen, ein Leben nicht fern von dem der ersten Christen. Und wenn sie miteinander sind, dann sind sie "ein Herz und eine Seele".

Für die Kirche als Körperschaft des öffentlichen Rechts aber kann nur gelten, was Dietrich BONHOEFFER sagt: "Sie ist nur Kirche, wenn sie für andere da ist. Sie muß an den weltlichen Aufgaben des menschlichen Gemeinschaftslebens teilnehmen, nicht herrschend, aber helfend und dienend. Sie wird den Lastern der Hybris, der Anbetung der Macht und des Neides als den Wurzeln allen Übels entgegentreten. Sie wird sich leiten lassen von Maß, Vertrauen, Treue, Stetigkeit, Geduld, Zucht, Demut, Genügsamkeit und Bescheidenheit" (aus "Entwurf einer Arbeit", Juli/August 1944).

Traum

18.8.1966 (Loccum)
Ich gehe allein durch eine fremde Stadt. Die Stimmung ist abendlich verhalten - russisch! Irgendwie ist Weihnachtsabend. Ich suche eine Kirche, sehe eine, dann mehrere - immer mehr drängen sich förmlich neben-, hintereinander ... Da plötzlich eine Kirche voll von Männern, jungen, alten - auch jugendliche Mädchen -, randvoll bis an die Balustrade. Ich bemerke: Diese Kirche ist nach allen Seiten offen; ich kann mich von außen an die einzig begrenzende Holzbalustrade lehnen und teilnehmen. Inmitten der Menschen eine kleine zierliche Frau von lebhaftem Äußeren und Gesicht, irgendwie im Talar. Mit beredten Gesten sagt sie etwas. Ich verstehe nicht, nehme aber auf ihre Worte hin ein herzhaftes, fröhliches Lachen unter den Hörern wahr. Der Gedanke durchblitzt mich: Hier geht's heiter zu, eine Kirche, in der gelacht wird. Immer noch strömen Besucher, drängen von außen heran. Die Frau geht hinaus, wendet sich, immer noch weiterredend, an die Ankommenden. Es ist ihre "Predigt", das weiß ich. Wieder und wieder dieses aufbrandende fröhliche Gelächter. Rechts von mir macht diese Frau dann plötzlich im Fluss ihrer Rede mit schnellem Augenaufschlag eine unnachahmliche Geste: Aus kreisender Hand stößt blitzschnell ihr Zeigefinger spitz nach oben - und jetzt verstehe ich ihre Worte: "Dieses Dr. Alis-Bagai-Fest ist gemeint!" Ich weiß, es bedeutet irgendetwas wie "Weihnachten-Himmelfahrt", und es hat mit dem Zweifel an einen Gott, der da oben sei und sitze, zu tun. Ein nicht endenwollendes unglaublich befreiendes Gelächter bricht aus ... Ich erwache. Es ist 3 Uhr 55 - Gewitterstimmung.

Kein Traum
Auf der Rückreise von (damals, 1983, noch!) Leningrad fanden wir uns plötzlich - drei Stunden Zugaufenthalt - in der (ich hatte es nie gewusst) *Barock*stadt Vilnius (Wilna). Eine lange schmale überbaute Treppe führte aufwärts zu einem Kirchenraum. Da sah ich - wir waren in Sowjetrussland - katholisch-gläubige Inbrunst, wie sie mir sonst nie wieder begegnet ist. Die Treppe war über und über bedeckt mit knienden, hingebungsvoll betenden, ja flehenden Frauen, die, brennende Kerzen in den Händen, Stufe um Stufe emporrutschten. Mit Mühe schlängelten wir uns hindurch. Oben ein unbeschreibliches Gedränge um einen Priester, der die Hostie austeilte. So inbrünstig, dachte ich, war's wohl beim heiligen JOHANNES VOM KREUZ bei Philipp NERI oder Charles de FOUCAULD. Dann öffnete sich nur für einen Augenblick um einen Spalt eine Seitentür. Ich sah's: In einem sakristeiartigen Raum trieben junge Priester - die religiöse Ekstase der Gläubigen schien ihnen Alltag zu sein - fröhlich Allotria.

Pädagogisches

"An allen Orten soll man die besten Schulen für Jungen und Mädchen haben ..." Wunsch: "... daß in den Schulen weniger Lärm, Überdruß und unnütze Mühe, dafür mehr Freiheit, Vergnügen und wahrhafter Fortschritt sei" (Johann Amos COMENIUS, aus dem Vorwort zur "Didactica Magna", 1627-32).

Schule

"Wenn ich vom Predigtamt ablassen müßte, so möchte ich am liebsten Schulmeister sein" (Martin LUTHER).
"Es war eine Zeit, wo es keine spezifische Berufung des Erziehers, des Lehrers, gab. Da lebte ein Meister, ein Philosoph etwa, oder ein Schmied; seine Gesellen und Lehrlinge lebten mit ihm. Sie lernten, was von seinem Hand- oder Kopfwerk er sie lehrte, indem er sie daran teilnehmen ließ. Sie lernten, ohne es zu merken, das Mysterium des personhaften Lebens. Sie empfingen den Geist. Wohl gibt es solches noch, aber es ist Ausnahme geworden. Wir können so wenig hinter die Wirklichkeit der Schule zurück, wie hinter die Wirklichkeit der Technik. Wir können aber und sollen in die vollkommene Durchmenschlichung ihrer Wirklichkeit hinein. Der Meister bleibt das Vorbild des Lehrers. Denn, wenn dieser tun muß, wissend tun, soll er es so, als täte er nicht. Das verborgene Einwirken aus der Ganzheit des Wesens hat die gänzende Kraft. Die Welt wirkt als Natur und Gesellschaft auf das Kind ein. Die Elemente erziehen es, Luft, Licht, das Leben in Pflanze und Tier. Und die Verhältnisse erziehen es. Der wahre Erzieher aber vertritt beide ..." (Martin BUBER, aus "Reden über Erziehung").

Überall, wo ich Lernende (einem vorzeigenden "Meister", einer "Meisterin" folgend) kreativ arbeiten sah (Kunsterziehung, Werkunterricht, Arbeit im Schulgarten), sah ich hingebungsvoll in ihre Arbeit vertiefte ruhige Kinder. Ich hörte ein Arbeits-Summen. Ich sah Lehrer, die in freundlicher Ruhe ihre Anweisungen gaben. Dazu der "Praeceptor Germaniae" Walter JENS: "Die Jungen sind umso ruhiger, je ruhiger und konsequenter die Alten ihre Position vertreten."

Immer wieder sah ich die unterrichtend Erziehenden den Gärtnern gleich. Sie bereiteten den Boden. Sie säten. Sie beobachteten das Keimen. Sie hüteten die heranwachsende Pflanze. Sie jäteten Unkraut, gossen. Sie freuten sich über grünende Blätter und Blüten.

Manchmal sah ich die Lehrenden bei Stunden, die wie ein Drama konzipiert, ja durchkomponiert waren, in der Durchführung dann als Regisseurinnen/Regisseure des Unterrichtsgeschehens und als Mitspielende zugleich.

Entscheidend ist der überschaubare Bereich. Wenn die Leute, die diese Riesenschulen für richtig halten (leider sind es viele meiner Genossen aus der SPD), wenn die an ihren ideologischen Blindbrillen hängen - nicht mit mir. Was braucht das Kind? Geborgenheit in einer Gruppe von etwa 15, daraus ein lebendiges Miteinander als Voraussetzung für kreatives lebendiges Lernen - und die Gegenwart eines liebenden Erwachsenen, der Orientierung zu geben weiß.

Und zur Frage, ob die Schulkultur derzeit sinke: Ich kann nur für die Grundschulen sprechen. Etwa 2000 habe ich im Lauf meiner Tätigkeit (zwischen Hamburg und Saarbrücken) kennengelernt. Oft konnte ich, mehr und mehr sensibilisiert, beim Betreten einer Schule, ohne dass jemand zu sehen war, etwas über die hier herrschende Atmosphäre registrieren. Selten habe ich mich geirrt. Summe der Beobachtungen: Mit ihrem so häufig einmaligen familiären Flair in liebevoll und reich gestalteten Klassenzimmern (MONTESSORI-Praktiken setzen sich immer mehr durch), mit Lehrerinnen, die nur zu häufig für die Kinder Muttersatz sind, wächst Schulkultur in den Grundschulen noch und noch.

Die Kinder

"Mit welchem Wesen, mit welchem kleinsten Teil der Menschheit werden alle gescheiterten Hoffnungen neu? - Mit jedem neugeborenen Kind!" (Rudolf HAGELSTANGE).

Eine Gitarre, eine Puppe in der Hand der Lehrerin, Luftballons, Seifenblasen - und schon sind Kinder begeistert.

"Kinder sind keine Fässer, die gefüllt, sondern Feuer, die entzündet werden wollen" (RABELAIS).

"Was das Kind braucht? - Den silbernen Panzer des Vertrauens" (Martin BUBER).

Ich hatte sie immer im Auge, meine Lebenspartner, die Kinder, die eigenen, die Grundschulkinder in Bienenbüttel, in Loccum, in Godesberg. Ihnen lieh ich mein Ohr. Sie trage ich im Herzen: "Siehe da, ich und die Kinder, welche mir Gott gegeben hat" (Hebr 2,13). – So hatte meine Mutter es zu meiner Geburt notiert.

Man muss nur das Leben seiner eigenen Kinder einen Tag lang beobachten: Ihr Dasein ist geprägt vom Spiel, von der Freude, vom Konflikt, vom Leid, von der Sehnsucht nach Tröstung, vom Wunschbegehren, von der Frage "Wieso bin ich auf der Welt?"

ich auf der Welt?"

Lernaktiv, originell, kreativ sind sie trotz "Tollhaus Schule" (auch ich habe Erfahrungen, manchmal bedrückende, damit), beflügelnd, begeisterungsfähig, absolut unbefangen im Zugriff auf Menschen und Dinge, ja, frech, vorlaut, auch grausam und gemein, aber im nunmehr hinter uns liegenden Jahrhundert des Kindes immer wieder faszinierend, allein, wie sie sich die Welt der Computer erobern, wie viele von ihnen das weiterhin gefährliche Fernsehen sinnvoll zu nutzen wissen. Entscheidend ist das Unmittelbare, dieser "frische Appetit auf Wunder" (Andrew LANG). PESTALOZZI hat das gesehen, FRÖBEL, Maria MONTESSORI, James KRÜSS, Gudrun PAUSEWANG...

BUBER sagt: "Wenn du ein Kind siehst, hast du Gott auf frischer Tat ertappt." Irgendwann notierte ich: "Kinder sind die lebendigeren Menschen. Wo Kinder sind, explodiert das Leben."

Soll ich einige nennen? Rita und Dagmar aus Bienenbüttel und Ingeborg, die man für lernbehindert hielt und die so unglaubliche Bilder malte. Und – still, lieb, aufmerksam – Martina GENSCHER in Godesberg (Tochter des Vaters, den wir alle kennen). Und Tobias in Godesberg (sein Großvater war der ehemalige Außenminister SCHRÖDER), und – lebhaft, charmant, Lebenslust versprühend – BETTINA VON ARNIM (und sie sah aus wie ihre berühmte gleichnamige Vorfahrin), oder Hannes oder Lynn oder Bettina MÜLLER, die klügste Schülerin, die am tiefsten empfindende, die ich je hatte, oder Benjamin oder der freche Kemal CHROBOG, dessen Vater damals Sprecher im Außenministerium war ... Rita und Bettina, Hannes und Benjamin und Gerrit – es gibt sie überall.

"Es ist nur um des Atems der Schulkinder willen, daß die Welt noch besteht" (Babylonischer Talmud).

Was mich stets von neuem überraschte: die Kompetenz der 8- bis 10-Jährigen unserer Tage in Sachen Umweltzerstörung und Kriegsgefahr. Ihre Angst, ihr vorausgreifendes Verantwortungsbewusstsein (gegen das Verhalten vieler Erwachsener) – das ist ein fast unglaubliches Phänomen.

Und noch eins: Die Kinder spüren die Kraft und das Geheimnis des Erwachsenen. Wo wir Älteren, im Leben Erfahreneren, es können, müssen wir versuchen, Kindern, die Schaden an ihrer Seele genommen haben, durch Zuwendung und Liebe zu helfen. Wir wissen, dass sie sich balgen müssen wie die jungen Hunde. Es ist urtümlich in ihnen angelegt. Nicht verhindern können wir, "daß diese Schöpfung eine Welt ist, in der Kinder gemartert werden. Aber wir können die Zahl der gemarterten Kinder verringern" (Albert CAMUS). Das mag wie ein Tropfen im Ozean sein. "Aber wäre dieser Tropfen nicht, er würde vermißt" (Mutter TERESA).

Und die Inhalte?

Im Hintergrund der Auswahl bleibt für mich – bei aller Aufgeschlossenheit für die Erfordernisse der Zeit – die Grundorientierung an den Leitgrößen der geisteswissenschaftlichen Pädagogik: Antike - Christentum - deutsches Bildungserbe.

Die für den RU wirklich wichtigen Inhalte werden uns vorgegeben von Gott (Bibel) und von der Natur. Zum letzteren: Wir sind Teil der Natur, *neben* Tier und Pflanze, nicht etwa ihre Herren, auch wenn wir uns so gebärden. Schon gar nicht sind wir "Krone" der Schöpfung (dies gegen den Geist von Genesis 1).

Hoffnung
"Die Jungen beginnen zu verstehen. Sie wollen mit ihren Händen dienen und mit ihrem Herzen lieben" (Mutter TERESA).

Streiflicht
Hast du jemals die Hand eines chinesischen Kindes in der deinen gespürt? Wenn nicht, dann beneide mich. Diese weiche pulsierende Wärme. Mir war es 1978 in dem noch immer maoistischen China vergönnt. Wir besuchten eine Reihe von Kindergärten. In Kanton, in Schanghai, in Peking, auf dem Lande. Überall waren die Kinder indoktriniert. Und doch so unglaublich lebendig mit ihren schönen lieben Gesichtern und den dunklen blitzenden Augen darin. Und immer nahmen die Kinder die fremden Großnasen vertrauensvoll bei der Hand. Und immer sangen sie voller Begeisterung. Und wir sollten ihnen etwas auf dem Flügel (im Kindergarten!) von unserer Musik darbieten. Ganz toll aber, wenn plötzlich in dem Redeschwall der Leiterinnen, in hohem Tonfall blitzschnell gesprochen, das Lehnwort aus dem Deutschen auftauchte: "Kinnegaten"!

Lehrer sein

Eine Pädagogik, die die Kinder "nein" sagen lehrt, ist die meine. "Nein" vor allem im Sinne Wolfgang BORCHERTs zu jeder Art böser kriegerischer Auseinandersetzung.
"Ich bin gern Lehrer. Ich lehre gern. Ich lerne gern" (Walter JENS).
"Auch der Weiseste kann unendlich viel von den Kindern lernen" (Rudolf STEINER).

Schaut auf die Kinder, auf ihre wahren Wünsche und Bedürfnisse, und ihr werdet ihnen, ohne dass ihr alles sklavisch erfüllt, im Lerngeschehen gute Partnerinnen/Partner sein. Schul-*Meisterin* sein zu dürfen, Schul-*Meister*, welch großartige Aufgabe. Was lateinisch Magister heißt, griechisch Didaskalos, aramäisch Rabbi, übersetzt LUTHER mit "Meister"!

Jener Rabbi kannte und übte diesen verhaltenen behutsamen (pädagogischen) Eros – Hinwendung, Zuwendung, Annehmen, Liebe. Er nahm die Kinder, liebkoste sie und sagte: "An den Kindern erkennt, was es heißt, im Reiche Gottes zu sein." Sie stehen für vollkommene Offenheit, für Bereitschaft, sich rückhaltlos aufzutun dort, wo sie Zuwendung spüren.

"Nennt mich Rabbi", sagte er, "denn ich bin's: euer Lehrer!" Und darum: Schau hin und lerne und übe dich! "Bleibe in der Unterweisung. Laß nicht ab davon; denn sie ist dein Leben" (Spr 4,13).

"Ich war in meinem Leben immer ein Kind, darum ist mir aber auch tausendfach von jedermann mitgespielt worden. Doch ich will's bleiben bis ins Grab: Es ist einem so wohl, ein wenig Kind zu sein, zu trauen, zu glauben, zu lieben, zurückzukommen von Fehlern, Irrtum und Torheit, besser und einfältiger zu sein als alle Schelme, und durch ihre Bosheit zuletzt dann doch weiser werden. Ja, es ist eine Lust, trotz allem, was man sieht und hört, immer das Beste zu glauben vom Menschen; ob man sich täglich irrt, doch täglich wieder ans Menschenherz glauben, und Weisen und Toren, die einen beiderseits irreführen, verzeihen" (Johann Heinrich PESTALOZZI).

Und die *'Lehrerinnen'*?

Die Frauen sind die wahren "Erzieher" des Volkes. Warum sieht es keiner? Und vielmehr noch: Warum nutzt es niemand politisch aus? Unsere Kinder sind in den für das Wachsen von Geisteskraft und Urteilsvermögen entscheidenden Jahren ihres Lebens (zwischen 3 und 10) den Frauen anvertraut, ihrer Zuwendung, ihrer Güte, ihrer Lebensklugheit, ihrer Fähigkeit, Ziele vorzugeben, zu sinnvollem Tun und Lernen anzuleiten. Im Kindergarten - kaum ein Mann. In den Grundschulen - weit überwiegend Frauen! Warum, warum nur redet niemand davon?

Im 18. Jahrhundert trat Nikolaus Graf von ZINZENDORF bereits mit Nachdruck für die Frau als Erzieherin ein. Im Hinblick auf die Situation in Herrnhut klagte er: "Wir haben viel Gnade an guten Lehrerinnen eingebüßt. Seitdem die Schwestern nicht mehr reden auf der Ecke, wo sie zu reden haben, so ist ein Kleinod verlorengegangen. Es ist verwunderlich, wenn der heilige Geist sagt: 'Eure Töchter sollen weissagen', daß wir sagen: 'Sie sollen nicht weissagen!'" (Jüngerhaus-Diarium 1757). Wo immer eine Grundschultagung stattfindet, häufig beginne ich mit dem Lob der Frauen.

Konditionieren
Und von einem noch, was das Lernen betrifft, muss die Rede sein, von der Kraft der Konditionierung. "Der harte Felsmantel der Gewohnheit" hatte ich als 19-Jähriger geschrieben. Fragen lässt sich: Welches Vermögen ist das stärkste auf der Welt? - Antwort: Das Beharrungsvermögen. Martin LUTHER 1545: "Du kannst sehen, wie schwer es ist, sich aus Irrtümern herauszuwinden, die durch lange Gewohnheit gleichsam zur Natur geworden sind." - "Wenn man der Gewohnheit nicht widersteht, wird sie zum Zwang", meint AUGUSTINUS. Und doch heißt Lehren, positiv verstanden, auch Gewöhnen durch Wiederholen (= Konditionieren). Negativ und positiv wirkt das Gesetz der Konditionierung mit unglaublicher Kraft in alle Bereiche schulischen Lebens hinein.

Christus, Lehrer der Gerechtigkeit
So sehen ihn viele der frühen Christen. So stellen sie ihn dar: im Jüngerkreis sitzend oder stehend - lehrend. Wo? In Katakombenmalereien und auf Elfenbeinen des 3. und 4. Jahrhunderts. Schon im 2. Jahrhundert nannte ihn CLEMENS VON ALEXANDRIEN den "Christos paidagogos". Als "Sonne der Gerechtigkeit" wurde er überhöht. Der Topos hielt sich. Noch 1728 singt Christian DAVID: "Sonne der Gerechtigkeit, gehe auf zu unsrer Zeit." Ganz gewiss ist jede Religionslehrerin eine Lehrerin der Gerechtigkeit, nicht zuletzt, wenn sie mit ihren Kindern singt: "Laß uns den Weg der Gerechtigkeit gehn, dein Reich komme, Herr, dein Reich komme" ("Oikoumene" 4,67).

Streiflichter - Poetische Texte von Kindern

Ich habe sie wiederholt erhalten. Sie kamen spontan, vom Erleben der Sache her. Gewiss, dahinter stand die generelle Absicht, "Kindern immer wieder die transzendentale Dimension des Alltäglichen sichtbar zu machen" (H. HALBFAS). "Wir liegen alle in der Gosse", sagt Oscar WILDE, "aber einige sehen die Sterne". Selbst zu Stern-Sehern zu werden und die Kinder lehren, jene anderen Sterne zu "sehen", die von innen her leuchten, darum, denke ich, geht es.

1. Unterrichtseinheit "Abraham":
Gerrit (9) schriftlich nach dem intensiven Anschauen des Bildes einer Tonfigur "Hirte mit Lamm" (etwa 1800 v. Chr.), die als "Abraham" interpretiert wurde. Impuls: "Ich sehe, denke, fühle...": "Ich fühle in meinem Körper ein erstauntes Zucken. In den Adern stockt das Blut. Selbst das Herz möchte etwas sehen. Ich sehe einen Mann, der lacht, so wie es nur wenige auf der Welt beherrschen.

Damit meine ich, so wie es sich viele wünschen würden. Ich denke daran, wie alt das Bild ist, wie alt der Mann ist, wieso er lacht, wie lange er lebt - all das bleibt ein Rätsel."

2. Unterrichtseinheit "Schöpfung":
"Alles ist wie ein Wunder - irgendwie. Wenn ein Baum wächst - alles wie ein Wunder. Wir leben alle wie durch ein Wunder. Aber viele denken nicht daran. Ein Baum ist wirklich wie ein großes Wunder. Wieviele Zweige der hat. Und Blätter und Wurzeln. Das sind alles Wunder, die mit Leben zu tun haben." (Benjamin 10)

3. Unterrichtseinheit "Reich Gottes":
Reich Gottes unter den Menschen, das ist:
"Wie eine Blume mitten in der Wüste."
"Wie wenn ein Baum ganz verdorrt ist und doch im nächsten Jahr wieder blüht."
"Wie ein gestrickter Pullover: erst ist er klein, dann wird er größer und größer."
"Wie wenn ein Schaf verlorengelaufen ist, und der Schäfer findet es wieder."
(mehrere Kinder, 4. Schuljahr)
Mitgenommen aus einer Montessori-Grundschulklasse: "Ich habe ein Stück Himmel auf die Erde gebracht, als ich für mein Meerschwein Honigkräcker mitbrachte."

4. Unterrichtseinheit "Ostern":
Zum Lebenskreuz (mit Blättern):
"Es wächst Leben aus dem Tod."
"Genauso wie Jesus Kraft hat, aus dem Tod wiederzukommen, zu auferstehen, aus dem Tod zu steigen."
"Die Auferstehung ist wie ein Wunder von Jesus."
"Auferstehen kann man nur durch Gottes Kraft."
"Die Auferstehung von allem Dunklen, Bösen."
"Man kann es nicht sagen, aber man glaubt es."
(mehrere Kinder, 4. Schuljahr)

In poetischer Dichte erzählt ein Neunjähriger ganz elementar die theologische Mitte der Emmausgeschichte:
"Wo die zwei geflüchtet sind aus Jerusalem. Und wie der Jesus sie ins Haus eingeladen hat. Und wie er das Brot auseinandergebrochen hat. Und wie er gesagt hat: 'Da! Nehmt!' Und da haben die Jünger gemerkt, daß das *ihr* Jesus war."

Und last not least Bettinas aufgeschriebener Gotteshymnus, der zeigt, wie tief die Gotteserfahrung einer Neunjährigen sein kann (ich war dabei, sie hat's wirklich aus sich heraus geschrieben):

"Gott ist wie ein gutes Gewissen.
Gott ist wie ein Vater.
Gott ist wie ein Befreier.
Gott ist wie ein Herrscher über die Erde.
Gott ist wie ein Retter der Erde.
Gott ist wie ein großes Symbol für Frieden
und Freude und Glück.
Gott ist wie ein Geist.
Gott ist wie ein Helfer der Erde.
Gott ist wie ein Geist, der immer lebt.
Gott ist wie ein Wesen, wo man nicht weiß,
ob es ein eigenes Gesicht hat
oder ob es so aussieht wie wir Menschen.
Gott ist wie einer, der die Erde in der Hand hält.
Gott ist wie ein Wesen,
das immer nur Frieden will
und immer nur Glück will
und immer nur glücklich ist."

Meine Lehrer

Ich schaue noch einmal zurück. In den Abschlussklassen des Gymnasiums war es mein Deutsch- und Religionslehrer KOY, der mich wieder und wieder mit der Intensität seiner Darstellung, seiner Gesprächsführung, seines Blickes zutiefst erregte. Vermutlich hat er meinen Weg in die Religionspädagogik, aber auch in die Literatur (indirekt auch den in die Geschichte) vorbereitet. Noch heute steht, vielbenutzt, der Gedichtband jener Tage ("Spiegel der Seele" 1948) ebenso wie mein Schulgeschichtsbuch (Fritz KARSEN, "Geschichte unserer Welt", Suhrkamp 1948) dicht an meinem Schreibtisch. Geschichte war immer mein Lieblingsfach gewesen.

Über Celle habe ich gesprochen. Im Geschichtsstudium verdanke ich Gerhard RITTER (schon alt) in Freiburg sehr viel, vor allem aber Hermann HEIMPEL und Percy Ernst SCHRAMM in Göttingen. Begeistert von meiner Examensarbeit, wollte SCHRAMM mich sofort promovieren.

In der Literaturwissenschaft nur ein Name, einzig und allein Wolfgang KAYSER ("Das sprachliche Kunstwerk" 1948), schwingend, wie schwebend (wie ein junger griechischer Gott kam er mir manchmal vor). Er lehrte mich Lyrik (europäisch) verstehen. Das Examensgespräch über NOVALIS und BRENTANO bei ihm war ein Fest.

Am stärksten geprägt in der Güte seines Herzens hat mich Karl WITT in Loccum, der mich 1961 in die kirchliche Arbeit berief. In ihm fand ich das, was ich mir auch bei den Religionslehrerinnen/Religionslehrern gegenüber Kindern (Schülern/Schülerinnen) wünsche, die liebende Gegenwart einer Person vollkommenen Vertrauens, die einem Rat weiß, die Wege weist.

In Godesberg wurden mir im Zusammenhang mit der Entstehung der Sachbilderbücher von den Verlagen PATMOS und KAUFMANN theologische Fachberater zugeordnet. Bei KAUFMANN war es Klaus DEßECKER, damals Direktor des RPI Karlsruhe; bei PATMOS der unvergessliche Franz Josef SCHIERSE (aus seinen zahlreichen grundsoliden Werken nenne ich das "Lexikon der biblischen Eigennamen" 1981): tief gelehrt, gütig, geduldig, hilfsbereit.

Kollege in Loccum, blieb mir Ingo BALDERMANN (Anfang der 70er brachten wir gemeinsam das Unterrichtswerk "Arbeitsbuch Religion" für die Primarstufe heraus) bis heute immer stiller Lehrer. Ein Lese-Lehrer vor allem (gelegentlich gab es kurze Gespräche, Treffen auf Tagungen), dem ich Unendliches verdanke, ist Hubertus HALBFAS (auf freundschaftliche Beziehungen kann ich verweisen), dessen "Fundamentalkatechetik" von 1968 ich für das wegweisende religionspädagogische Buch (im deutschen Sprachraum) in der 2. Hälfte des 20. Jahrhunderts halte.
Und dann die Kinder, die Lehrerinnen, die Vikarinnen...

Behinderte - eine Lebenserfahrung

"Der Herr macht die Tauben hören, die Sprachlosen reden" (Mk 7,37).

Gehörlosigkeit gilt gegenüber der Blindheit als die schwerere Behinderung. Es war mir immer seltsam, wie jemand das Wort nehmen kann, der niemals ein menschliches Wort (und was noch viel schmerzlicher, niemals einen Ton Musik) gehört hat.

Unsere Tochter Juliane, gehörlos geboren, heute 26 und nach (gutem) Abschluss der 12. Klasse in der Ausbildung zur Erzieherin für Gehörlose, spröde, wunderschön, von einem eigenartigen Geheimnis umgeben, hat einen schweren, über lange Strecken qualvollen Weg hinter sich, ist doch die Lautsprache erzwungene Fremdsprache für die Gehörlosen, die Gebärdensprache ihr eigentliches, ihnen von selbst zuwachsendes Medium der Verständigung. Juliane, heute (mit Gehörlosengruppen) weitgereist, von anspruchsvollem Geschmack in der Gestaltung ihres Zimmers, in Kleidungs- und Bücherwahl, hat in den Kindheitsjahren, als Sprache werden wollte und nicht konnte, unendlich gelitten. Abend für Abend saß ich 1, 2, 3 Stunden an ihrem Bett, bis sie, von immer neuen Unruhen heimgesucht, endlich eingeschlafen war. Streicheln, Streicheln, Streicheln (Berührung erfahren) war die beste Beruhigungsmethode. Dann kam sie schon mit 2 in die Früherziehung. Bald darauf wurde sie in Köln von einer unglaublich strengen, unerbittlichen, aber von ihrer Aufgabe besessenen Gehörlosenlehrerin auf optimale Weise artikuliert. Das war ihr Lebensglück. Denn so, sprachbegabt wie sie war, fand sie zu einer durchaus verständlichen Lautsprache, die ihr heute weitgehend Selbständigkeit und Unabhängigkeit garantiert.

Juliane hat einen schnellen, ganz wunderbaren Verstand, einen für ihre Situation reichen, differenzierten Wortschatz. Menschheitsfragen bewegen sie – ihre Seele ist nicht behindert. Manchmal spricht sie mit mir darüber. Und doch: Ihre eigentliche Welt werde ich nie kennenlernen.

Wir sind gewachsen an unserem gehörlosen Kind. Ich denke, wir sind gesegnet. Durch sie erfahre ich eine besondere Art von Gottesgerichtetheit, die mich in der religionspädagogischen Arbeit allen Behinderten, auch den Schwerstmehrfachbehinderten, nicht zuletzt aber diesen Gotteskindern, die man geistig behindert nennt, nahegebracht hat.

Ich liebe die Lebensfreude der Gehörlosen, wie sie ihre Feste feiern, ihre Freundlichkeit, ihre ungezwungene Fröhlichkeit...

Und schön (wenn ich auch im Detail Fragen habe) die beiden Filme "Gottes vergessene Kinder" (sie sind *nicht* vergessen!) und "Jenseits der Stille".

Zwischenruf
Freundlichkeit ist eine Sprache, die die Tauben hören und die Stummen sprechen. "Freundlichkeit ist wie ein fruchtbarer Garten Gottes. Und Wohltaten bleiben für immer im Gedächtnis" (Sir 40,17).

Notizen
28.8.1986. Juliane (12) fragt: "Was bedeutet das, jemandem den Kopf verdrehen?" Erklär ihr das mal.

Zu Recht sagt sie: "Ich habe eure Lautsprache erlernt. Warum lernt ihr meine Gebärden nicht?" Nun – und dies ist eine der großen Freuden meines Alters –, ihre jüngere Schwester Franziska hat sich entschlossen – Juliane wird ja Gehörlosen*erzieherin* – , Gehörlosen*lehrerin* zu werden und dazu auch die Gebärdensprache zu erlernen.

Erste Juliane-Momentaufnahme (Weihnachten 1980)
"Ich schlaf heute neben Juliane - juuh! Wir liegen zusammen in einem Bett. Wir wollen heute 'Engel' träumen. Dann können wir zusammen fliegen!" (Schwester Franziska, Ausruf!).

Hier eine der Botschaften, wie Juliane (7) sie uns häufiger schriftlich (gezeichnet) zukommen lässt. Der Engel als Mensch mit Flügeln beschäftigt sie schon lange. Was dabei in ihr vorgeht, was sie an Erfahrungen macht, wir wissen es nicht. Wir können nur in ganz einfachen Sätzen, die immer nur den konkreten Alltag angehen, mit ihr sprechen. Aber - über das Sagbare hinaus gibt es für sie ... Engel.

Zweite Juliane-Momentaufnahme

Aus meinem Weihnachtsbrief vom 2. Advent 1983:

Liebe Freunde und Verwandte,
diese Karikatur aus der Weihnachtsnummer 'Die Zeit' 1982 hat Juliane auf ihre Art bearbeitet (ich fand es zufällig und schnitt es aus). Im Original ein Panzer, in dessen klaffendem Schlund die heilige Familie ihren Ort hat, Engel darüber und ein leeres Schriftband. Juliane zeichnet über den Panzer den friedlichen Stall, erklärt das Kriegsfahrzeug zum Auto, füllt das Schriftband mit den Namen Josef-Jesus-Maria, gibt Jesuskind und Engeln einen Heiligenschein, läßt die Engel Musik trompeten (Krikelkrakel oben = Noten) - Musik, die sie selbst nie hören wird - und fügt oben rechts einen Schweifstern, unten rechts einen Blechbläser, ebenfalls mit Noten (vielleicht Bruder Johann) hinzu ... alles herkömmliche, aber doch symbolstarke Motive, über die harte Wirklichkeit unserer Tage gelegt. Juliane korrigiert diese Wirklichkeit im Sinne der Weihnachtsgeschichte - für mich ein Hoffnungssignal.

Wie hat diese Juliane sich entwickelt im Jahr seitdem? - So, daß es eine Freude ist. Dieses Wochenende verbringt sie bei einer Klassenkameradin (Freundin) im Bergischen Land. Ohne Aufhebens geht das, zeigt an, wie selbständig sie geworden ist in ihrer Lebensgestaltung, ihren Entscheidungen. In einfachen Sätzen kann man mit ihr eine Unterhaltung führen. Auch einige unserer Freunde verstehen sie so weit, daß ihnen das gelingt. Gibt es Unverständnis (Mißverständnis), greift Juliane unverzüglich zu Stift und Papier. Im Schreiben ist sie sehr schnell; im Rechnen beginnt sie endlich, auf einen grünen Zweig zu kommen - wohl auch, weil sie seit dem Schuljahrswechsel in diesem Fach einen Lehrer hat. Mathematische Einsicht bleibt allerdings weiter hinter cleverem Kapieren, wie manche Dinge eben gehen, zurück.

Juliane ist sehr gewachsen. Teilweise zeigt sie das Gehabe einer jungen Dame. Sie achtet sehr auf gepflegtes Äußeres und geschmackvolle Kleidung. Teilweise ist sie (am 8. Dezember 10!) noch ganz kindlich, in ihren Auseinandersetzungen mit Franziska auch zänkisch. Ihr Lieblingswort des Jahres 83 ist 'Moment' = 'Augenblick noch', u.a. angewendet bei den tausend Tricks, über die sie verfügt, wenn es gilt, das Zubettgehen hinauszuzögern. Morgens ist es dann umso schwerer aufzustehen. Hier hat der Vater als 'Weck-Mann' weiterhin eine wichtige, gern wahrgenommene Funktion. Julianes Sachinteresse wächst stetig. In ihrer Schule hat sie neulich (es ging um die Vorbereitung eines Besuches im Römisch-Germanischen Museum Köln) großes Aufsehen erregt, als sie für 'römischer Offizier' selbständig die Bezeichnung 'centurio' einbrachte (Folge ihrer Asterix-Lektüre).

Juliane (12). Zeichnung Hans Jürgen BARTSCH

Religionspädagogisches

Konzeptionen

Religionspädagogische Konzeptionen sind didaktische Dimensionen des Faches.

Bewusst nach einer religionspädagogischen Konzeption unterrichtet habe ich nie. Mir ging's immer um Themen, um das Ausprobieren (später auch im Zusammenhang mit entstehenden Büchern). Ich reflektierte mein Tun in der Regel nachträglich. Bienenbüttel stand (intuitiv) gewiss im Zeichen der Evangelischen Unterweisung. Schließlich war Helmuth KITTEL mein Lehrer gewesen. Auch in den Niedersächsischen Richtlinien 1961, an denen ich in Loccum noch mitgearbeitet hatte, identifizierte ich mich völlig mit dem dort zentral eingebrachten Satz: "Im Mittelpunkt des Unterrichtes steht Jesus Christus". Aber dann kam jener Satz, der mich umwarf. Hans-Bernhard KAUFMANN, selbst pietistisch geprägt, sprach ihn aus in einer Konferenz des Loccumer Kollegiums ein halbes Jahr, bevor er (Frühjahr 1966) unser Rektor wurde. Der Satz war dann Titel seines entsprechenden Aufsatzes, der indes wiederum vor allem durch diesen Titel - dies indes vehement - gewirkt hat. Der Satz lautete: "Muß die Bibel im Mittelpunkt des Religionsunterrichtes stehen?" Ich war zutiefst erschrocken: Ja doch, ja, dachte ich, was denn sonst? Karl WITT zu meiner Überraschung und noch größeren Verwirrung reagierte positiv: "Probieren Sie nur!" (Später hielt er alles für eine Fehlentwicklung). Ich aber, den Ausgangsschock schnell vergessend, schwamm mit auf der problemorientierten Woge, die KAUFMANN - eines Sinnes mit Karl Ernst NIPKOW - bald darauf in Loccum anrollen ließ. "Man muss sie erst mit 'Bild' (Bildzeitung) erhaschen, dann mit der Bibel überraschen", lautete der banale Slogan jener Tage. Es war die einzige Konzeption, die in den Nachkriegsjahrzehnten – alle anderen, so ein Verlagsmensch sarkastisch, waren nur Zuruf von Fachkollege zu Fachkollege – in einem Siegeslauf ohnegleichen auch die letzte Schule erreichte. Es war eine wirkliche Erneuerungsbewegung, was nicht heißt, dass viele Kolleginnen und Kollegen, reflektiert oder nicht, bei der Evangelischen Unterweisung blieben.

Ich jedenfalls entwickelte die ersten problemorientierten Modelle für die Grundschule "Not in der Welt" und "Krieg-Frieden" (beides eher Materialsammlungen) und war dann in Godesberg beim "Arbeitsbuch Religion" (auch beim Grundschulplan NRW 1974) Anwalt der Kontextmethode, verfasste die problemorientierten Kapitel in Bd. 3/4 sowie das *problemorientierte* Arbeitsheft 3/4. Ingo BALDERMANN, unbeirrbar bibeltreu, schrieb zusammen mit seiner damaligen Assistentin Gisela KITTEL die biblischen Kapitel und das *bibelorientierte* Arbeitsheft

3/4. Einen Boom ohnegleichen erlebten die Vorlesebücher Religion 1-3 (1971/76) – ich wollte außerbiblische Texte bereitstellen. Der Kaufmann-Verlag hatte auf seinem Stand in der Frankfurter Buchmesse 1971 ein Schriftband, bezogen auf Bd. 1 der Vorlesebücher: "In 4 Wochen über 10.000 Exemplare verkauft!" Gert OTTO ging vorüber: "Wie machen Sie das bloß?" - Ich wusste damals keine Antwort. Heute sage ich: Es war der Sog der Sache im Kontext der Zeit. Es lag in der Luft. Viele wollten endlich eine Alternative zu der ja weithin als frömmelnder Bibelunterricht praktizierten Evangelischen Unterweisung.

Was ich damals ebenfalls noch nicht so erkannt hatte: Bibelorientiert - problemorientiert, das schließt sich nicht aus. Entweder sucht man den Ausgangspunkt bei der Bibel oder beim Kind (Schüler) in seiner Welt. Ziel ist immer, dass beide "Welten" aneinander zur Sprache kommen. Und letztlich sind es gar nicht zwei Welten, denn auch der gute Bibelunterricht zeigte immer schon auf, wie das Kind mit seiner Gegenwart in den biblischen Texten ganz unmittelbar vorkommt.

"Ich begann in der Bibel zu lesen. Ein Riß, und der Abgrund Mensch klaffte auf" (Franz FÜHMANN).

Im Grunde war ich der Bibelorientierung treu geblieben. Denn: Ich arbeitete kontinuierlich weiter am Thema "Erzählen"; und es entstanden die Sachbilderbücher zur Bibel.

Mein religionspädagogischer Standort heute

1. "Lehrer und Schüler unter dem Wort". Dazu sage ich ja. Ich kann nur Unterrichtende in Religion sehen, die sich als Christen auf dem Wege verstehen. Die nicht einen Job absolvieren, sondern eine Sache weiterzusagen suchen, von der sie erfüllt sind. Die gleichzeitig souverän genug sind, diese Sache zur Diskussion zu stellen. Denn es geht um Unterricht. Unterricht aber wird durch das Gespräch, in dem Für und Wider gleiches Recht haben, definiert. In entsprechenden Formen gilt dies vom 1. Schuljahr ab.

Zur engagierten Weitergabe gehört für mich auch - nur so kann eine Sache sich eindringlich vermitteln - das Einüben in christliche Lebensformen, in Gebet und Lobgesang. Das geschieht beim Unterricht über andere Religionen auch (im Hinblick auf das Judentum z.B. mit einer Sederfeier in der Klasse), aber gewiss nicht so nachhaltig wie im christlichen Religionsunterricht. Das "Einüben" verpflichtet nicht. Dazu ein Sportbeispiel: Über Fußball wird in der Schule zwar auch geredet. Fußball aber wird vor allem gespielt. Das schließt nicht aus, dass ein Schüler sagt: "Ich habe mit Fußball nichts am Hute!" Übersetzt: Ich kann ein Gebet mitsprechen. Das ist eine große Sache. Denn andere tragen mich. Ob ich aber von Herzen mitbete, das bleibt allein meine Angelegenheit.

Ich sehe, dass ein so konzipierter Unterricht mancherlei Affinitäten zur seinerzeit inkriminierten Evangelischen Unterweisung hat. Sei's drum. Bei mir ist es in jedem Fall eine freisetzende Form der Evangelischen Unterweisung.

2. Der problemorientierte Ansatz ordnet sich zu in dem beschriebenen Sinne, dass es nur um den jeweiligen Ausgangspunkt gehen kann. Biblische Texte können platzen vor Gegenwartsinterpretation. Die Interpretation dieser Welt kann zutiefst biblisch sein. Jeder Bereich ist für sich und in sich bereits ein stimmiges Ganzes. Diese Position beruht auf der Auffassung, dass jeder Mensch (und gerade der Agnostiker) religiös verfasst ist, dass er den religiösen Fragen nach dem Sinn des Daseins, nach Leben-Tod-Leben, nach der Schönheit und dem Wahnwitz dieser Welt niemals entkommt.

3.

> "Klavier vierhändig? - ich träume von viel mehr: Von einer tausendhändigen Musik, von einer Harmonie der ganzen Welt" (Dom Héldèr CÂMARA).
> Vorhanden ist immer noch eine große Unfähigkeit, "zu erkennen, daß wir alle zu einer Menschheit gehören, daß wir alle ein gemeinsames Schicksal haben und lernen müssen, uns auf unserem Planeten wie zivilisierte Nachbarn zu benehmen" (Michail GORBATSCHOW, "Perestroika").

Mein oikoumenischer Ansatz: Im Hinblick auf die Oikoumene der Religionen gingen die Überlegungen von VIERZIG, HALBFAS und anderen voraus. Ich verstehe Oikoumene (bezogen auf die vorchristliche, griechische Definition) in dem planetarisch umgreifenden Sinne als "Haus der Welt", in dem alle Menschen (Völker, Hautfarben *und* Religionen) eines Sinnes sind. Theologisch stehen Hans KÜNG und andere Pate. Ich denke, den Begriff *oikoumenisches Lernen* in diesem Sinne – über *ökumenisches*, auf das Miteinander Evangelisch-Katholisch und die ökumenische Bewegung bezogenes Lernen gibt es Bücher zuhauf – habe ich in die religionspädagogische Diskussion eingeführt. Der Ansatz ergab sich notwendig von der Frage her, welcher Welt sich die Zehnjährigen von 2000, die 2020-2050 das Heft in der Hand haben werden, konfrontiert sehen dürften. Wie auch die Entwicklungen und die Katastrophen jener Zeit sein mögen, einer Sache bin ich mir sicher: Die Menschen - Nationen - Hautfarben - Religionen - werden viel stärker noch als heute aufeinander zugewachsen sein. Und darauf sind die Kinder vorzubereiten. In einem Alter, in dem Prägung optimal möglich ist.

Die Religionslehrerinnen haben häufig die Kinder zweier Religionen (Christentum-Islam) vor sich, die Kinder zweier Konfessionen (Katholisch/Evangelisch) und viele Kinder ohne Gott. Sie können diese unterschiedlichen Orientierungen im wahrsten Sinne des Wortes aneinander zur Sprache bringen.

Darum das Grundschulwerk "Oikoumene" (dessen drei Werkbücher eine Praktische Religionspädagogik der Primarstufe bieten): Unsere Kinder sollen Rücksicht nehmen auf die Lebenswelt anderer Menschen, die mit uns diesen Planeten bevölkern (oikoumenisches Lernen generell!), sie sollen ihre andere religiöse Tradition, ihre andere religiöse Verfasstheit verstehen und akzeptieren lernen, sie als "ferne Nächste" erkennen (Oikoumene der Religionen). In der Grundschule gilt das für den Islam (viele muslimische Kinder sind heute Nachbarn auf der Schulbank) und für das Judentum, das mit dem AT traditionellerweise schon immer unterrichtet wurde, das aber dezidiert auch einer Unterrichtung über jüdische Glaubensformen (Feste u.a.) bedarf. Alles elementarisiert, d.h. - ohne Verlust im Sachgehalt - in thematischer Auswahl und Eingrenzung; alles unter dem Vorzeichen, dass die drei abrahamitischen Religionen viel Gemeinsames haben.

4.

> Marc CHAGALL: "Ich glaube an die Wahrheit der Bibel wie ich an die Wahrheit Mozarts glaube." Martin BUBER: "Meinen wir ein Buch? - Wir meinen die Stimme."

Entscheidende Grundlage bleibt für mich das biblische Lernen, die Bindung in die eigene Tradition, auch, aber nicht ausschließlich, um eine eigene Position gegenüber Andersglaubenden bestimmen bzw. vertreten zu können. Im Religionswerk "Oikoumene" nehmen biblische Inhalte bei weitem den breitesten Raum ein. Das "Bibelstudium für Kinder" ist heute m.E. eher zu erweitern denn zu reduzieren. Für den Unterricht im Neuen Testament gilt für mich dabei immer noch, was Johann Friedrich KONRAD 1970 als das "didaktische Prae des historischen Jesus vor dem kerygmatischen Christus" forderte, will heißen: Zunächst gilt es Jesus (im Hinblick auf die etwa 3 Jahre währende "Jesuszeit") als Menschen unter Menschen vor Augen zu führen, danach erst den österlich-göttlichen Christus des Glaubens, der immer dort gegenwärtig und lebendig ist, wo Christen sich zu ihm als ihrem Herrn bekennen, also auch heute und in Zukunft (Kinderaussage: Die "Christuszeit" dauert bis unendlich!). Eine große Hilfe für die Verdeutlichung dieses Sachverhalts ist für Kinder im 3./4. Schuljahr die Zeitleiste des 1. Jahrhunderts mit entsprechend eingehängten Bildern und Kurztexten (vgl. Religionsbuch Oikoumene 4, S. 44 f.).

5. In diesem Zusammenhang ist mir das "Lernen an und mit Symbolen" (ausgehend von HALBFAS, aber anders akzentuiert) wichtig, da es die Möglichkeit bietet, zentrale theologische (christologische) Sachverhalte zu elementarisieren.
Symbole sind "Fenster zum Geheimnis der Welt", sagt Hubertus HALBFAS.
Ich habe es abgewandelt: Christliche Symbole sind "Fenster zum Geheimnis Gottes".

6. Von der beschriebenen Grundposition her muss ich LER (Lebensgestaltung - Ethik - Religionskunde), diese Ausgeburt brandenburgischer Phantasie in der nachsozialistischen Ära, ablehnen, weil sie ausgeht von einem nichtreligiösen Menschen, von einem nichtreligiösen Lehrer, von einem nichtreligiösen Kind. Das aber gibt es nicht, ebensowenig wie es eine wertneutrale Vermittlung gibt. Ob Christ oder nicht, ob bewusst oder nicht, irgendeine Position im religiösen Feld hat jeder (auch das Kind). Der Mensch ist religiös verfasst, sonst wäre er nicht Mensch. Und darum bleibt LER ein "ominöses Unterrichtskonstrukt" (Ernst HENZE).

7. Resümierend kann ich nicht anders, als mich in dem, was ich an Kinder weiterzugeben habe, vor allem zu diesem unfasslich unerschöpfbaren Gottesbuch "Bibel" zu bekennen. "Bleibe in der Unterweisung. Laß nicht ab davon. Denn sie ist dein Leben" (Spr 4,13). "Gottes Botschaft ist mir ganz nahe. Sie ist in meinen Mund, in mein Herz gelegt" (Röm 10,8).

Ziel des Religionsunterrichts

Es ist die göttliche Berufung des Menschen, nach dem Unsichtbaren Ausschau zu halten, nach dem Unvergänglichen.

Was die Kinder erkennen sollen? Dass das Leben mehrdimensional ist, vieldimensional. Gibt es Wichtigeres?

Es ist die mythische Dimension, die wir ihnen auftun, dass "im Individuum ein Gefühl der Ehrfurcht, des Staunens und des Einbezogenseins in das unerforschliche Rätsel des Lebens" (J. CAMPBELL) entstehe und wachse.

"Der Baum sucht, was über ihm ist. Das Kind sucht, was über ihm ist" (HÖLDERLIN).

Es ist die transzendentale Dimension, um die es geht, wenn wir die Kinder Religion lehren, dass sie "sehen" mit den Augen des Glaubens: "Wehe", sagt der Baal-Schem-Tow: "Wehe! Die Welt ist voller gewaltiger Lichter und Geheimnisse. Nur der Mensch verstellt sie sich mit seiner kleinen Hand."

Deshalb im Religionswerk "Oikoumene" eine vom 1. Schuljahr an konsequent betriebene keineswegs einfache Erziehung zum "Sehen mit den Augen des Glaubens"!

Ziel des RU ist, dass man von den Kindern - wie die Leo-Geschichten von den Menschen, die wie Minderbrüder des FRANZISKUS leben wollten - sagen kann: "intraverunt religionem" - "Sie gingen in die Religion hinein!"

Ziel sind altersgemäß religionsmündige junge Menschen, die bereits in der Grundschule offenen Herzens wahrnehmend, nachdenkend, erörternd, zweifelnd auf dem Weg sind zu einem eigenen Standpunkt.

Ziel aber ist auch, was bereits AUGUSTINUS im "Anfangsunterricht vom Christentum" betont: dass die "Pflicht der Liebe vor Augen stehe, die da ist von reinem Herzen und gutem Gewissen und ungeheucheltem Glauben."

Die Dimension der Stille

Welch glückliches Geschick, dass die sogenannten Stilleübungen derzeit (auch im Religionsunterricht) eine so hohe Konjunktur haben. Viel wurde darüber geschrieben. Zahlreiche Anleitungen zu entsprechendem Handeln mit Kindern gibt es. "Stilleübungen sind besser als Strafmaßnahmen", hat jemand gesagt. Weiß Gott. Behutsam angeleitete Körperübungen sind ebenso beliebt wie Traumreisen. Ich habe vom 1. Schuljahr an immer intermittierende kleine Übungen eingebracht: "Hörst du's? - Was das Papier auf dem Boden ruft?" – "Wer will die Kerze entzünden?" (alle schauen zu). – "Wer will das Brot mit mir teilen?" (es liegt auf dem Lehrertisch bereit). – "Wollen wir das Friedensspiel spielen?" (es fordert zu äußerster Stille-Konzentration auf). Alltäglich ist die Stille im hingegebenen Hören auf Geschichten, seltener schon die im gemeinsamen Hören von Musik. Wunderbar ist die Stille beim kreativen Gestalten, wenn das Kind ganz darauf konzentriert ist, was sein Inneres zu ihm spricht. Man kann die Stille singen: "Lausche und schaue, du bist voller Leben. Singe und bete" (Kanon). "Fürwahr, meine Seele ist still, wie ein kleines Kind bei seiner Mutter" (Ps 131,2; Religionsbuch "Oikoumene" 2,33). Oder jene Lehrerin, die erzählte: "Das wollen meine Kinder im 4. Schuljahr immer vor der Mathe-Arbeit singen: 'Zeit für Ruhe, Zeit für Stille, Atem holen und nicht hetzen, unser Schweigen nicht verletzen. Laßt uns in die Stille hören'!" (Kanon; Religionsbuch "Oikoumene" 4,13). Wunderbar auch das in MONTESSORI-Klassen geübte ganz individuelle Stillewerden während der Freiarbeitsphase vor einer Kerze auf dem Andachtstisch. Möglichkeiten zuhauf. Die aufmerksame Lehrerin wird immer neue finden.

Wegweiser waren auch hier die *Indianer:*

"Alles, was sich bewegt, hält von Zeit zu Zeit hier und dort inne. Der Vogel fliegt umher und hält an einem Ort inne, um sein Nest zu bauen, und an einem anderen Ort, um sich auszuruhen. Ein Mann, der einherschreitet, hält inne, um sich auszuruhen. So hat auch der Schöpfer innegehalten. Ein Ort, wo er seine Wanderung unterbrach, ist die Sonne, die leuchtende, schöne.

Auch beim Mond, bei den Sternen und beim Wind ist er gewesen. Wo Bäume wachsen und Tiere leben, hat er verweilt. Und der Indianer gedenkt dieser Plätze und sendet seine Gebete dorthin, um den Ort zu erreichen, wo der Schöpfer innegehalten hat, um von dort Hilfe und Segnung zu erlangen." (der Dakota OHIYESA 1912).

Und der Dakota LUTHER STANDING BEAR beschreibt überzeugend, wie Erziehung zur Stille bei den Indianern aussah: "Erziehung zur Stille, zum Schweigen begann schon sehr früh. Wir lehrten unsere Kinder, still zu sitzen und Freude daran zu haben. Wir lehrten sie, ihre Sinne zu gebrauchen, die verschiedenen Gerüche aufzunehmen, zu schauen, wenn es allem Anschein nach nichts zu sehen gab, und aufmerksam zu horchen, wenn alles ganz ruhig schien. Ein Kind, das nicht stillsitzen kann, ist in seiner Entwicklung zurückgeblieben. Übertriebenes, auffälliges Benehmen lehnten wir als unaufrichtig ab, und ein Mensch, der pausenlos redete, galt als ungesittet und gedankenlos. Ein Gespräch wurde nie übereilt begonnen und hastig geführt. Niemand stellte vorschnell eine Frage, mochte sie auch noch so wichtig sein, und niemand wurde zu einer Antwort gezwungen. Die wahrhaft höfliche Art und Weise, ein Gespräch zu beginnen, war eine Zeit gemeinsamen stillen Nachdenkens; und auch während des Gespräches achteten wir jede Pause, in der der Partner überlegte und nachdachte. Für die Dakota war das Schweigen bedeutungsvoll. In Unglück und Leid, wenn Krankheit und Tod unser Leben überschatteten, war Schweigen ein Zeichen von Ehrfurcht und Respekt; ebenso, wenn uns Großes und Bewundernswertes in seinen Bann schlug. Für die Dakota war das Schweigen von größerer Kraft als das Wort."

Die Macht der Bilder

Mein Weg begann mit Kinderzeichnungen. Ich sortierte, kategorisierte die unzähligen Beispiele, die in Bienenbüttel entstanden waren. Ich schrieb darüber (die Kinderzeichnung kann als Spiegelung der Tiefe und des Reichtums kindlicher Bild-Innenschau kaum unterschätzt werden); dann ging es um kritische Auseinandersetzung mit Bildern auf Konfirmationsscheinen. Hier wurde der Grund gelegt für die Wahl der Aussagebilder und -fotos (neben den Sachzeichnungen meines Freundes Fulvio TESTA) in den 10 Sachbilderbüchern zur Bibel (1972-1982).

Für mich steht das Medium "Bild" in all seiner Vielfalt höchst unterschiedlicher Bildtypen gleichwertig neben dem Medium "Lied" und dem Medium "Erzählung". Lange hat mich die Frage beschäftigt, welches Bild den Kindern als repräsentativ für den Menschen Jesus bzw. für den Christus von Ostern (ausgezeichnet durch den Nimbus!) zu zeigen sei. Ergebnis: Hier der Jesus aus dem Hundertguldenblatt von REMBRANDT (ganz liebend zugewandter Mensch; Licht geht von ihm aus) – dort das einzigartige Werk des sogenannten Gregormeisters der ottonischen Epoche aus dem Codex des Erzbischofs EGBERT VON TRIER (978). Fundort: Religionsbuch "Oikoumene 1", S. 41 und S. 85.

Bei allem, was an sachlicher Information und Hintergrunderhellung wichtig ist, für die Bildpädagogik im RU entscheidend sind die Glaubensbilder, jenseitig-transparent, die in ihrem Zeugnischarakter die Geheimnisse der Geschichte Gottes mit den Menschen ausdeuten. In den frühen Jahrhunderten vor allem sind sie zu finden. Theologie ist in diesen Bildern, geistige Intensität (Spiritualität), eine im Symbolischen aufgehobene Narrativität. Erfahrungen jenseits vergehender Zeit und irdischer Räume sind umgesetzt. Alles nebensächliche Detailwerk bleibt ausgespart. Figur oder Gegenstand, Pflanze, Gebäude, Farbe, Ornament, alles hat Symbolwert. Der Goldgrund als "zeitlos weites Kraftfeld" (O. JANTZEN) z.B. meint immer den Bereich Gottes. Symbolwert hat auch das spannungsreiche Zueinander von Händen, Fingern, Augen. Die Schöpfer solcher Bilder waren im Glauben Sehende. Und dies ist gewiss: Solche Bilder erschließen sich nicht unmittelbar. Sie bedürfen einer ruhigen angeleiteten Betrachtung. Sie bedürfen der stillen Zwiesprache, der Meditation. Methodisch bleibt in dem Zusammenhang festzuhalten, dass groß projizierte Bilder (Dia, Folie, Poster), im Kreis gemeinsam angeschaut, weit förderlicher für den Erkenntnisprozess sind als Bilder im Buch, die jedes Kind für sich (vereinzelt!) anschaut.

Generell: Zwei Wege gibt es, den vom Sehen zum "Hören" und den vom Hören (hier geht's um das Erzählen) zum "Sehen", zum Aufbau einer inneren Bildwelt.

Zwischenruf

Die Theologie ist eine bildlose Zunft. Immer wieder war ich höchst verwundert, wie wenig (Ausnahmen gelten) die jungen Theologen und Theologinnen mit Bildern anzufangen wussten. Die Universitätstheologie scheint diese den Texten gleichwertige und neben ihnen gewiss gleich wichtige Quelle für die christliche Wirkungsgeschichte gänzlich zu missachten.

Religionsdidaktisches

Erzählen

"Es ist ein großes Glück, Dinge, die einem geschehen sind, in Geschichten verwandeln zu können. Das ist wirklich das einzige vollkommene Glück" (Tanja BLIXEN).

Im Erzählfeld lagen meine umfangreichsten didaktischen Bemühungen.

"Und dann werden wir veranlassen, daß die Ammen und Mütter ihren Kindern erzählen und damit ihre Seelen weit mehr bilden als die Leiber mit ihren Händen" (PLATO, 427 - 347).

"Ich will meinen Mund auftun und Geschichten verkünden aus alter Zeit. Was wir gehört haben und wissen und unsere Väter uns erzählt haben, das wollen wir nicht verschweigen den Kindern. Wir verkündigen dem kommenden Geschlecht den Ruhm des Herrn und seine Macht und seine Wunder, die er getan hat" (Ps 78,2ff.).

Beim Erzählen der biblischen Geschichten "sollen wir das Ganze nach den Hauptsachen und nach allgemeinen Gesichtspunkten zusammenfassen und dabei besonders merkwürdige Tatsachen auswählen, welche Reiz für die Zuhörer haben und gerade mit den Wendepunkten der Geschichte zusammentreffen" (der Rhetor und Bischof AUGUSTINUS im 4. Jh. über die Unterrichtung der Taufbewerber).

"Wollt ihr Kindern die Religion anschaulich machen, so bringt sie ihnen in Erzählungen bei. Da nun Gottes Sohn selbst durch Erzählung unterrichtet hat, so kann ich nicht anders als glauben, daß Erzählung das wirksamste Mittel ist, jungen Herzen Religion einzuprägen. Wohlan, so setze dich in deinen Stuhl, gib deinen Kindern einen Wink, daß du erzählen willst, und du wirst sehen, wie sie sich um dich drängen..." (Christian Gotthilf SALZMANN 1780).
Ich fand in einer Grundschulklasse einen wundervoll gestalteten Erzählstuhl. Und er wurde benutzt!

"Die Schrift wird als (erzähltes) Wort in actu einfach, durchsichtig, vertraut. Das Wort bleibt nicht jenseits des Meeres unserer Erfahrungen, nicht hoch über unserer Begrifflichkeit, es ist hier, diesseits, bei uns, in unseren Mund und unser Herz gelegt" (Kornelis Heiko MISKOTTE).

"Es ist eine Art des Erzählens,dem die Zeit der Begebenheit ganz gleichgültig ist, und das, einerlei, ob das Erzählte längst oder gerade eben, ja einerlei, ob es überhaupt je geschehen ist, es in die unmittelbare Gegenwart des Hörers rückt" (Franz ROSENZWEIG).

Was bedürfen wir weiter Zeugnis! Gott lässt sich nicht abstrakt definieren. Von Gott kann man nur konkret erzählen. Im Erzählen geschieht Gott. Je und je neu. Erzählend hat Jesus von Gott gesprochen, haben die Evangelisten von Jesus, Gott und den Menschen gesprochen. Erzählend lehren wir unsere Kinder Gott kennen und erkennen.

Erzählen - NEIDHART / STEINWEDE

Aufräumen möchte ich mit der "Legende" (der Begriff hier im volkstümlichen Sinne einer falschen Überlieferung) vom Gegensatz NEIDHART-STEINWEDE in der Erzähltheorie. Von irgend jemandem in die Welt gesetzt (konstruiert) und dann nahezu unausrottbar in allen einschlägigen Veröffentlichungen wie an deutschen Hochschulen tradiert, immer wieder Gegenstand von Examen, trifft er nicht zu. STEINWEDE, so heißt es, sei der (auch sklavisch) bibeltreue Erzähler, der sich ans "Wort" klammere, NEIDHART hingegen der phantasiereiche Erzähler, der die Gegenwartssituation von Hörer *und* Erzähler einzubringen wisse.

Schon auf einer frühen Tagung in Schönberg/Taunus waren NEIDHART und ich uns einig, dass dem nicht so sei, jedenfalls nicht in dieser Einseitigkeit. Schlagendes Beispiel ist das Buch selbst, das NEIDHARTs Theorie überhaupt erst in weiteren Kreisen bekanntgemacht hat, nämlich das von ihm und Hans EGGENBERGER herausgegebene "Erzählbuch zur Bibel 1" (Kaufmann, Lahr 1975), in dem sich von mir "Paschafest im Tempel" (eine frei konzipierte neutestamentliche Umweltgeschichte) und "Weihnachten mit Theophilus" (eine Erzählung zur literarischen Ursprungssituation) finden, Beispiele, die verdeutlichen, dass bei mir zumindest historische Phantasie früh eine Rolle spielte. Im übrigen kann auch der bibeltreue Erzähler in seiner Sprachgestaltung zugunsten des Verstehens der Kinder (der Islam kennt im Hinblick auf den Koran etwas dergleichen übrigens nicht) weder von der Gegenwartssituation der jeweiligen Hörergruppe noch von dem eigenen "Denkgeschick" in seiner Zeit absehen. Einige mir bekanntgewordene Examensarbeiten deutscher Hochschulen beschreiben (offensichtlich nach sorgfältigen Recherchen) diesen Sachverhalt glücklicherweise genauso wie ich.

Bildhafte Sprache

Woran ich weiter festhalte (man findet es bereits im Nachwort von "Zu erzählen deine Herrlichkeit") ist, dass mir als Ersterzählung in Haus, Kindergarten, Kindergottesdienst und Grundschule eine bibelnahe Erzählfassung sinnvoll erscheint. Ebenso wichtig ist mir die knappe, dichte, bildweckende Erzählsprache, "präsentativ", nicht diskursiv (immer wieder verwendetes Beispiel: Hier "tiefer dunkler Wald", dort "ausgedehntes Waldgebiet, in dem die Bäume so dicht stehen, dass kein Sonnenstrahl einzudringen vermag"), eine Erzählsprache, die (wie die mancher GRIMMscher Märchen mit ihrer magisch-verzaubernden Kraft) Kinder so "verstrickt", dass sie alles Umgebende vergessen, dass ihnen Gott ins Herz kommt. Unsere großen Dichter lehren uns beides, wie einerseits (das gilt weithin für das Alte Testament) episch, die Vergangenheit raunend beschwörend (Thomas MANN!), andererseits (das gilt weithin für das Neue Testament) knapp und dicht, will heißen, immer bildweckend zu erzählen sei.

Dass die biblischen Vorlagen häufig diese erstrebte Sprachintensität bereits besitzen (manche Unterrichtende zerstören sie durch ihre dann falschen katechetischen Bemühungen), habe ich wiederholt aufgezeigt.

Weiterhin Devise, wenn möglich, wäre mir das Lernen von den Kindern, von ihrer elementaren, kraftvollen, häufig überraschend treffenden und originellen Ausdrucksweise (LUTHER: "Dem Volk auf's Maul schauen").

Noch einmal zum zentralen Vorgang des Imaginierens (imago = Bild) durch Erzählen: In einem Bericht über die Bibel-Erfahrungen seiner Kindheit, die auf dem Hören erzählter Geschichten beruhten, sagt der DDR-Autor Franz FÜHMANN: "Die Bilder füllten die Phantasie. Lange verspürte ich keine Lust, die Texte nachzulesen." Ähnliches begegnete mir immer wieder - als Aussage von Erwachsenen, die die bildhafte Wirksamkeit der ihnen in der Kindheit erzählten biblischen Geschichten eindrücklich erinnerten.

Ein ganz einfacher Hinweis, wie Erzählsprache durch Bearbeitung des Textes (ohne Veränderung der Aussage) bildintensiver zu werden vermag (= wie das innere Bild beim hörenden Kinde eindringlicher, prägender wird):

a) durch Veränderung der Wortstellung,
b) durch Umwandlung eines Satzgefüges in eine Folge von Hauptsätzen,
c) durch Wahl des Praesens als Tempus.

Beispiel (Mk 10,46):
Bibel: Als Jesus aus Jericho kam, da saß da ein Bettler am Wege.
a) Als Jesus aus Jericho kam, da - ein Bettler saß am Wege.
b) Jesus kam aus Jericho. Da - ein Bettler saß am Wege. (Es war Bar-Timäus, der Sohn des Timäus. Der bettelte. Der war blind.)
c) Jesus kommt aus Jericho. Da - ein Bettler sitzt am Wege.
Man muss es laut sprechen, um sich die Unterschiede zu verdeutlichen.

Wie wirkt es, das erzählte Wort?

Ich denke, für Kinder gilt dasselbe, was Martin BUBER in "Zu einer neuen Verdeutschung der Schrift" für Erwachsene sagt:
"Der heutige Mensch weiß nicht, welcher Spruch, welches Bild ihn von dort (von der Schrift) aus angreifen und umschmelzen, woher der Geist brausen und in ihn fahren wird, um sich in seinem Leben neu zu verleiben; aber er ist aufgetan. Er glaubt nichts von vornherein, er glaubt nichts von vornherein nicht. Er liest laut, was dasteht; er hört das Wort, das er spricht, und es kommt zu ihm. Nichts ist präjudiziert; der Strom der Zeiten strömt; und dieses Menschen Heutigkeit wird selber zum auffangenden Gefäß."

Für Kinder umgesprochen: Das aufmerksame Kind heute, da es die Erzählung hört, ist grundsätzlich offen, aufgetan. Nichts "glaubt" es von vornherein.

Nichts "glaubt" es von vornherein nicht. Es lässt sich von den Bildern der Erzählung ergreifen. Welches Bild, welche Bildfolge sich nachhaltig auftut, welche Situation, welches Wort betroffen macht, das ist jeglichem Mühen des/der Erzählenden entzogen. Es "geschieht" dem Kinde. In der Tat: Der Strom der Zeiten strömt. Und das Kind hier und jetzt vermag zum auffangenden Gefäß zu werden.

Mit meinem ersten Buch "Zu erzählen deine Herrlichkeit" (1965) - ich wusste nicht wie mir geschah - habe ich das biblische Erzählen im deutschen Sprachraum revolutioniert, möglicherweise durch die rhythmische Sprachform, das erzählende Sprechen in Atemeinheiten (BUBER: "Kolen"!). Ich dachte, sie finden's von selbst heraus. Aber manche lasen vor Kindern (ahmten nach) - und es war Stückwerk. Es hat auch kein Rezensent gemerkt, was ich meinte. Später (in "Und Jona sah den Fisch") habe ich dann expressis verbis darauf verwiesen. Indes war diese stilisierte Sprache sicher eindringlich und auch schön, aber nicht die des lebendigen Geistes, die den Puls des unmittelbar Erfahrenen schlagen lässt. So habe ich später anders - spontaner - erzählt.

Andere wussten sowieso, worum es ging, nämlich nicht, jemanden nachzuahmen, vielmehr den eigenen Erzählstil herauszubilden und ihn zu kultivieren. Als Beispiel für ein völlig anderes Erzählen, als ich es pflege, hier die eigenwillig phantasiereich entworfene Erzählung einer (pietistisch geprägten) Vikarin:

Bartimäus, die Sehenswürdigkeit von Jericho.
Eine Erzählung nach Mk 10, 46-52

Viele von euch schauen mich nun fragend an, hin und wieder begegne ich auch noch erschreckten Blicken blanker Verwunderung. Ja, verwundert euch nur, ihr Leute von Jericho! Wundern sollt ihr euch über mich, über Bartimäus, Sohn des Timäus, denn das habt ihr selbst gesehen oder gehört: Mit mir ist ein Wunder geschehen, - ich war blind - und nun kann ich sehen!

Und wo ihr mich schon alle so anschaut und mir zuhört, will ich euch auch gleich sagen, worüber *ich* mich wundere: Seitdem ich sehen kann wie ihr alle, wie du, Joschi, Schuster von Jericho, oder wie du, Ricca, mit deinen schönen Augen, nun, seitdem ich sehen kann - seht auch ihr mich!

Nein, nein, ich dulde jetzt keine Widerrede, ich weiß es besser. Denkt doch nicht, ich hätte geschlafen, als ich all' die Jahre an der Straße zum Marktplatz saß, jeden Tag an der gleichen Stelle. Ich habe nicht geschlafen, auch wenn meine Augen geschlossen waren, auch wenn Jericho für mich bisher schwarz war wie die Nacht, schwarz wie der festliche Rock, den ihr mir jetzt geschenkt habt. Meine Augen waren zwar dunkel, aber meine Ohren - die waren sehr helle!

Ich habe gehört, wie ihr an mir vorübergegangen seid mit festen, raschen Schritten. Ich kenne das Klappern eurer Karren und auch deinen Schritt, Hanife, kenne ich gut: Dich habe ich von weitem gehört, auf deinen Fuß habe ich jeden Tag gewartet. Denn du hast mir dann und wann ein Stück Brot in die offene Hand gelegt. Und einmal sogar einen Kuchen.

Ja, ihr würdet staunen zu hören, was ich, der einst blinde Bartimäus, schon alles von euch weiß; von eurer Eile und Hast, den bummelnden und zielstrebigen Schritten, und wie ich den Klang eurer Stimmen unterscheiden kann. Und eins weiß ich noch genau: Wie eure Stimmen laut und schrill wurden, als ich nach Jesus rief. Wie hallten da meine Ohren vom Zorn eurer Stimmen! Ich war erschreckt vom Stampfen eurer Füße und wehrte mich gegen die Hände, die mir den Mund zuhalten wollten, als ich nach Jesus rief.

Aber, ihr Leute von Jericho, da habt ihr euch getäuscht in Bartimäus! Da habt ihr euch getäuscht, wenn ihr dachtet: 'Wo Bartimäus schon blind ist, können wir ihn auch noch stumm machen, einfach mundtot.' - Ha! - Besser als ihr mit euren hellen Augen habe ich mit meinen dunklen Augen einen Augenblick lang etwas sehen können: Einen Hoffnungsschimmer sah ich in meiner Dunkelheit! Und wo mir die Augen versagten, da half mir die Stimme - und ich schrie und wusste 'jetzt oder nie', und da schrie ich mir alle Not aus dem Herzen: 'Jesus, du Sohn Davids, erbarme dich mein!'

Ich schrie lauter, als eure aufgeregten Stimmen waren; lauter war ich als der Trubel der Menge, ohne Nachdenken schrie ich wie ein Kind in die Richtung, aus der für mich mein Hoffnungsschimmer kam... Ja, - und da wurde es plötzlich ruhig um mich. Es war, als wären viele Füße um mich herum zum Stehen gekommen, als würden die Schatten vieler Menschen über mich fallen - und ich war ganz erschöpft. Na, und dann seid ihr beide zu mir gekommen Joschi und Ricca, die ihr mich noch immer verwundert anschaut, und eure Stimmen klangen auf einmal freundlich. Ihr sagtet: 'He, Bartimäus, du kannst aufstehen, er ruft dich.' Er - dieser Jesus von Nazaret, von dem ich euch auf den Straßen reden hörte, er rief mich, den blinden Bartimäus! Da habt ihr wohl gestaunt, wie flink Bartimäus auf den Beinen war, wie ich den Mantel wegwarf und zu Jesus kam. Auf diesen Augenblick hatte ich doch lange gewartet, jetzt war es soweit! Und was ihr mich nie gefragt habt, du nicht, Joschi, und auch du nicht, gute Hanife, das hat mich der fremde Jesus von Nazaret gefragt: 'Was willst du, daß ich für dich tun soll?' Was für eine Frage! Gab es etwas Schöneres für mich, als endlich einmal zu sagen, was mir fehlt, zu erbitten, was ich mir schon lange wünschte?

'Rabbuni', sagte ich einfach, 'daß ich wieder sehen kann.' Und als dann Jesus von meinem Glauben sprach, daß mein Glaube mir geholfen habe, da gingen nicht nur mir die Augen auf. Da habt wohl auch ihr mich das erste Mal richtig gesehen, mich, den Menschen Bartimäus! Da waren alle eure Augen auf mich gerichtet, staunende, große, fassungslose Augen, staunend wie meine neuen Augen.

Ja, inzwischen haben sich meine Augen an die Helligkeit des Tages gewöhnt, und auch ihr habt euch fast schon an meinen Anblick gewöhnt, an den sehenden Bartimäus, die Sehenswürdigkeit von Jericho. Aber bitte, ihr Lieben, staunt und wundert euch noch etwas, wundert euch darüber, daß ihr mich lange mit euren sehenden Augen übersehen habt, daß ihr mir kaum einen Augenblick Beachtung geschenkt habt, mich kaum eines Blickes gewürdigt. Vielleicht - seht ihr das jetzt ein. Und vielleicht habt ihr auch Einsicht in das, was sich jetzt in meinem Leben verändert hat: Jetzt sitze ich nicht mehr an der Straße, blind und erbettele von euch das Nötigste. Jetzt folge ich dem Jesus von Nazaret nach, jeden Augenblick meines Lebens, und ich möchte euch alles erzählen und die ganze Fülle dessen mit euch teilen, was es da zu erleben gibt: Blinde sehen, Lahme gehen, Aussätzige werden rein... Und ich, der einst blinde Bartimäus, erzähle euch heute vom Licht der Welt.

Die Vikarin trug ihre Ich-Erzählung in einer Erzählgemeinschaft Gleichaltriger vor. Dabei redete sie Zuhörende als Joschi, Ricca und Hanife direkt an. Dass sie eine Meisterin des Wortspiels ist, dürfte unübersehbar sein.

Nachgedanken

Wunderbares zum Erzählen haben die Chassidim, jene große geistgezeugte osteuropäische Erzählgemeinschaft des 18. Jahrhunderts, beigetragen. Martin BUBER sagt: "Erzählen gehörte zum innersten Leben der chassidischen Bewegung: Man hat Großes gesehen, man hat es mitgemacht, man muß es berichten, bezeugen. Dabei ist das erzählende Wort mehr als Rede. Es führt das, was geschehen ist, faktisch in die kommenden Geschlechter hinüber; ja, das Erzählen ist selber Geschehen; es hat die Weihe einer heiligen Handlung. Wunder, das man erzählt, wird von neuem mächtig. Kraft, die einst wirkte, pflanzt im lebendigen Wort sich fort und wirkt noch nach Generationen."

Ich liebe diese Geschichten, deren Thema die unnachahmliche Wirkung des Erzählens ist. Darum drei *Beispiele:*

1. Rabbi Mendel erzählte: "Chassid bin ich geworden, weil es in meiner Heimat einen alten Mann gab, der hat Geschichten von Zaddikim erzählt. Er hat erzählt, was er wußte, und ich habe gehört, was ich brauchte."
2. Man bat einen Rabbi, dessen Großvater ein Schüler des Baal-Schem-Tow (= "Meister des guten Namens", Begründer des Chassidismus; er war Kinderlehrer!) gewesen war, eine Geschichte zu erzählen. "Eine Geschichte", sagte er, "soll man so erzählen, daß sie selber Hilfe sei." Und er erzählte: "Mein Großvater war lahm. Einmal bat man ihn, eine Geschichte von seinem Lehrer zu erzählen. Da erzählte er, wie der heilige Baal-Schem-Tow beim Beten zu hüpfen und zu tanzen pflegte. Mein Großvater stand und erzählte, und die Erzählung riß ihn so hin, daß er hüpfend und tanzend zeigen mußte, wie der Meister es gemacht hatte. Von der Stunde an war er geheilt. So soll man Geschichten erzählen."
3. Rabbi Bunam erzählte: "Einmal, unterwegs, nah bei Warschau, empfand ich, ich müsse eine Geschichte erzählen. Die Geschichte war aber weltlicher Art, und ich wußte, sie würde unter den vielen Leuten, die sich um mich versammelt hatten, nur Lachen erregen. Der böse Trieb redete mir heftig ab, ich würde all die Leute verlieren, denn wenn ich die Geschichte erzählte, würden sie mich nicht mehr für einen Rabbi halten. Ich aber sprach in meinem Herzen: 'Was hast du dich um die geheimen Bestimmungen Gottes zu sorgen!' Und ich gedachte der Worte Rabbi Pinchas' von Korez: 'Die Erlustigungen stammen vom Paradies, sogar die Scherzworte.' So verzichtete ich in meinem Herzen darauf, Rabbi zu sein, und erzählte die Geschichte. Die Versammelten brachen in ein großes Lachen aus. Alle, die mir bisher noch fortgeblieben waren, schlossen sich mir an." (aus: "Die Erzählungen der Chassidim", Manesse Verlag 1949, Vorwort (2-6), 743f.)

Singen - Musik

Was ist der Mensch, wenn er nicht singt? - weniger als die Hälfte seiner selbst. Mit mir gibt es keinen Kurs, keine Tagung, da nicht gesungen (musiziert) wird. Ich halte es mit Martin LUTHER: "Ein Schulmeister (die Schulmeisterin ist zu ergänzen) muß singen können, sonst acht ich ihn für nichts." Ich halte es mit Jak 5,13: "Ist jemand guten Mutes, dann singt er Psalmen." Und mit Eph 5,19: "Singet und spielet dem Herrn in eurem Herzen." Auch mit Paul CELAN: "Chöre damals, die Psalmen. Ho, Ho, Hosianna!" Oder mit NIETZSCHE in "Der Fall Wagner": "Ich sage noch ein Wort für die ausgesuchtesten Ohren: was ich eigentlich von der Musik will. Daß sie heiter und tief ist, wie ein Nachmittag im Oktober; daß sie eigen, ausgelassen, zärtlich ist, voller Anmut ..." Und der Gottsucher Ingmar BERGMAN weiß von BACHs Musik, daß sie Glaubensarme zu stärken vermag. Für Pablo CASALS gar ist BACH "wie die Natur, ein Mirakel".

Von jeher für den religiösen Kult der Völker konstitutiv, ist Singen (Musik) seit den alttestamentlichen Psalmen Davids, seit den Hymnen des Bischofs AMBROSIUS VON MAILAND im 4. Jahrhundert aus dem christlichen (auch aus dem jüdischen) Gottesdienst nicht mehr wegzudenken. Und es hatte in der Kindererziehung (man denke nur an die Kurrendesänger des Mittelalters - LUTHER war einer von ihnen) schon früh eine tragende Funktion. LUTHER formuliert programmatisch: "Wenn ich es vermöchte, die Kinder müßten nicht allein die Sprachen und die Historien lernen, sondern auch Singen und die musica. Singen ist die beste Kunst und Übung."

Ich kam frühmorgens vor einer Dorfschule am Niederrhein an. Ich stieg aus dem Auto. Und ich hörte Singen, Singen. Mein Herz hüpfte. - Ich kam in der Adventszeit frühmorgens in eine Grundschule in Rheinhausen. Und der Rektor stand mit der Gitarre in der Vorhalle. Und alle eintreffenden Kinder reihten sich um ihn. Und sie sangen Adventslieder, eins nach dem andern. Dann gingen sie in ihre Klassen.

Alles wird leicht, schwebend, in höhere Bereiche erhoben, wenn eine gute Melodie sich mit einem guten Text verbindet. Geheime Kräfte werden frei. Die Herzen öffnen sich. Melodie und Rhythmus geben dem Wort ein neues Gesicht. Kinder spüren das. Sie wollen singen. Sie singen leicht und gern. Schnell singen sie auswendig. Sie lieben die leichte Mehrstimmigkeit des Kanons, Begleitung vor allem durch den Sound der Gitarre. Sie lieben es, sich selbst zu begleiten mit dem Orffschen Schulwerk, mit Flöten, im Einzelfall auch mit Geige, Klavier oder anderen Instrumenten. Voraussetzung ist, dass jemand da ist, der anzuleiten, zu inspirieren vermag, der selbst erfüllt ist von Musik und Gesang. Im Grundschulwerk "Oikoumene" sind Lieder integrativer Bestandteil. 40 Lieder und

Kanons, repräsentativ für das gesamte Werk, von Kinderchören und Einzelstimmen dargeboten, ganz einfach, aber höchst abwechslungsreich begleitet, erschienen im Herbst 1998 auf einer CD. Meine Kinder in Bienenbüttel konnten nach zwei Jahren etwa 80 Choralstrophen, über Sachauseinandersetzung und funktionales Memorieren mit Lust am Lernen - ich plädiere weiterhin für ein solches Memorieren - erworben, spontan lossingen. Sie sangen 'by heart' (wörtlich zu verstehen).

Kinder sind durch Lieder zu führen, tief zu inspirieren, aber auch zu *ver*führen. Die Nazis verstanden sich auf diese Kunst. Ich werde ihre Kriegslieder - wir nannten sie 'Sturmlieder' -, ihre Propagandalieder - als Kind sang ich's beim Marschieren -, nicht mehr los. Sie sitzen zu tief. Dasselbe gilt aber auch für die Kanons und Choräle meiner Kindheit. Sie verlassen mich nie mehr. Ich nehme sie mit ins Grab. Und unsere Zeit? Viel zu wenig gewürdigt wird, dass sie wie LUTHERs Zeit, wie Paul GERHARDTs Zeit eine Zeit des Aufbruchs in unzähligen neuen geistlichen Liedern (Mittelmaß neben Genie!) ist.

Eine Aufbruchszeit im Lied war die Reformation nicht zuletzt mit den vielen starken Liedern des Reformators selbst. Ein Gegner wusste: "LUTHERs Lieder haben mehr Seelen verführt als alle seine Schriften und Predigten." In einer Zeit der Erneuerung christlichen Geistes nach den Wirren des 30-jährigen Krieges schuf Paul GERHARDT seine glaubenstiefen und in ihrer lyrischen Kraft kaum überbotenen Kirchenlieder. Und heute? Was in den letzten 30/40 Jahren unter christlichen Liedermachern sich begab und immer noch begibt - für mich ist es (in dieser glaubensarmen Zeit) ein Wunder.

"Die Dinge singen hör ich gern", sagt Rainer Maria RILKE. Für die Schule gilt: "Singen erweckt die Seele der Klasse". Wer singt, lebt. Wer religiöse Lieder mit Hingabe singt – schwierige theologische Aussagen sind hier oft ganz einfach, weil poetisch verdichtet –, trägt einen Gewinn für's Leben davon.

"Und die Menschen werden singen, bis das Lied zum Himmel steigt ..."

Von Büchern

Des Büchermachens ist kein Ende!

Ganz genau wusste ich es bis zur Anfertigung der Bibliographie für diesen Band nicht, aber es sind - Selbstgeschriebenes und Anthologien - etwa 115 Bücher (Diaserien eingeschlossen), die mir - objektiver Beleg einer Lebensarbeit - zu machen vergönnt waren. Und, mit dem Prediger gesprochen: Es ist kein Ende. Übersetzungen gibt es in 11 Sprachen, jeweils ein Buch oder mehrere. Ich nenne die Länder: Schweden, Norwegen, Dänemark, Belgien (Flandern), Frankreich, Italien, Griechenland, England (Hongkong-Australien), USA, Tansania (Suaheli) und Indonesien.

35 Jahre war ich (mit wenigen Ausnahmen) auf religionspädagogische Literatur für Kinder und Jugendliche ausgerichtet. Seit Mitte der 90er gibt es auch Bücher für Erwachsene. Ob diese oder jene, immer war es mein Anliegen, einfach zu formulieren. Jedes Buch ist ein Stück hingegebenes Leben. Einige Bücher möchte ich näher vorstellen:

"Vorlesebücher Religion"

In den 90ern erschienen zwei "Neue Vorlesebücher Religion" mit ganz neuen, der Gegenwart angemessenen Texten. Der große Run aber waren die drei Bände der 70er Jahre (1971-76). Das war ein Aufbruch damals, eine neue Zeit in der Religionspädagogik. Zu Band 1 schrieb Heinz Josef HARBORT 1971 in "Die Zeit":

"Vielleicht ist das umgekehrte Verfahren immer noch notwendig, nämlich Kindern, sobald sie in das Alter kommen, in dem der Begriff 'Schule' eine Rolle spielt, die frommen Geschichten zwischen Gottes flinker Sieben-Tage-Woche-Werkelei und der Himmelfahrt des Auferstandenen zu erzählen. Vielleicht hält es immer noch jemand für sinnvoll, junge Menschen, ob zur Kommunion oder zur Konfirmation, in die Lage zu versetzen, auf bestimmte Fragen bestimmte 'richtige' Antworten zu wissen; Vorlagen dafür werden heute immer noch gedruckt. Vielleicht ist diese Zeit aber auch endgültig vorbei. Vielleicht sind wir bereits so weit, daß wir - wie vorliegendes Buch - 'Religion' nicht mehr wie der Duden als 'tiefe innerliche Frömmigkeit' - verstehen, sondern nach Cicero von 'relegere = gewissenhaft beobachten' ableiten. Das 'Vorlesebuch Religion' jedenfalls möchte zu solcher gewissenhafter Beobachtung mündig machen, zur Beobachtung tagtäglicher Ereignisse und Nachrichten, zur Reflexion politischer Fakten und gesellschaftlicher Zusammenhänge. Da werden kleine Geschehnisse erzählt aus der Erfahrungswelt des Kindes und, ohne daß ein moralischer Zeigefinger auch nur leicht zuckte, Erkenntnisvorgänge eingeleitet, die ethische Kategorien betreffen: Wie ist das mit den Vorurteilen über Gastarbeiter? Da sind Geschichten zu lesen aus dem Alltag, die Kinder verstehen; und ohne sentimentale Empfänglichkeit zu mobilisieren, machen sie etwas klar über soziale Ungerechtigkeit und deren Gründe, über Aggressionen und deren Ursachen, über Menschenwürde und Chancengleichheit, über Toleranz und Solidarität. 'Nach diesen Worten schwiegen die Streitenden still, und keiner sagte mehr: Mein Gott allein ist der wahre Gott', heißt es in der letzten Parabel. Und das hat die Herausgeber in die Lage versetzt, auf eine kirchliche Druckerlaubnis getrost verzichten zu können."

Immer wieder war ich ein Sammler (ein arrangierender, kommentierender, deutender Sammler) von Geschichten für Kinder und Jugendliche, von Geschichten, die ihnen menschliches Dasein in dieser Welt mit allen ihren Chancen und Gefährdungen, aber auch die Dimension des "Zwischen" glaubhaft erschließen sollten. Spannend sollten diese Geschichten sein und, im Vorlesen adäquat realisiert (sprachliche Qualität immer Voraussetzung), "verstricken", die Hörer(innen) in ihrem Innersten erreichen und betroffen machen, so dass Reaktion im aufarbeitenden Gespräch unabdingbar wurde. Zum "Neuen Vorlesebuch Religion 2" schrieb kürzlich ein Rezensent: "Es ist gut, daß es Menschen mit einem Sammlertic gibt."

Meine beiden Lieblingsautorinnen waren und sind von den "Vorlesebüchern Religion" der 70er bis zu denen der 90er zum einen Gudrun PAUSEWANG mit ihren auf Frieden ausgerichteten Erzählungen aus Europa und Lateinamerika, wo sie lange Lehrerin war. Ihr würde ich - allein um des Buches "Die letzten Kinder von Schewenborn" willen - den Friedenspreis des Deutschen Buchhandels zuerkennen. Atemlos macht mich ihre Erzählung "Zukünftige Auferstehung", in der es um Genmanipulation von Kindern zu gut funktionierenden Leistungswesen, alles Seelische verschwunden, geht ("Neues Vorlesebuch Religion 1", 393). Die zweite ist Gina RUCK-PAUQUÈT mit ihren leisen schwingenden Gedichten und Geschichten, die in einer elementaren Erzählweise das Menschliche hintergründig aufschimmern lassen, die lehren, immer wieder auf die feinen Zwischentöne zu hören. Ihr "Tag- und Traum-Geschichtenbuch" von 1976 (Otto MAIER, Ravensburg; längst nicht mehr auf dem Markt) zählt für mich von den Texten her zu den schönsten Vorlese-Kinderbüchern überhaupt. Ich kenne keine andere Kinderbuchautorin deutscher Zunge, die so subtil erzählen kann.

"Sachbilderbücher zur Bibel"

Auch die Sachbilderbücher zur Bibel - HALBFAS meinte, Spiritualität wäre genug drin, es könne ruhig noch etwas mehr Sachlichkeit sein - waren Selbstläufer, nicht zuletzt die DDR-Ausgaben (8 von den insgesamt 10). Eckart SCHWERIN, damals Sekretär der Kommission für die Arbeit mit Kindern und Konfirmanden beim Bund der Evangelischen Kirchen der DDR in Berlin, bearbeitete sie und gab sie im Auftrag des Bundes heraus. Am 17.10.1979 schrieb er an den Kaufmann-Verlag in Lahr: "Das Sachbilderbuch 'Jesus von Nazareth' ist vor wenigen Tagen in den Buchhandel gekommen und bereits wieder vergriffen." Neuauflagen gab es immer, doch musste die Evangelische Verlagsanstalt Berlin, die EVA (der einzige evangelische Verlag der DDR, von den Russen (!) ins Leben gerufen), oft lange auf eine entsprechende Papierzuteilung warten. Skurril: Es kam auch vor, dass mir ein DDR-Freund mit einem dort erschienenen Sachbilderbuch von Dietrich STEINWEDE eine besondere Freude machen wollte.

Zwischenruf: Elementarisieren
Es gibt viele Möglichkeiten des Einfachen. In der großen Untersuchung des Comenius-Institutes "Theologie elementarisiert" (Hans STOCK) gab es keinen Hinweis auf die Sachbilderbücher zur Bibel, die eben gerade dies versuchten.

Fulvio TESTA
Frau DEßECKER-KAUFMANN hatte ihn entdeckt, war der Meinung, er könne mit seinem meisterhaft feinen Federstrich die Zeichnungen zu den biblischen Sachbilderbüchern machen. So wurden wir zusammengeführt - und eine Lebensfreundschaft entstand. Jahr für Jahr, bei jedem neuen Sachbilderbuch (manchmal waren es zwei) saß er für eine Woche und länger und zeichnete, zeichnete unermüdlich, immer bis tief in die Nacht. In späteren Jahren kam er dann noch einmal, als es um die Illustrationen zu "Das neue Buch vom Kirchenjahr" ging. Im Umschlag zu diesem Buch gab er ein Beispiel für seine exquisite Aquarelltechnik. Seine geheimnisvollen Aquarelle haben ihn in Amerika, wo er heute halbjährig in New York lebt (in der übrigen Zeit ist er in seiner Heimatstadt Verona), berühmt gemacht. Unzählige Kinderbücher hat er illustriert. Anfang 1974 wurde er Julianes Pate. Sein Freund ist Ŝtĕpán ZAVŘEL, der kürzlich mit den märchenhaften Illustrationen zu Regine SCHINDLERs Kinderbibel "Mit Gott unterwegs, die Bibel für Kinder und Erwachsene neu erzählt" (bohem press) wieder hervorgetreten ist. Auch Ŝtĕpán hat uns besucht.

"Sachbilderbücher zur Kirchengeschichte"

"Reformation Martin Luther"
Das Sachbilderbuch war im Lutherjahr 1983 ein großer Erfolg. "Das U-Boot unter all den Schlachtschiffen der großen Lutherbiographien" sagte jemand, etwas militaristisch in der Bildwahl. Alles musste im Herbst 1982 fertig sein. Auch die Diaserie. Ich konzipierte und verfasste sie in 10 Tagen - meine schnellste Arbeit. Der Titel flimmerte in einem Buchmessebericht 1982 über den Bildschirm der 'heute'-Nachrichten (19 Uhr) des ZDF. Materialien aus dem Buch fand ich dann 1983ff. allüberall an den Wänden in Grund- und Hauptschulen. Dies wohl, weil Luther 1983 (anders als 1996) wirklich populär war. Schlagendes Beispiel: Das kleine für den Gebrauch durch Schüler nach dem Buch (übers Wochenende!) gefertigte 16-seitige Heft "Martin Luther - Leben und Wirken des Reformators

1483-1546" erreichte eine Auflage von ca. 300.000 Exemplaren. Bei der Textfassung des Buches hat mir der damalige Leiter der Ev. Verlagsanstalt Berlin-Ost, Dr. Siegfried BREUER, ein profunder Lutherkenner, sehr geholfen. Eine Anzahl der Bilder, z.T. Erstveröffentlichungen, habe ich im Sommer 1981 in der Lutherhalle Wittenberg als direkt aus den Buchvorlagen fotografierte Ektachrome erhalten. Gegengabe - für die Lutherhalle damals eine Kostbarkeit - eine größere Anzahl von West-Ektachromen. Der Herder-Verlag war später sehr interessiert an meinen sonst unzugänglichen Bildvorlagen; er benutzte einige für Umschläge seiner Lutherbücher.

Das Unternehmen fand unter günstigen Bedingungen statt: Großes Erlaubnisschreiben des Kulturministeriums der DDR, besorgt von Eckart SCHWERIN (wie er das immer machte, weiß ich nicht); der mir empfohlene "Fotograf der Lutherhalle", nach anfänglich skeptischer Zurückhaltung durch einen blauen West-Hunderter wundersam verwandelt, und die mir nach Vorstellung des Projektes offensichtlich gewogene Leiterin der Lutherhalle. Spezielles Erlebnis: Ich durfte im Predigerseminar gegenüber dem Augustinerkloster (Lutherhalle), LUTHERs ehemaligem Wohnhaus, übernachten. Als ich mit dem großen Westwagen vor dem kleinen Tor der Umfassungsmauer stand, mähte ein junger Mann unter den Bäumen dort mit der Sense das hohe Gras. Es war der Studieninspektor des Predigerseminars. Tags darauf lud er mich zum Frühstück, stellte bohrende Fragen zur Situation in der BRD. Sein Name: Friedrich SCHORLEMMER.

Zweites Erlebnis: Fotoaufnahmen am Vormittag. Plötzlich waren alle verschwunden. Frühstückspause im Sozialismus! Heilig! In meiner Hand geblieben für 20 Minuten MELANCHTHONs persönliche lateinische Evangelienausgabe, in die er hinten die (berühmte) Zeichnung des Famulus REIFENSTEIN von dem kleingewordenen alten Luther 1545 (S. 51 im "Sachbilderbuch"!) geklebt hatte. Ich blätterte und blätterte. Atem der Geschichte ...

Bald gab es Übersetzungen für Norwegen, Schweden und die USA.

Streiflicht

Als ich in der Evangelischen Verlagsanstalt Berlin-Ost (Lutherbuch, Dr. BREUER) vorsprach, erlebte ich, wie alle Mitarbeiter des Verlages vor Beginn ihrer Tagesarbeit zu einer Morgenandacht zusammenkamen. Im Sozialismus! Wo sonst mag's das wohl geben, dachte ich.

"Augustinus - Christen in der Spätantike"

In meinen Augen bis vor kurzem mein schönstes Buch. Im Verkauf jedoch ohne jeden Erfolg, was Kaufmann veranlasste, die ganze Reihe abzusetzen. Deutlich, wie wenig Geschichte, gar Kirchengeschichte, im Bewusstsein der meisten, die heute Religion unterrichten, eine Rolle spielt. Das Layout hatte ich wie bei 'Luther' selbst erstellt. Knifflige Arbeit: Bildwahl - Bildgrößen - Textmengen - didaktisch konzipierte Doppelseiten - Vorgabe 48 (bei "Luther" 56) Seiten insgesamt! Bei AUGUSTINUS fasziniert mich ebenso Tiefe und Reichtum der theologischen Gedanken wie die dichterische Sprache (er war ja ausgebildeter Rhetor): Theologie und Poesie ...! Am meisten geschöpft habe ich aus den "Confessiones", neben der Lutherbibel das meistzerlesene Buch meiner Bibliothek.

"Bonifatius"

Zunächst angelegt wie "Luther" und "Augustinus", ging das dritte kirchengeschichtliche Sachbilderbuch dann in anderer (nicht meiner) Form an den Bonifatius-Buchverlag in Paderborn. Lebendig wird die Welt der Merowinger (der frühen Karolinger), die Zeit, da meine sächsischen Vorfahren noch nordischen Göttern opferten. 250 Jahre später - und ich vermag es kaum zu fassen - dann eine christliche Hochkultur in Sachsen. Nicht nur, dass mit OTTO III. christliche Könige und Kaiser aus Sachsen bereits in der vierten Generation regierten, es sind vor allem die großartigen - ich nenne nur Hildesheim - künstlerischen Leistungen. Was alles findet man um 1000/1020 in dieser Stadt: Die Gottesburg St. Michael, die Domtüren und (nach antikem Vorbild) die Christussäule, beides im biblischen Programm aufeinander abgestimmt, beides Wunderwerke der Bronzegusstechnik, dazu Edelsteinkreuze, eine Goldmadonna, wunderbare Malereien und das "kostbare Evangeliar" des Bischofs BERNWARD ...

BONIFATIUS kommt aus Wessex, England. Nicht weit die frühe christliche Kultur Irlands. Irische Wanderprediger überall in Europa, in Deutschland. Was wären wir Christen des Kontinents heute ohne sie? Im 9. Jh. schrieb der Mönch ERMANERICH im Kloster St. Gallen: "Ich glaube, wir dürfen nicht schweigen von Irland, denn von dorther ist uns ein Strahlen großen Lichtes gekommen."

Und mit dem Wanderprediger WINFRID-BONIFATIUS kam ein ebensogroßes Strahlen aus England. Der spätere Bistumsgründer, Kirchenorganisator, Diplomat blieb auch im hohen Alter immer Verkündiger des Evangeliums an die germanischen Stämme. Zu seinem Tod hielt ich fest: "Am Fluß bei Dokkum das Zelt. Blitzen im Morgenrot. Schwerter, Wüten, Blut, Geschrei ... Zerspaltenes Buch. Zerspaltenes Haupt! Frohlocke, Christenheit! Du hast einen neuen Märtyrer!"

"Bildwerk zur Kirchengeschichte"

Im Weihnachtsbrief 1987 schrieb ich: "Die Riesenarbeit am 'Bildwerk zur Kirchengeschichte' schließt in diesen Tagen ab." So war's: ein Riesenwerk. Über vier

Jahre war ich mit der Konzeption des Ganzen wie der 23 Einzelreihen samt Didaktischem Themenregister, mit Bildfindung, nicht zuletzt mit Textüberarbeitungen befasst (Textautor mein lieber Freund Prof. Dr. Willehad Paul ECKERT OP, Bildautor Helmuth Nils LOOSE). Ergebnis: Sechs dicke rote Ordner mit 720 Dias, davon viele mit zwei Bildmotiven.

Eine Riesenarbeit - arbeiten konnte ich. Ein paar bonmots dazu:
Ins Tagebuch schrieb ich: "Von allen Seiten umgibst du mich - mit Arbeit." Mein 5-jähriger Sohn zu mir: "Mann, du hast es gut!" - "Wieso?" - "Weil du arbeitest!"
Walter JENS: "Ich kenne keine Ferien. Ich verlagere nur meinen Schreibtisch."
Albert SCHWEITZER im Rundbrief an den Freundeskreis 1964: "Ich habe keine freie Stunde, keinen Sonntag. Das versteht niemand."
Und tröstlich Ernst BARLACH: "Mein Atelier ist mein Sanatorium."

"Kommt und schaut die Taten Gottes" - Mit Bildern aus dem ersten Jahrtausend christlicher Kunst

Das Buch, seinerzeit so etwas wie der Abschluss meiner Erzählarbeit (Sammlung und Beschaffung der Bilder war mit hohem Aufwand verbunden), wurde (noch) 1981 von der Stiftung Buchkunst zu den 50 schönsten Büchern des Jahres gezählt. Sybil Gräfin SCHÖNFELD verfasste einen inspirierenden Text für den Rückdeckel. Das Buch war eine "Vision" des Verlegers Arndt RUPRECHT. Unter dem 15.1.1982 schrieb er mir: "Nun ist das Buch da ... Es gefällt mir rundherum, gewiß auch Ihnen. Ich bin Ihnen sehr dankbar, daß Sie meinen Traum so wunderbar verwirklicht, ja übertroffen haben. Das ist ein Werk von Dauer, ein herrliches Vehikel der Guten Botschaft."

Es gab eine Autorenlesung auf dem Kirchentag 1985 in Düsseldorf (zwei Jahre vorher einen Diavortrag auf dem Kirchentag in Hamburg). Geplante Lesungen auf der Frankfurter Buchmesse und in den großen Herder-Buchhandlungen Freiburg-München-Wien konnte ich aus Zeitgründen nicht wahrnehmen. Aus der großen Zahl positiver, das Spezifische des Buches gut erfassender Rezensionen gebe ich einige Auszüge:

- "Textauswahl und -anordnung folgen den Einsichten textkritischer Analyse, an einigen Stellen behutsam deutend, ohne den biblischen Erzählern ins Wort zu fallen" (Kasseler Sonntagsblatt).
- "Der Text hat teilweise fast die Form von Hymnen."
- "Die kursiv gedruckten informierenden Einleitungstexte zur geschichtlichen Einordnung bzw. zum besseren theologischen Verständnis sind wissenschaftlich zuverlässig abgefaßt und machen (zumindest unbewußt) deutlich, daß die meisten biblischen Texte Predigtgeschichten sind" (H. N. CASPARY, Direktor des Pädagogisch-Theologischen Zentrums Schönberg).
- "Die Bilder sind in ihrer strengen Symbolik selbst ein Mittel der Verkündigung."

- "Hier ist gelungen, was schwer zu erreichen ist: Exegetische und theologische Arbeit und große Sprachsensibilität haben sich zu einem Ganzen vereint, das wirklich für sich selbst spricht. Und dann diese Bilder! In Verbindung mit dem Text, das ist eine Zweisamkeit, wie sie glücklicher nicht gedacht werden kann. Lange ist es her, daß mich ein Buch so beglückte" (Prof. H. DEMBOWSKI, Universität Bonn).

Trotz solcher teilweise fast emphatischer Reaktionen: Das Buch konnte seinen Weg nicht finden. Sehr zum Schmerz des Verlegers blieb es bei der ersten Auflage, die noch heute - 2000 - nicht ganz verkauft ist. Grund vermutlich: Weder Eltern noch Grundschullehrerinnen konnten mit den Bildern etwas anfangen. Sie blieben ihnen zu fremd. Beleg: Wegen seiner elementaren Sprache wurde das Buch (unter Ausschluss der Bilder) vielfach von Erzieherinnen als Vorlage für ihr Erzählen im Kindergarten benutzt.

Habent sua fata libelli. Etwas Ähnliches (CASPARY nannte das Buch eine Kostbarkeit) wird es in absehbarer Zeit kaum wieder geben.

"Meinen Bogen setz' ich in die Wolken" - Schulgottesdienste für die Grundschule

Auch dies wie nahezu alle anderen ein Buch auf Verlagsanfrage. Die Entwicklung von Schulgottesdiensten, laut Statistik des Landeskirchenamtes in Düsseldorf etwa 20 % aller überhaupt in der Rheinischen Kirche gehaltenen Gottesdienste, war mir dienstlich verordnet (es gibt 2 PTI-Hefte zum Thema). Sie lag mir aber auch von meiner Schultätigkeit her (ich durfte auf dem Heiderhof eine größere Anzahl auch ökumenischer Schulgottesdienste gestalten) am Herzen. Bei dem Buch - die Beispiele sind bis ins Detail durchgearbeitet - hat Teamwork eine große Rolle gespielt. Ich nenne mit Dank die Namen Susanne STORCK-TÖNSMANN (Pfarrerin), Utta NAGEL (Schulreferentin in Köln) und Christoph NÖTZEL (Pfarrer). Auf Tagungen (nicht zuletzt in der DDR) ließen sich diese Beispiele, sozusagen kirchlich abgewandelt, generell gut als "Gottesdienste mit Kindern" (auch als Familiengottesdienste), häufig praktisch erprobt, verwenden, von der Umsetzung in Kursgottesdienste ganz zu schweigen.

Auch im Kindergottesdienst bin ich intensiv tätig gewesen, in vielen Tagungen mit konkret vollzogenen Kindergottesdiensten, vor allem aber seit 1970 (bis 1999) in der Mitarbeit am Verteilblatt "meine welt" des Gütersloher Verlagshauses. Dreimal im Jahr fuhr ich übers Wochenende zum Redaktionskreis nach Hannover bzw. Gütersloh. Unzählige "Andachten" (= von einem jeweiligen thematischen Akzent her aufbereitete biblische Nacherzählungen) habe ich geschrieben.

"Das Leben eines jeden Menschen ist ein von Gott geschriebenes Märchen" (Hans Christian ANDERSEN).

"Mythen und Märchen sind der Zauberspiegel, aus dem jedem, wenn er hineinsieht, sein eigenes Gesicht als Rätsel und Antwort anblickt" (H. ZIMMER).

"Gesucht und gespiegelt wird das goldene Zeitalter, wo bis ganz hinten ins Paradies zu sehen war" (Ernst BLOCH).

"Das Märchen hat 'ein Träumen nach vorwärts'. Der echte Märchenerzähler ist ein Seher in die Zukunft" (NOVALIS).

"Wenn nicht mehr Zahlen und Figuren sind Schlüssel aller Kreaturen, wenn die, so singen oder küssen mehr als die Tiefgelehrten wissen, wenn sich die Welt ins freie Leben und in die Welt wird zurückbegeben, wenn dann sich wieder Licht und Schatten zu echter Klarheit wieder gatten und man in Märchen und Gedichten erkennt die wahren Weltgeschichten, dann fliegt vor einem geheimen Wort das ganz verkehrte Wesen fort" (NOVALIS).

Ende der 60er: Beim Mittagstisch in Gütersloh fragte mich der damalige Geschäftsführer des Verlagshauses, Dr. Heinz KÜHNE, ob ich nicht jemanden wisse, der für ein Buch "Märchen und religiöse Erziehung" - damals eine neue Sache - als Herausgeber in Frage kommen könne. Meine Antwort – nach kurzem Zögern –, ich hätte selber nicht übel Lust, stieß auf begeisterte Zustimmung. So kam es zu "Das Hemd des Glücklichen" und nachfolgend zu "Der Vogel Glück". Die Spur wurde dann weiter verfolgt in der thematisch angelegten GTB-Reihe, mit Johann Friedrich KONRAD zusammen herausgegeben. Mein Anteil: 9 Bändchen, die für mich wichtigsten und liebsten darunter: "Wo die Sonne übernachtet - Schöpfungsmärchen der Völker" (GTB 880); "Wie das Leben durch die Welt wanderte - Märchen der Menschen von Tod und Leben" (GTB 881); "Warum die Taube das Ölblatt nahm - Gott im Märchen der Völker" (GTB 884) und "Wenn Träume sich erfüllen - Märchen vom Wunderbaren im Alltag" (GTB 889). Meine theoretischen Erkenntnisse - "... im Märchen staunend den Kern der (religiösen) Wahrheit erleben" - sind den jeweiligen Einführungen bzw. den didaktischen Abschnitten zu entnehmen. Mein Lieblingsmärchen, zauberhaft, eschatologisch, aus dem buddhistischen Kulturkreis, ist "Das Glöckchen" (GTB 889). Unzählige kreative Vollzüge, Meditationen, Andachten habe ich damit bestreiten können.

Ebenso viel Freude hatte ich beim Sammeln von Legenden. Weihnachtslegenden bildeten den Hauptteil: "Vom Engel, der nicht singen wollte" (1980; 3 Auflagen; heute als Taschenbuch in 4. Auflage); "Wie das Gesicht eines Engels" (1981; von mir neu erzählte weihnachtliche Legenden, darunter die Marienlegenden aus dem Kindheitsevangelium des Jacobus - um 150! - von mir heute konsequent "Marien-Evangelium" des Jacobus genannt), "Armut und Demut führen zum Himmel" (1982; hier auch Passions- und Osterlegenden) sowie "Vom Hirten, der nicht zur Krippe wollte" (1985), alle im Gütersloher Verlagshaus.

Zu lesende Sachen (lat. legere = lesen) sind Legenden in der Wortbedeutung. Aber was sie wirklich sind: Innenbilder (wie die Märchen), Geschichten, denen das Wunderbare selbstverständlich ist. Nur dass sie (anders als die Märchen) einen geschichtlichen Haftpunkt haben. In den Weihnachtslegenden des Matthäus und des Lukas ist das deutlich: Hier eine historisch nachweisbare Sternenkonjunktion, dort der Kaiser Augustus, bei beiden die geschichtlich unanfechtbare Geburt des Kindes Jesus aus Nazaret. Doch ihr eigentliches Anliegen: Das Göttliche - visionär, traumhaft - näherzurücken, schon dem Kinde, dem Christus, den Nimbus des Königs, dem andere Große - so wie es sonst vor römischen Kaisern geschah - huldigend ihre Schätze auftun, zu verleihen, dies unter Anteil des Kosmos (Stern!) ebenso wie durch eine göttliche Proklamation auf den Feldern und im Himmel von Betlehem.

Intermedium:
Verleger/innen - Lektor/innen

O, da gibt es über 39 Jahre hinweg eine Fülle von Erfahrungen, meistens gute. Ich habe mit vielen Verlegern gearbeitet. Freundschaftliche Beziehungen entwickelten sich zu Arndt RUPRECHT (meinem ersten Verleger), zu Heinz KAUFMANN und seiner leider viel zu früh verstorbenen Schwester Rosemarie (vh. DEßECKER) sowie zu Hans Jürgen MEURER vom Gütersloher Verlagshaus. Das hat vieles erleichtert.

Lektoren/Lektorinnen - ohne Zahl: Sie sind "das zweite Ich" des Autors. Kompetent, fleißig, geduldig, liebenswert, auch mal kratzbürstig. Mein hoher Respekt - viele arbeiten in entsprechender Verantwortung erstaunlich frei - gilt ihrer stillen Entschiedenheit im Detail, ihrem fast immer neu sich entwickelnden Engagement für ein Buch ("unser Buch" hieß es kürzlich), obwohl sie doch bis über die Ohren voll sind mit immer neu umzusetzenden (und noch mehr abzulehnenden) Manuskripten.

Nun allem voran steht die Kalkulation, das A und O. Dann der Umschlag. Dann die Werbung. Gipfel: Der Preis. Da werden Marktmöglichkeiten abgelauscht - die katastrophalen Verhältnisse auf dem derzeitigen religiösen Buchmarkt sind bekannt -, da werden Herstellungskosten und Profit - ohne Profit kein Buch - dazugewoben. Das geht nicht immer ohne Genialität. Letztes Mittel, will denn die Kalkulation gar nicht stimmen, nur ungern angewandt, ist das Drücken des Honorars, oder gar - ich hörte es im Jahr 1998 zweimal - der Satz "Ein Honorar muss entfallen!" Niemandem macht das Freude. Am Band "Nun soll es werden Frieden auf Erden" habe ich vier Jahre gearbeitet. Er wurde um die Hälfte gekürzt, und dennoch musste mich der Verlag wegen eines sonst zu hohen Endpreises um Honorarverzicht bitten.

Zwischenruf
Diese überquellenden Buchläden, diese Prostitution der Bücher, und dann die Frankfurter Buchmesse, dieser Orgasmus der Bücher, das kann einem schon die Sinne rauben.

Überraschung
Urplötzlich stand ich neben Helmut KOHL. In Tuchfühlung. Auf der Frankfurter Buchmesse, Herbst 1997. Im Stand des Beck-Verlages, München. Sie hatten ein Buch von ihm herausgebracht. Er sprach gerade über Freya von MOLTKEs "Die Kreisauerin". Dabei kam er mir immer näher. Die Bodyguards mit dem kleinen Bundesadler im Revers blieben auf dem Gang. Offensichtlich war der Verlagsstand exemt. Ich hätte eine Pistole herausziehen und den Kanzler erschießen können. Das dachte ich auch.

Plötzlich verharrte er. Die eifrige Stimme der Verlagslektorin erstarb. Er hatte seine Augen auf einen BISMARCK-Titel geheftet. Schaute. Sann. Wohl eine Minute lang. Stille ringsum. Ich glaubte seine Gedanken lesen zu können: "Der Größte nach dir - das bin ich!" Ich hätte ihn gern angesprochen. Aber mir fiel - ich stand auch im Bann seiner für mich überraschend positiven Ausstrahlung - nichts ein. Am nächsten Tag wusste ich's: "Herr Bundeskanzler, dieser Mann hat gesagt, man könne mit der Bergpredigt nicht regieren. Wie denken Sie darüber?"

"Unbeirrbar"
Ein gänzlich anderes Buch. In überschaubaren Info-Texten, in Fotos und markanten Aussagen sind Frauen - hier das besondere Engagement meiner Mitarbeiterin Renate SCHUPP vom Kaufmann Verlag - und Männer des 20. Jahrhunderts dargestellt, die, nicht immer dezidiert Christen, zusammen mit denen, die den christlichen Glauben als tragende Kraft ihres Denkens und Handelns sahen, die Welt nicht so lassen wollten, wie sie war. Das hieß: Einsatz für den Frieden, für Gerechtigkeit und Gewaltlosigkeit (Käthe KOLLWITZ, Coretta KING, Astrid LINDGREN, Jochen KLEPPER, Reinhold SCHNEIDER, Albert SCHWEITZER, Janusz KORCZAK, Karl BARTH, Ernesto CARDENAL, Gustav HEINEMANN, Heinrich ALBERTZ). Das hieß: Widerstand gegen Hitler unter Einsatz des Lebens (Geschwister SCHOLL, die Christen und Märtyrer Helmuth James Graf MOLTKE und

Dietrich BONHOEFFER). Das hieß: Hilfe für den hungrigen, kranken, behinderten, unter Unrecht leidenden, verfolgten Mitmenschen (Raoul WALLENBERG, Mutter KURZ, Anne SULLIVAN, Liv ULLMANN, Mutter TERESA, Albert SCHWEITZER). Das hieß: Glaubwürdiges Christentum in der Politik (Hildegard HAMM-BRÜCHER, Gustav HEINEMANN, Richard von WEIZSÄCKER). Das hieß: Einsatz für Gottes neue Welt (Philip POTTER, Roger SCHUTZ, Heinrich ALBERTZ, Dorothee SÖLLE).

Großes Manko: Winnie MANDELA (als Erzählerin ausdrucksvoll), damals noch "Mutter Afrikas", dann abgerutscht, heute absolutes Hindernis für einen weiteren Absatz des Buches. Eine Buchhändlerin: "Warum haben Sie Winnie MANDELA aufgenommen? - Trotzdem: Ich stelle noch drei neue Exemplare ein, weil es etwas Vergleichbares auf dem Buchmarkt derzeit nicht gibt."

Unter den von mir Dargestellten kenne (kannte) ich persönlich Ernesto CARDENAL, Philip POTTER, Heinrich ALBERTZ und Richard von WEIZSÄCKER. Als letzterer, damals noch Bundespräsident, auf die Zusendung des Buches hin einen einfühlsamen persönlichen Antwortbrief, in dem er eine besondere Vorliebe für Astrid LINDGREN erkennen ließ, an die Herausgeber richtete, stand der Kaufmann-Verlag Kopf.

Rezension

Sehr treffend finde ich die Kritik zu dieser Bruder- und Schwesternschaft "der vom Schmerz Gezeichneten" (A. SCHWEITZER) von Annelie BREER aus "Transparent, Zeitschrift für die kritische Masse in der Rheinischen Kirche" (Sept. 1992):

"'Stell dir vor, es ginge, und es gibt einige, die den Beweis antreten.' Diesen verwandelten bekannten Spruch würde ich über dieses Buch setzen. Streiflichter durch das Leben, Denken und Werk von 13 Frauen und 16 Männern, Politikerinnen, Künstlerinnen, Theologinnen, Zeugen aus der '3. Welt', Märtyrer des Nazireiches und Frauen berühmter Männer.

Ein Buch, nicht geeignet zum wissenschaftlichen Arbeiten, aber gut zu lesen zur Kurzinformation, als Freizeitlektüre, auch für Jugendliche und als Geschenk geeignet. Ein Buch, im Alltag zu gebrauchen, für Referate, Predigten und Andachten, und zum Vorlesen. Eine Mischung aus biographischen Eindrücken und Bildern, dazu Auszüge aus denWerken der beschriebenen Menschen. Sie sprechen auch direkt, in Briefen und Interviews.

Was ist das Besondere dieser Menschen? 'Unbeirrbar' nennt sie der Titel des Buches. Unbeirrbar in was?

Christen nennen sie sich alle. Aber sie sind nicht pflegeleicht, nicht jedermanns Freund, halsstarrig in gewisser Weise, unbequem, und sie zahlen zum Teil einen hohen Preis, den Preis der Ausgrenzung (auch aus der traditionellen Kirche), der Ablehnung, der Verfolgung und des Lebens. Aber sie wissen auch wofür.

Sie wissen, warum es sich lohnt zu leben, sie haben etwas erfahren von dem 'selig sind' aus der Bergpredigt. Für sie ist Christsein keine Sonntagserfahrung, sondern verwoben mit ihrem Leben. Es ist ihnen nicht zugefallen, sondern gewachsen an den Herausforderungen, denen sie sich mit ihren Gaben gestellt haben, und so für jedermann nachvollziehbar. Deshalb keine einsamen Heldinnen und Vorbilder, sondern eine Ermutigung für jede/n, die/der mit der Sauerteigarbeit im Sinne Jesu heute ernst machen will."

Religionswerk "Oikoumene" für die Grundschule

Hier schlägt mein Herz zentral. 1988 erhielt ich vom Patmos Verlag den endgültigen Auftrag dazu. Es wuchs, da meine Krankheit die Sache zunächst um Jahre verzögerte, langsam heran (Abschluss mit den Arbeitsheften 3/4 1999!). Zunächst waren's vier Jahresbände - "Sehen lernen" Kl. 1, "Wege gehen" Kl. 2, "Leben in einem Haus" Kl. 3, "Den Frieden suchen" Kl. 4. Drei Werkbücher kamen hinzu, zwei Folienmappen, vier Arbeitshefte und eine CD mit ausgesuchten Liedern aus den Büchern 1-4. Alles in allem ein beträchtliches Werk. Die Pfarrerin Kerstin LÜDKE half mit Ideen, mit Material, mit theologischem Rat, mit feministischer Beharrlichkeit und strenger Kritik.

Der Gedanke der Oikoumene als "gemeinsames Haus aller Menschen in der Welt" hatte mich in den 80ern, auch im Blick auf die Zukunft der Kinder nach der Jahrtausendwende mit Macht überfallen. Als ich Ulrich BECKER, damals Direktor der Erziehungsabteilung beim ökumenischen Rat in Genf (es war wohl 1986), bei Tisch davon erzählte, erntete ich nur ungläubiges Erstaunen und völliges Unverständnis. Ökumene der christlichen Kirchen, ja, das war sein Anliegen. Aber Oikoumene der Nationen, der Hautfarben, vor allem der Religionen, und das für Grundschulkinder - ihm schien's undenkbar. Heute ist's in aller (und auch in seinem) Munde.

Ahmad KAFTARO, der Großmufti von Damaskus, hat den Sachverhalt in deutliche Worte gefasst: "Wir, die Männer und Frauen der Religionen, müssen eine Revolution des Glaubens in Kooperation herbeiführen, eine Revolution der mutigen Erneuerung, des Ernstes, der Weisheit und des modernen Wissens, genauso wie unsere geistlichen Vorväter Abraham, Moses, Jesus und Mohammed es unternommen haben. Wir umarmen euch Christen. Darum umarmt auch uns Muslime. Wir halten Christus, Maria und das Evangelium heilig. Also erwidert den Gruß eurer muslimischen Schwestern und Brüder. Unser Planet gleicht einem Schiff, das durch das Weltall kreuzt. Und alle Passagiere sind gleicherweise verantwortlich für Sicherheit und Wartung. Alle Gläubigen und ernsthaften Gelehrten sind aufgefordert, möglichst rasch mit einem Dialog zu beginnen, so daß jeder mit dem vertraut ist, was der andere anzubieten hat."

Das mag angesichts von terroristischem Fundamentalismus und Fanatismus gerade im Islam, aber auch angesichts verbohrter Orthodoxie bei manchen Juden und Christen unrealistisch klingen, ist aber im Hinblick auf die Zukunft der Welt im neuen Jahrtausend die einzig diskutable Alternative. Deshalb die Bemühung,

Kinder als die Garanten der Zukunft so früh wie möglich zu einer verständnisvollen, offenen Haltung gegenüber Andersdenkenden und Andersglaubenden zu erziehen. Dies geschieht zum einen dadurch, dass man mehr, als es bisher üblich war, über die besonderen Lebens- und Glaubensformen der anderen informiert, zum andern aber - und dies ist noch wichtiger -, dass man Kindern durch gut erzählte Geschichten und kreative Auseinandersetzung ein Erleben und Erfahren zentraler Inhalte anderer Religionen ermöglicht mit der Folge, dass sie, emotional betroffen, den anderen im Herzen nahekommen. "Wir sind in der eigenen Religion zuhause", sagt der Religionswissenschaftler und -pädagoge Paul SCHWARZENAU, "in der anderen Gäste, nicht mehr Fremde."

Weltumspannend denken, lautet die Devise, oikoumenisch denken. Eine Oikoumene der Religionen im Auge haben. So wie Dom Héldèr CÂMARA, der berühmte brasilianische Erzbischof, sie im Auge hatte, als er formulierte: "Ich möchte jedem Kind eine Weltkarte schenken oder einen Leuchtglobus, damit sein Blick sich weitet, damit Interesse entsteht für jedes Volk, jede Hautfarbe, jede Religion." Wunsch und Wille zum Handeln sind die Folgen eines solchen Interesses.

Achtet einander! So wie Mutter TERESA es tat, die in ihrem letzten Spiegelinterview 1996 sagte: "Ich brachte niemals jemanden dazu, mit Druck Christ zu werden. Wenn ein Hindu oder Muslim stirbt, helfe ich ihm einfach, zu Gott zu beten, zu *seinem* Gott. Ich spreche meine Gebete. Er spricht die seinen".

Zwischenruf

Ökumene: Evangelisch - Katholisch
Dieses Gezerre um einen konfessionsunabhängigen (überkonfessionellen oder wie man's nennen mag) Religionsunterricht in den beiden ersten Schuljahren! Diese Angst der Lehrerinnen und meine stets wiederholte Rede: "Tun Sie's! Sie tun gut dran - um der Kinder willen! Machen Sie sich frei von bischöflicher, von päpstlicher Bevormundung!" (O Gott, schenke uns einen neuen, einen anderen Papst!).

"Auf beiden Seiten des Flusses wächst der Baum des Lebens"
1998/99 entstand - von der ersten Idee her bis zum fertigen Buch weniger als ein Jahr, ein Phänomen - das Buch zum Kreuz Christi, zu Tod und Leben jenseits aller biologischen Vorgänge. Prof. Klaus WEGENAST hat dazu eine Rezension geschrieben. Ich gebe ihm das Wort:

"Dietrich Steinwede, das heisst umfassende Kenntnis christlicher Kunst aus vielen Jahrhunderten, bewundernswertes Sprachvermögen und Zeitgenossenschaft als Mitdenken mit dem, der heute liest. Auf beiden Seiten des Flusses des Todes und der Vergänglichkeit, ist Leben, erfülltes, ertragenes, erlittenes, bedrohtes und erhofftes. Das christliche Symbol solchen Lebens ist der römische Marterpfahl des Kreuzes, an dem Jesus starb und das dem Glauben nicht nur den Tod vor Augen stellt, sondern als Symbol der Freiheit Garant der Hoffnung auf Leben ist.

Die Bilder und Texte des vorbildlich gestalteten Buches sind immer wieder so etwas wie Utopien gegen Gewalt und Tod, machen nachdenklich, motivieren Fragen, lassen genau hinsehen und aufhorchen, gewähren Durchblicke und schaffen Einsicht, verändern Stimmungen und befreien zum Aufatmen.

In 9 Kapiteln 'umkreist' Steinwede das Kreuzessymbol als Marterholz Jesu Christi, als Lebensbaum, als Würdezeichen des Weltenrichters, als missbrauchtes Machtsymbol der Grossen in Welt und Kirche, als Feldzeichen plündernder Heere, als Symbol der versöhnenden Liebe, als Zeichen des Sieges im Lichte von Ostern.

In allen Teilen gelingt es Steinwede, Dichterworte aus vielen Jahrhunderten, Nachdenkliches von Philosophen, Worte von Aposteln und Propheten, Lieder Israels und Texte von Kirchenvätern Bildern zuzuordnen, die immer wieder neu und anders das Kreuz vor Augen stellen. Dabei führt der Autor den Leser/die Leserin sorgfältig durch das jeweilige Bild, macht aufmerksam auf leicht zu Übersehendes, interpretiert die für viele von uns nicht mehr zu verstehende Symbolik, beleuchtet mit den ausgewählten Texten das Gemeinte aus oft überraschenden Perspektiven.

Die Bilder: Mosaike, Elfenbeinschnitzereien, Steinmetzarbeiten, Buchmalereien, Goldschmiedekunstwerke, Gemmen; Arbeiten aus dem 3.-20. Jahrhundert von Otto Dix und Hieronymus Bosch, von Rogier van der Weyden und Oskar Kokoschka, von Lukas Cranach und José Clemente Orozco, von unbekannten Bildhauern des 3. und 4. Jahrhunderts und von Goldschmieden des hohen Mittelalters. Dabei ist auffallend und bemerkenswert, wie in jedem Jahrhundert das Kreuz überraschend unterschiedlich 'interpretiert' wird: Aus dem Schmerzensmann wird der Sieger als Weltenherrscher, aus dem hingerichteten Machtlosen der Weltenrichter. Der Gekreuzigte ist der Weise oder der sich zu den Hungernden vom Kreuz herabbeugende Helfer.

Bild und Text, betrachtende Beschreibung und Informatives gehören jeweils zusammen und beleuchten sich gegenseitig. Ein Buch, das nicht nur zur Meditation einlädt, zum Nachdenken und zum Bedenken, sondern auch motiviert, mit anderen zu sprechen. Ich selbst habe aus dem Buch Anregungen für den Unterricht und für eine Predigt gewonnen und bin zu einem ganz neuen Verhältnis zum Kreuz befreit worden.

Dem Autor, dem Verlag und den Gestaltern des Buches gebührt Dank."

Martin Buber - "Worte für jeden Tag" (GTB 734)

23. Juni 1953: Wir hocken im Dachstuhl der Hamburger Katharinenkirche über den teilweise eingestürzten Gewölben. Kunstgeschichtliche Exkursion. Der Professor (ich hörte in Hamburg wie später in Göttingen auch Kunstgeschichte) erklärt uns, wie die Maurer die mittelalterliche Gewölbetechnik wieder erlernt

haben. Dann: "Ich gehe jetzt zu Martin BUBER. Wer kommt mit?" - "Ja, ich". Ohne Schwierigkeiten finden wir im Vortragssaal des Rathauses Platz.

Dann sehe ich ihn, diesen kleinen bärtigen Mann mit der intensiven Ausstrahlung. An seine Worte - er spricht anlässlich des ihm bereits 1951 verliehenen Goethepreises der Hansestadt - erinnere ich mich kaum noch. Aber ich erfahre zutiefst diese "ruhige, ganz unsuggestive Stimme" (A. GOES), "die konzentrierte Geisteskraft der Rede beim Vortrag, die Leuchtkraft der dunklen Augen, beides Spiegel jener intensiven Gegenwärtigkeit, die sich als Ausdruck einer tiefen und scheuen Frömmigkeit offenbart" (G. SCHAEDER). Seitdem trage ich Martin BUBER im Herzen.

Nachspiel 1999: Das Gütersloher Verlagshaus hat von Lambert SCHNEIDER das Gesamtwerk Martin BUBERs übernommen. Ich hatte zugeraten, erhielt (nicht nur deswegen) den Auftrag zu dem o.g. Titel. Auf die Schnelle musste alles gehen. Zwei Monate intensiven Studiums (der Verlag schenkte mir alle Bücher) - es machte mir viel Freude - und die Sache war fertig.

In Jerusalem fragte BUBERs Enkelin den Verlagsleiter: "STEINWEDE, wer ist denn das? Ein BUBER-Experte?" Hans-Jürgen MEURER musste erklären ...

Streiflicht

Ich besitze eine wunderschöne Silbermünze aus der Zeit des Bar-Kochbar-Aufstandes 132-135. Vorne eine dreisaitige Kithara, hinten eine Traube. Umschrift in Hebräisch: "Freiheit für Jerusalem". Es ist eine Überprägung. Der römische Denar ist noch zu erkennen. So empfinde ich mich 1999: Neugeprägt, übergeprägt. Der Prägestempel: Martin BUBER.

"Nun soll es werden Frieden auf Erden - Weihnachten: Geschichte, Glaube und Kultur"

Das Buch ist gerade erschienen. Altbischof Martin KRUSE, Berlin, schrieb eine erste Rezension:

"Nein, ich werde mir keine neue Krippe kaufen. Die ich seit langem habe, geht mit ins neue Jahrhundert. Vielleicht kommt gelegentlich eine weitere Figur hinzu.

Das Buch, das ich hier anzeige, ist von ähnlicher Qualität. Es wird mitgehen, es reicht für zehn Jahre und mehr. Und in jedem Jahr wird es helfen, den Reichtum des Weihnachtsfestes besser zu begreifen. Eine Fülle von Wissenwertem und von 'Anschaubarem' ist in diesem Buch zusammengekommen.

Ich meine, wir müssen bewusst etwas gegen den Sog der Kommerzialisierung des Festes tun. Schimpfen und Wettern hilft nicht viel. Wir müssen der Sache auf den Grund gehen. Und dazu kann dieses Buch aus der Feder des bekannten Pädagogen und Schriftstellers

Dietrich Steinwede vorzüglich dienen. Ich empfehle Ihnen, das Inhaltsverzeichnis zu studieren und dann zuerst die Seiten zu lesen, die Ihnen bei Ihren Fragen eine Antwort geben können. Jeder nachdenkliche Mensch hat seine Fragen an den Sinn des Weihnachtsfestes. Dieses Buch ist ein sicher nicht ganz billiges, aber preis-würdiges Geschenk und nach meiner Einsicht ein Wegbegleiter für viele Jahre."

Unter dem 23.6.1986 notierte ich: Ich halte "Augustinus" wirklich für mein schönstes Buch. "Bonifatius" ist zu spröde, zu sehr frühmittelalterlich-nordisch-dunkel. "Augustinus" ist erfüllt von der heißen Sinnenglut mediterraner Antike. Vielleicht sind die "Confessiones" des AUGUSTINUS eines der größten Glaubensbücher nach der Bibel. Heute sage ich: Das Weihnachtsbuch "Nun soll es werden Frieden auf Erden" ist mein schönstes Buch.

Eine zweite ausführlichere Rezension von Norbert COPRAY erschien unter dem Titel "Wenn Weihnachten ein Kult wird" ('Buch des Monats') im Dezember 1999 in "Publik Forum":

"Das Weihnachtsfest hat einen beispiellosen Siegeszug angetreten. Selbst in Weltreligionen, in denen Christen einen spärlichen Anteil an der Bevölkerung stellen, setzt es sich mehr und mehr durch. Das Fest ist ein echter Gewinner der Globalisierung. Weihnachten wird Kult. Ein Schelm, wer dabei nur an die kommerziellen Interessen der Geschäftswelt denkt, die auch mit Valentinstagen und Halloweenevents Kaufanlässe schaffen wollen. Mit seiner Symbolik und Romantik bietet Weihnachten eine ideale Projektionsfläche für die Sehnsüchte der Menschen nach ewigem inneren und äußeren Frieden, nach Geborgenheit, nach Menschen- und Tierfreundlichkeit. Uralte Menschheitskultur schwingt im Weihnachtsfest mit, in dem der den meisten Menschen unbewusste Glaube an den Sonnengott mitgefeiert wird.

Seit der Pharao Echnaton im 14. Jahrhundert vor Christus mit dem Sonnenkult den frühesten und auffälligsten Monotheismus begründet hatte, wollte es mit der Sonnenmythologie kein Ende nehmen, bis schließlich aus dem griechischen Gott Apoll Jesus, der Christus wird. So formuliert Paulus im Brief an die Epheser: 'Wach auf, du Schläfer! Steh auf vom Tod! Denn Christus, deine Sonne, geht auf für dich.' Am 25. Dezember ließ Kaiser Aurelian (270-275) die Sonne ins Zentrum römischer Reichskulte stellen. Daran knüpft das Weihnachtsfest der westlichen Hemisphäre an, während der orthodoxe Osten Weihnachten wie ursprünglich am 6. Januar feiert. Der Heiligenschein, der Jesus in vielen Krippendarstellungen umgibt, ist Ausweis seiner Sonnengöttlichkeit.

Weihnachten ist ein archetypisches Symbol und repräsentiert mit dem 'göttlichen Kind' in der Mitte den Neubeginn, die Fülle aller Möglichkeiten, den Reichtum der Zukunft, die Nähe göttlicher Kraft und das Selbst. In Verbindung mit Maria, die die matriarchalen, heidnischen Gottheiten als Gottesmutter beerbt hat, wird wie im uralten ägyptischen Mythos von Horus und Isis die kosmische Schöpferkraft mit ihren weiblich-männlichen Anteilen personifiziert. Weihnachten ist im wahrsten Sinne des Wortes ein mythologischer Tausendsassa, der immer Menschen so anspricht, dass die damit verbundenen christlichen Aspekte des Festes nur schwer freizulegen sind.

Dietrich Steinwede hat mit seinem farbenprächtigen, mit vielen Abbildungen üppig ausgestatteten Bildband allen einen großen Dienst erwiesen, die als aufgeklärte, aber deswegen nicht minder romantische Zeitgenossen den Sinn und die Tiefe des Weihnachtsfestes entdecken wollen. Vor allem der Text von Steinwede, der die Leser durch den Band an Bildern, Zitaten und anderen kurzen Texten vorbei begleitet, ist von herausragender, faszinierender Qualität. Steinwede hat es verstanden, moderne Erkenntnisse aus der Bibelforschung sowie theologische und historische Einsichten mit einem tiefen Verständnis für die frühchristliche, mittelalterliche und moderne Kunst virtuos zu verbinden. So erschließt er den Lesern das Weihnachtsfest, seine Traditionen, seine Bedeutungen, seine Verheißungen und seine Stimmungen. An keiner Stelle gleitet der Text in Kitsch ab, nirgends gibt Steinwede die kritische Information auf, um Symbolik und Romantik zu retten.

Doch zugleich wird die kritische Aufklärung an keinem Punkt zum Störfall einer existenziellen Aneignung des Weihnachtsfestes und der damit verbundenen spirituellen Aspekte. Jesus wird von Steinwede in einer Art vorgestellt, dass sich manche Theologen eine Scheibe davon abschneiden können. Die verschiedenen neutestamentlichen Traditionen, die mit Weihnachten verknüpft sind, werden kompetent und geistreich aufgegriffen. Jesaja, Johannes, Maria und Josef finden einen angemessenen Platz im weihnachtlichen Drama.

Wie Weihnachten Kultur und schließlich Kult wird, wie es in anderen Kulturen von Christen und Nichtchristen gesehen wird, ist ebenso zu erfahren, wie Kenntnis gegeben wird von modernen Auseinandersetzungen mit Weihnachten, die auch den Bezug des Betlehemsterns zum 'Judenstern' der Nazis nicht aussparen. Der Band führt zu weihnachtlicher Spiritualität und zu stillen, wertvollen Stunden."

Ad finem

Eines Tages wusste ich: Die Menschen (die ich zu betreuen habe) sind mir wichtiger als die Bücher. Aber ich wusste und weiß auch: Mit einem Menschen kann ich rasch (locker) kommunizieren, die Ausführung eines Buches ist Kärnerarbeit. Dennoch: Bücher machen zu dürfen, welch ein Geschenk. Bücher, das muss ich mir wohl eingestehen, sind mein Schicksal.

Wieder BUBER als Denkpartner (er spricht allerdings nur von den Büchern, die er *liest*): "Wenn man mich in meiner frühen Jugend gefragt hätte, ob ich es vorziehen würde, nur mit Menschen oder nur mit Büchern zu verkehren, hätte ich mich gewiß zugunsten der letzteren ausgesprochen. Später hat sich das mehr und mehr geändert. Nicht als hätte ich soviel bessere Erfahrungen mit Menschen als mit Büchern gemacht – im Gegenteil, rein erfreuliche Bücher kommen mir immer noch weit öfter als rein erfreuliche Menschen in den Weg –, aber die vielen schlechten Erfahrungen mit Menschen haben mein Lebensmark genährt, wie es das edelste Buch nicht vermöchte, und die guten haben mir die Erde zum Garten gemacht.

Ich habe nichts von Büchern gewußt, als ich dem Schoß meiner Mutter entsprang, und ich will ohne Bücher sterben, eine Menschenhand in der meinen. Jetzt freilich schließe ich zuweilen die Tür meiner Stube und ergebe mich einem Buch, aber nur, weil ich die Tür wieder öffnen kann, und ein Mensch blickt zu mir auf" (aus: "Begegnung").

Lebens-Themen

Sinn des Lebens

1. Mit vier Worten weiß Martin BUBER alles zu umschreiben: Arbeit - Liebe - Glaube- *Humor*. Bei Humor fällt mir ein, was DOSTOJEWSKI in den "Aufzeichnungen aus dem Kellerloch" schreibt: "Ich gebe zu, daß 2x2=4 eine fabelhafte Sache ist, aber wenn man schon alles loben will, dann ist 2x2=5 ein allerliebstes Sächelchen." Ja, oder auch wenn Reiner KUNZE in "Die wunderbaren Jahre" von seiner pubertierenden Tochter sagt: "Sie trug einen Rock - ein Wort wäre zu lang gewesen, ihn zu beschreiben." Da kann ich schmunzeln, mich begeistern, aus der Tiefe lachen - Leichtigkeit und Humor -, da wird das Leben schön.

2. Aber wozu ist der Mensch erschaffen?
Rabbi Mendel von Kozk fragte einst seinen Schüler Rabbi Jakob von Radzimin: "Jakob, wozu ist der Mensch erschaffen?" Der antwortete: "Daß er seine Seele zur Vollendung bringe." - "Jakob", sagte der Zaddik, "haben wir's so bei unserem Lehrer Rabbi Bunam gelernt? - Wahrlich, der Mensch ist erschaffen, daß er den Himmel emporhebe!"

3. Und woher wissen wir, *wie* wir leben sollen?
Wieder sind's die Indianer, die zu antworten vermögen. CHIPAROPAI erzählt: "Woher wüßten wir, wie wir leben sollen, wenn wir nicht an etwas glaubten, das größer ist als wir? Wer würde uns lehren zu leben? Wer sagt dem Baum, wann die Zeit kommt, seine kleinen Blätter auszutreiben? Wer sagt diesen Drosseln da, daß es warm geworden ist und sie wieder nach Norden fliegen können? Vögel und Bäume hören auf etwas, das weiser ist als sie. Von sich aus würden sie es niemals wissen. Oft sitze ich allein und schaue die Lilien an und all die hübschen kleinen rosa Blüten und frage mich: 'Wer hat euch gesagt, daß es Frühling ist und daß ihr blühen sollt?' Und ich denke und denke nach, und immer komme ich auf

dieselbe Antwort. Das, was größer ist als wir, lehrt alle Lebewesen, was sie tun sollen. Wir sind wie die Blumen. Wir leben und wir sterben, und aus uns selbst heraus wissen wir nichts. Aber das, was größer ist als wir, lehrt uns - lehrt uns, wie wir leben sollen."

Sinn des Lebens? - Rainer Maria RILKE: "So hell als möglich eine Weile brennen."

Und THOMAS MORUS in "Utopia": "Nur dazu sind wir Menschen auf Erden, um uns gegenseitig zu einem Leben in größter Fröhlichkeit zu verhelfen."

Friede

"Ein Friede kann nicht so ungerecht sein, daß er nicht dem gerechtesten Krieg vorzuziehen wäre" (ERASMUS VON ROTTERDAM).

Eins meiner religionspädagogischen Grundthemen: "Et in terra pax" ist für mich der wichtigste Satz der Bibel, der als Utopie (Realutopie) nie seine Kraft verliert, auch wenn BONIFATIUS klagen mag: "pax, pax - et non est pax!"

Friede weltumfassend, alle Hautfarben, Völker, Religionen und Konfessionen umschließend, Friede des Menschen mit seinem Nachbarn, mit sich selbst, mit Gott, Friede ward schon von den Sumerern erträumt ("Einmal in seiner Geborgenheit das ganze Weltall, die geeinten Völker", 3000 v. Chr.), ebenso von dem, der den Kolosserbrief schrieb ("Unter ihm, als dem Haupt, soll Frieden werden, der Friede, den er gestiftet hat. Dieser Friede umfaßt die Menschen der ganzen Welt"), ebenso von AUGUSTINUS ("Der Mensch ist ein mit Vernunft und Würde ausgestattetes Wesen. Er kann nichts zu seiner Entschuldigung vorbringen, wenn er seinen Bruder mit Streit, mit Krieg überzieht"), ebenso von Pinchas LAPIDE, der das Wort "Entfeindungsliebe" prägte ("Ich glaube, daß unsere Welt weder heil noch heil-los ist, sondern heil-bar durch gemeinsame Arbeit an jenem Weltfrieden, der kein frommer Wunschtraum bleiben darf").

Alles, aber auch alles tun 'um des lieben Friedens willen', das habe ich meine Kinder immer wieder zu lehren versucht, mit Wolfgang BORCHERT "nein" zu sagen ("Sag 'nein', wenn du nicht töten willst"), so wie jene Höhere Tochter Anfang des 20. Jahrhunderts beim Religionsexamen in Moskau - L. TOLSTOJ erzählt davon - vor dem Erzbischof "nein" sagte, "nein, niemals ist es erlaubt zu töten, auch nicht im Krieg, auch nicht bei Hinrichtungen, so hat es Christus gewollt." Als Jochen KLEPPER einberufen wurde, sagte er: "Lasse ich mich töten, so mache ich einen anderen zum Mörder. Töte ich selbst, so bin ich es."

Stolz bin ich auf die Sätze, die mein Sohn Johann ohne mein Zutun in seine Begründung zur Kriegsdienstverweigerung schrieb: "Meine Beweggründe für die Gewissensentscheidung, den Kriegsdienst mit der Waffe zu verweigern, basieren vor allem auf dem Wunsch eines angstfreien und friedlichen Zusammenlebens aller Menschen, gleich welcher Weltanschauung, welcher geistigen oder körperlichen Fähigkeiten. Daher lehne ich Gewalt oder die Androhung von Gewalt ab, die einer Konfliktlösung dienen könnten. Man sollte meiner Überzeugung nach durch friedliches und sensibilisiertes Verhalten zu einem solchen Zusammenleben beitragen und den Tod eines Menschen durch Gewalt auf keinen Fall als akzeptabel oder kalkulierbar ansehen."

Ich lehre meine Kinder auch fluchen, und zwar mit dem chinesischen Dichter LI-TAI-BAI (701-762): "Es sei verflucht der Krieg, verflucht das Werk der Waffen. Es hat der Weise nichts mit ihrem Wahn zu schaffen."

Das Werk der Waffen! "Kanonen kann man nicht verbessern, man kann sie nur verschlimmern", sagt Reinhold SCHNEIDER zum Wahnsinn jeglicher Aufrüstung. Und Eugen DREWERMANN nennt für einen wirklichen Weltfrieden drei Bedingungen: Die Kriegsgewinnler-Industrie wird vollständig eliminiert; nirgendwo wird mehr eine Option auf mögliche Kriege offengehalten. Und: wir schaffen eine Pädagogik, die den Menschen (den Kindern) ermöglicht, "nein" zu sagen.

"Wer ist unter uns, der bei verzehrendem Feuer wohnen kann" (Jes 33,14)? Niemand! Befreit sind wir inzwischen von der Angst, "wenn das Letzte geschähe, das sich dem Denken versagt, wenn die jähe Glut um den Erdball jagt und der Planet zerschellte, vertilgt des Menschen Spur, zwischen Venus und Mars die Kälte des leeren Raumes nur" (Franz FÜHMANN). Ein großer Schritt zum Frieden in dieser Welt ist getan. Dass jedoch die Friedensbewegungen allüberall nach dem Ende des Kalten Krieges so plötzlich erstarben, ist hart (mir unverständlich), gehen doch die Kriege auf diesem Planeten, wie jeder weiß, in aller Grausamkeit (man mag das Kosovo kaum nennen) unvermindert weiter. Wie war das 1981 doch wirklich friedvoll (ich spürte den Atem der Geschichte) bei dieser riesigen Demonstration im Bonner Hofgarten. Und EPPLER sprach und BRANDT und BÖLL. Und oben zog ein Flugzeug seine Kreise mit dem Schriftband "Und wer demonstriert in Moskau?"

Es gab in Godesberg die Friedensdemonstration "Fünf vor Zwölf". Ich schrieb: "Fünf vor zwölf, nicht mehr elf, noch nicht eins, Leben keins. Fünf vor zwölf - *noch* Leben." Ich schrieb auch: "Was werden wir sagen, wenn wir einst, Gott, ohne Vögel leben, ohne den Baum, ohne den Fisch, das grüne Gras? Im Betongelaß unter der Erde, wenn wir kriechen - Was? Dann? Werden wir sagen?" - Wie schnell ist das alles dahin, die weltverändernden Friedensdemonstrationen der Leipziger Bürger oder Gudrun PAUSEWANGS "Die letzten Kinder von Schewenborn". Dürfen wir das vergessen, verdrängen? Ja, ja: "Der Frieden wächst, wie Rosen blühn, so bunt, so schön, so still. Er fängt bei uns zuhause an, bei jedem, der ihn will" (Eva RECHLIN). Bd. 4 des Religionswerkes "Oikoumene" ist überschrieben "Den Frieden suchen". Und über das Titelblatt fliegt PICASSOs Friedenstaube hinweg. Wir kommen voran, gerade mit den Kindern, aber nur, wenn wir nicht vergessen.

Ernst BARLACHs Schwebender, dieses Weltkunstwerk eines Friedens-Denk-Mals in Güstrow und Köln, trägt für mich mit dem Gesicht der Käthe KOLLWITZ zugleich das Friedensantlitz des 20. Jahrhunderts. Wir wollen, wir können es sagen und singen: "Nun soll es werden Frieden auf Erden".

"Glücklich sind die Wehrlosen. Sie vermögen Frieden zu schaffen."

Es gab in den Tagen des Widerstandes den Grafen Helmuth MOLTKE, der sein Leben dahingab, weil er Christ war, der zu Tode gebracht wurde, obwohl er den Tyrannenmord (ich denke anders darüber) ablehnte. "Friede ist, wenn die Güte den Sieg davongetragen hat über die Gewalt", sagt Eugen DREWERMANN.

Über Friedenstexte, Friedensbilder, Friedenslieder, Friedensspiele, Friedensaktionen, Schulgottesdienste zum Thema habe ich unablässig nachgedacht und tue es noch. Die Unterrichtsstunden im 4. Schuljahr über PANKOKs "Christus zerbricht das Gewehr" und PICASSOs "Guernica" sind mir unvergesslich, ebenso das Engagement der Kinder für Spiel, Lied und bildnerische Gestaltung, ihre Briefe an BUSH und GORBATSCHOW, ihre selbstformulierten Friedensgebete, ihr riesiges gemeinschaftlich auf einem Packpapierbogen gestaltetes Friedensplakat. Man schlage die Seiten 46-63 im Religionsbuch "Oikoumene 4" nach, und man wird S. 46 (u.a.) bewegende Kinderaussagen finden: "... daß Gott, wenn er ein Mensch wäre, alle Gewehre zerbrechen würde." - "Gott hat die Menschen ja nicht geschaffen, daß sie Kriege machen, sondern daß sie immer Frieden haben."

Darum mit Martin LUTHER: "Lasset die Geister aufeinanderprallen. Aber die Fauste haltet still!"

Arme - auch ein Friedensthema

Dass die Deutschen sich ihre Bettler, ihre Obdachlosen (auch in vielen Filmen) so selbstverständlich leisten, will mir nicht in den Kopf. Nun, ich gebe jedem. Neulich waren es in Bonn zwischen Münster- und Marktplatz neun. Gewiss, das spricht mich nicht frei. Aber warum keine Initiative 'Helft den Bettlern und Bettlerinnen!'? Helft ihnen zu einem menschenwürdigen Leben! Warum kein Sicheinsetzen irgendeines Politikers? Wo ist der Staat, der sagt: Dieses nicht mehr, unter keinen Umständen!? Ich war 1978 in MAOs China. Ich sah Abertausende von Chinesen. Ich sah - einen einzigen Bettler!

Gut, es gibt Scharlatane. Das Gesicht der jungen Frau war so verzweifelt, wirklich mitleiderregend. Ich gab. Nach 1 ½ Stunden kam ich zurück. Da saß dort ein hübsches junges Mädchen (es war eindeutig dieselbe) und zählte zusammen mit einem gut angezogenen jungen Mann (Studententyp) in aller Öffentlichkeit ganz ungeniert ihr Geld. Dennoch: Mein nächstes Kirchentagsthema würde in einem ganz spezifischen Sinne lauten: "Arme habt ihr allzeit bei euch!"

"Der König aber ließ die Armen und die Kinder in seinem Reich zu seinen Schwestern und Brüdern erklären" (Felix TIMMERMANs "Die drei Schlüssel"). Im Bettler begegnet mir Gott.

Die Schoah

"Die Juden, die niemals Missionsreiche oder farbige Sklaven besaßen" (André SCHWARZ-BART).

In keinem Buch, sei es für Kinder, sei es für Erwachsene, lasse ich diese Thematik aus, diese "größte Tragödie der Menschheit" (Elie WIESEL), diese "Gottesfinsternis" (Pinchas LAPIDE), diese untilgbare Schuld, die uns nach Jahrhunderten noch heimsuchen wird (und soll). Kann sich irgendwer, der nachdenklich und aufrichtig ist, dieser "kollektiven Scham" (Theodor HEUß) entziehen? Die Ermordung eines Jahrhunderts in einer 'entzügelten Zeit'. "Sein Blut komme über uns und unsere Kinder" (Mt 27,25). Mit diesem Satz hat der Evangelist Tausende und Abertausende von Juden getötet.

"Diese jüdische Schicksalstragödie, die mit dem dunkelsten Stück deutscher Staatsgeschichte für Ewigkeiten verbunden bleibt" (Theodor HEUß an Martin BUBER, 24.1.1958).

Unendlich die Zahl der immer wieder bedrängenden, erdrückenden Zeugnisse. Unvergesslich die Todesangst des kleinen Elie WIESEL in Auschwitz: "Eines Tages wurde ein 15jähriger Kamerad, ein holländischer jüdischer Junge, der wie ein Engel aussah, grundlos zur Hinrichtung abgeführt. Vor den Augen der Häftlinge wurde er erhängt. Da erhob sich im Lager die Frage: 'Wo ist Gott?' Und ich hörte die Antwort", so die Erinnerung Elie WIESELs, "'Gott ist tot. Gott ist gestorben. Hier an diesem Galgen!'"

Nur einen möchte ich darüber hinaus noch nennen, André SCHWARZ-BART mit seinem Buch "Der Letzte der Gerechten", mit dem Schluss des Romans, mit jenem hervorgewürgten grandiosen Todeshymnus des Erni LEVY in der Gaskammer von Auschwitz.

"Wer bin ich, daß ich mich vermessen könnte, hier zu vergeben", sagt Martin BUBER in der Friedenspreisrede von 1953. Aber auch - und dies ist (lange vor GOLDHAGENs absurden Behauptungen) ein fast liebevolles Zeugnis der Versöhnungsbereitschaft:

"Wenn ich an das deutsche Volk der Tage von Auschwitz und Treblinka denke, sehe ich zunächst die sehr vielen, die wußten, daß das Ungeheure geschah, und sich nicht auflehnten; aber mein der Schwäche des Menschen kundiges Herz weigert sich, meinen Nächsten deswegen zu verdammen, weil er es nicht über sich vermocht hat, Märtyrer zu werden.

Sodann taucht vor mir die Menge all derer auf, denen das der deutschen Öffentlichkeit Vorenthaltene unbekannt blieb, die auch nichts unternahmen, um zu erfahren, welche Wirklichkeit den umlaufenden Gerüchten entsprach; wenn ich diese Menge im Sinn habe, überkommt mich der Gedanke an die mir ebenfalls wohlbekannte Angst der menschlichen Kreatur vor einer Wahrheit, der sie nicht standhalten zu können fürchtet.

Zuletzt aber erscheinen mir die aus zuverlässigen Berichten an Angesicht, Haltung und Stimme wie Freunde vertraut Gewordenen, die sich weigerten, den Befehl auszuführen oder weiterzugeben und den Tod erlitten oder ihn sich gaben, oder die erfuhren, was geschah, und sich dagegen auflehnten und den Tod erlitten, oder die erfuhren, was geschah, und weil sie nichts dawider unternehmen konnten, sich den Tod gaben. Ich sehe diese Menschen ganz nah vor mir, in jener besonderen Intimität, die uns zuweilen mit Toten, und mit ihnen allein, verbindet; und nun herrscht in meinem Herzen die Ehrfurcht und die Liebe zu diesen deutschen Menschen."

Zwölf Jahre Herrschaft des "homo contrahumanus". Martin BUBER wandte sich nachdrücklich gegen ein Zusammenwerfen des deutschen Volkes mit dem "Mordgesindel der Gaskammerorganisation", präzisierte in einem Brief 1955: "Ich werde immer dagegen kämpfen, daß man ein Volk mit seinem Abschaum identifiziert." Deutsche und Juden: Schalom möge ihnen in Zukunft geschenkt sein: Ganzheit, Gerechtigkeit, Wohlergehen, Freiheit, Freundschaft, Heil.

"Ein wirkliches Deutschland ist für mich ein von den Juden mitgeprägtes Deutschland" (Walter JENS).

Wunderbar, was Martin BUBER zum Verhältnis Judentum-Christentum zu sagen weiß: "Wenn ich vom Skopusberg, auf dem ich zu lehren habe, niederblicke, sehe ich meinen David, den Sünder und Sänger, neben Ihrem David-Sohn, dem sündenfreien Gleichnisredner, wahrhaft väterlich einhergehen, den starken Arm leicht um die Schultern des Jünglings gelegt. Was ist da noch 'Judentum', was 'Christentum'? Dort und hier ist Jehuda, hier und dort ist christós, und wirklich ist kein -tum. Die Stadt ist wirklich und die umschlungen wandelnden Zeiten in ihr" (Martin BUBER am 27.8.1938 aus Jerusalem an Leonhard RAGAZ).

Vier Streiflichter zum Thema

1. "Arbeitsbuch Religion 1/2": Immer wieder kamen diese Briefe von seltsamen Geistern, von Aufpassern und Buchstabenkrittlern. Etwa 2 Jahre lang. Geheime Antijudaismen fanden sie allerorten im Text dieses Religionsbuches. Ja, selbst das Wort "Jude" war verdächtig. Sie forderten Korrekturen. Ich schrieb zurück, erläuterte. Als dann ein Brief eintraf mit dem drohend klingenden Satz, Herr GALINSKI (der Vorsitzende des Zentralrates der Juden in den 80er Jahren) verfolge diesen Vorgang mit Aufmerksamkeit, reagierte ich energischer. Da gab man Ruhe. Eine Entschuldigung – nein, das hätte sie wohl überfordert.

2. Das Gedächtnis, diese manchmal erbarmungslose Zeitmaschine, bewahrt Dinge, bei denen ich mir nichts sehnlicher wünsche als deren totale Tilgung. Immer wieder verfolgt er mich, jener entsetzliche Refrain, den HITLERs Jugendverführer mir eintrichterten: "Krumme Juden ziehn dahin, daher. Sie ziehn wohl übers Meer. Die Wellen schlagen zu. Die Welt hat Ruh." Dazu passt ein Satz aus HITLERs "Mein Kampf", der verdeutlicht, wie radikal dieser Teufel über die Juden (und damit letztlich über ihre Vernichtung) dachte: "Siegt der Jude mit Hilfe seines marxistischen Glaubensbekenntnisses über die Völker dieser Welt, dann wird seine Krone der Totentanz der Menschheit sein, dann wird dieser Planet wieder wie einst vor Jahrmillionen menschenleer durch den Äther ziehen."

3. Sie kamen wie aus heiterem Himmel, das israelische Ehepaar aus Haifa, 1976. Mein Freund Fulvio TESTA hatte ihnen gesagt: "Dort könnt ihr hingehen, dort kommt ihr unter." Sie waren jung, arm, reisten per Autostop durch Deutschland, das sie fürchteten (alles Nazis!), und hatten sich doch in die Höhle des Löwen gewagt. Sie wollten weiter nach England. Auf Englisch verständigten wir uns. Sie waren selig, als sie baden konnten. Die Frau wusch ihre Wäsche. Sie blieben 2x über Nacht. Wir erzählten, musizierten, zeigten ihnen Bonn. Ich zeigte ihnen im Arbeitsbuch Religion die Seiten über das Judentum. Sie wollten es nicht glauben, Schulbücher, die für die Juden sprachen, in diesem Deutschland. Völlig Verwandelte gingen von uns. Sie hatten uns nach Haifa eingeladen. Nie kamen wir dazu, dem Folge zu leisten. Ihre Namen: Amalia und Haggai ADAR.

4. Pinchas LAPIDE. Es war nur *ein* Tag, dass wir uns kannten, und es war spontan eine herzliche Freundschaft mit ihm und seiner Frau Ruth. Es war eine Tagung im Institut über jüdische Feste. Sie sprach zumeist. Er, schon gezeichnet von der schweren Diabetes, die ein Jahr später zu seinem Tode führen sollte, griff ab und zu ein. Bei ein paar Dingen konnte ich kontern. Es war Historisches - ich wusste

es besser. Das muss ihnen imponiert haben. Am nächsten Morgen fuhr ich sie zur Bahn. Wir sprachen über Martin BUBER, den ich als Student in Hamburg gehört hatte. "Er war mein Lehrer", sagte Pinchas LAPIDE. Dann - wie aus heiterem Himmel - boten mir beide an, wir könnten doch ein Dialogbuch zusammen machen. Ich sollte nur anrufen, wenn ich's mir überlegt hätte. Ich war entgeistert. Nein, dachte ich, das ist eine Nummer zu hoch für dich. - Ich rief nicht an. Nach seinem Tod las ich in "Publik Forum" sein letztes Dialog-Gespräch mit Eugen DREWERMANN.

Gott

"Der wahre Mensch fängt erst beim Gottsucher an" (Max SCHELER).
"Gott ist die Freude. Darum hat er die Sonne vor sein Haus gestellt" (FRANZISKUS).
"Gott ist mir näher als ich mir selbst" (AUGUSTINUS).

Die Beziehung zu Gott kann in "Religion" aufgehoben sein, muss es aber nicht. Gott wohnt nicht in den Höhen, allenfalls in den Höhen unseres Bewusstseins. "Der Mensch liest nichts vom Himmel ab, was nicht zuerst und zuletzt in ihm geschrieben steht" (Leopold ZIEGLER).

In der Arbeit am Sachbilderbuch "Von Gott" kam ich der Gottesfrage näher, aber auch in der grundlegenden Erkenntnis, dass Gott allüberall (in seinen Spuren) zu finden ist, in jedem religiösen Text, in jeder Blume, in jedem Gebet. Viel gelernt habe ich von Martin BUBER, der in unmittelbarer Hingegebenheit an Gott lebte und der vielleicht im 20. Jahrhundert am tiefsten nachgedacht hat über Gott (alle Zitate im Folgenden von BUBER):

Das Wort Gott: "Gewiß ist es das beladenste aller Menschenworte. Eben darum ist es das unvergänglichste und unumgänglichste. - Gott ist das ewige Du, in jedem Ding zu schauen und in jeder reinen Tat zu erreichen."

Die Väter Israels haben es gewusst, Jesus hat es gewusst: Gott ist einer, zu dem wir reden können.

Gott ist kein Prinzip. Gott ist keine Idee. Gott ist der, dem ich begegnen kann. Seine Existenz ist unbeweisbar. Außerhalb der Welt, außerhalb unseres Lebens-, Denk- und Vorstellungsbereiches ist er nicht zu erfahren.

"Gottes Allumfassung stellt sich dar in der unendlichen Vielfalt der Wege, die zu ihm führen und von dem jeder einem Menschen offen ist. - Keine allgemeingültige Antwort ist da, keine Garantie ... nur eben ein Wagnis. Der Glaube an Gott ist ein Wagnis. Das Zeugen von Kindern ist ein Wagnis. Vielleicht gibt es noch ein Wagnis im Tode.

Wenn an Gott glauben heißt, von ihm in der dritten Person reden zu können, glaube ich nicht an Gott. Wenn Glauben an Gott heißt, *zu* ihm reden zu können, glaube ich an Gott. Ich umfasse ihn, zu dem ich mich wende. – Ist nicht er es, der uns hört, der uns *er*hört?

Der Chassidismus lehrt, daß die Freude an der Welt, wenn wir sie mit unserm ganzen Wesen heiligen, zur Freude an Gott führt."

Nichts geht über BUBERs Erzählung vom Rabbi Mendel und seine Erläuterung dazu:

"Rabbi Mendel von Kozk überraschte einst einige gelehrte Männer, die bei ihm zu Gast waren mit der Frage 'Wo wohnt Gott?' Sie lachten über ihn: 'Wie redet ihr? Ist doch die Welt seiner Herrlichkeit voll!' Er aber beantwortete die eigene Frage: 'Gott wohnt, wo man ihn einläßt.'

Das ist es, worauf es letzten Endes ankommt: Gott einlassen. Man kann ihn aber nur da einlassen, wo man steht, wo man wirklich steht, wo man lebt, wo man ein wahres Leben lebt. Pflegen wir heiligen Umgang mit der uns anvertrauten Welt, dann stiften wir an diesem unseren Ort eine Stätte für Gottes Einwohnung, dann lassen wir Gott ein."

Rabbi Pinchas sprach: "Der Mensch soll in Gott hineingehen, daß Gott ihn umgebe und sein Ort werde."

BUBER nennt Gott "das ewige Du". Er lehrt nicht Gott, aber er weiß um das Wort des Ewigen. Er lauscht auf Antwort. Er lässt sich von Gott umfassen. Die Fülle, sagt er, kann man nur erfahren, sie ansprechen; niemals lässt sie sich in ein System pressen. Darum sind alle Systeme verdächtig, auch eine 'Systematische' Theologie.

Und die Kinder? - Wir können das stets vorhandene (auch kritische, auch abweisende) Fragen der Kinder nach Gott fördern, korrigieren, klären, vertiefen. Persönliche Einstellung, Sinnfindung, Entscheidung ist auch dem Kind möglich. Kinder können lernen, angemessener von Gott, angemessener zu ihm 'wie zu einem Freund' zu reden. Sie können das alles von uns lernen, durch unser stilles Beispiel, indem wir mit ihnen zusammen das Wagnis eingehen.

Hier Antworten auf mögliche Fragen: Viele Menschen wissen von Gott aus der Bibel. "Ich weiß, ich glaube es", sagen sie: "Gott kennt meinen Weg. Gott versteht meine Gedanken. Er ist nahe bei mir. Gott sieht, ob ich auf ungutem Wege bin. Gott leitet mich auf ewigem Wege. Finsternis ist nicht finster bei ihm. Finsternis ist wie das Licht."

"Gott ist ein verborgener Gott, groß und unbegreiflich. Gott ist Geheimnis, das größte Geheimnis, das Menschen kennen."

"Menschen suchen Gott: Wer bist du? Wo bist du? Wer bin ich? Wohin gehe ich? Kann ich dich finden, Gott? Hilfst du mir? Kennst du meinen Weg?"

"Menschen erzählen von ihrem Gott. Sie haben Namen für ihn. Sie reden mit ihrem Gott. Sie verehren ihn. Sie beten ihn an. Sie loben ihren Gott. Sie finden Zeichen und Bilder für ihn."

"Menschen fragen nach Gott. Immer werden sie fragen: Wo bist du Gott? Es gibt eine Antwort: Wo man ihn einläßt, da ist Gott. Wo der Glaube ist, da ist Gott. Wo die Liebe ist, da ist Gott."

Nicht ausgeklammert bleiben darf das stets dunkel gegenwärtige Theodizeeproblem. Paul Thiry D'HOLBACH stellt die Frage einer Rechtfertigung Gottes für alles Unrecht in der Welt in einer DDR-Veröffentlichung in aller Schärfe. Ich will ihn hier ausführlich zitieren:

"Ich werde sie fragen, worauf sie die Güte gründen, die sie ihrem Gott törichterweise zuschreiben. Ist denn dieser Gott, werde ich sie fragen, gegenüber allen Menschen wohltätig? Kommen nicht auf einen Sterblichen, der den Überfluß und die Gunst des Schicksals genießt, Millionen, die in Not und Elend schmachten? ... Ist die Erde nicht mit Unglücklichen übersät, die nur hierhergekommen zu sein scheinen, um zu leiden, sich zu quälen und zu sterben? Wiegt sich die göttliche Vorhersehung im Schlaf, wenn Hungersnöte, Seuchen, Kriege, Unordnungen sowie physische und moralische Revolutionen wüten, denen das Menschengeschlecht dauernd zum Opfer fällt? Ist nicht die Erde, deren Fruchtbarkeit man als eine Wohltat des Himmels betrachtet, in tausend Gegenden trocken und unergiebig? ... Liefert dieser Gott, der das Universum lenkt und ständig über die Erhaltung seiner Geschöpfe wacht, diese nicht schließlich fast immer der Gewalt so vieler unmenschlicher Herrscher aus, die ihr Spiel mit dem Unglück ihrer Untertanen treiben, während jene Elenden vergeblich den Himmel anflehen, daß er ihren vielfältigen Nöten ein Ende bereite, die offensichtlich das Werk einer törichten Verwaltung und nicht der erzürnten Himmel sind ... Wenn man glaubt, die Natur sei seinen höchsten Befehlen unterworfen, so muß dieser Gott ebenso häufig voller Ungerechtigkeit, Bosheit, Unklugheit, Unvernunft sein, wie er voller Güte, Weisheit und Gerechtigkeit ist. Wenn ein Frommer, der weniger voreingenommen und inkonsequent als andere ist, nur etwas vernünftig denken wollte, so würde er einem launenhaften Gott mißtrauen, der ihn selbst häufig genug leiden läßt: er würde nicht in den Armen eines Henkers, den er törichterweise für seinen Freund oder für seinen Vater hält, Trost suchen." (Paul Thiry D'HOLBACH, "System der Natur oder von den Gesetzen der physischen und moralischen Welt", Berlin 1960).

Auch mag der Flugblatttext (Fluchblatttext) der Enttäuschten von 1848 für die unzähligen (niemals aufgezeichneten) Schreie stehen, die Menschen in abgrundtiefer, auswegloser Not gegen den Himmel ausgestoßen haben:

Fluch dem Gott, dem blinden, dem tauben,
zu dem wir vergebens gebetet im Glauben,
zu dem wir vergeblich gehofft und geharrt,
er hat uns gefoppt, er hat uns genarrt.

Und auch Martin BUBER scheint zu verzagen, wenn er seine Auslegung von Ps 1 mit den Worten beschließt: "Hier freilich bricht vor uns heutigen Psalmdeutern die Frage auf, der weder dieser noch ein anderer Psalm noch irgendein Menschenwort die Antwort weiß: Wie kann der böse Wille sein, da Gott ist? Der aufbrechende Abgrund dieser Frage dringt weit unheimlicher noch als der der Hiobsfrage zum Dunkel des göttlichen Geheimnisses vor. Der Psalmendeuter steht davor und verstummt."

Was dagegen steht? Das "Dennoch"! Das "Dennoch" des Beters von Ps 74: "Dennoch bleibe ich stets an dir!" Nur dies, ganz einfach, und aus der letzten Hingabe, dem Sichanheimgeben gesprochen: "Dennoch bleibe ich stets an dir ..."

Und dann findet auch Martin BUBER die Sprache wieder, etwa, wenn er in "Ich und Du" spricht: "Und wenn aller Wahn und Trug zerfällt, wenn sie ihm gegenüberstehen im einsamsten Dunkel und nicht mehr 'Er', 'er' sagen, sondern 'Du', 'du' seufzen, 'Du' schreien, und wenn sie dann hinzufügen 'Gott' - ist es nicht der wirkliche Gott, den sie alle anrufen, der Eine, Lebendige, der Gott der Menschenkinder?"

Beten

"Auf allen Wegen findet der Mensch Gott. Und alle Wege sind voll der Einung. Aber der reinste und vollkommenste ist der Weg des Gebetes" (Martin BUBER).

Ein großes, ein schönes, ein ergreifendes Wort. Beten, ein "Schreiten durch alle Welten", ein "Sehnen der Seele" (Mahatma GANDHI) - "... da neigt sich meine Seele über den Rand des Lebens."

Wundervoll gesagt. Aber wie steht es mit dem Alltag? Nun: CHAGALLs Satz "Meine Arbeit ist mein Gebet" sagt mir viel ("Alles, was ich tue, ist Gebet; alles was ich tue, ist heilig"). Aber das kann nicht genügen. Wohl bedarf das Gebet nicht unbedingt des Wortes. Jene alte Frau sagte: "Wenn ich zu ihm spreche, fühle ich nichts. Aber wenn ich still dasitze - ihm gegenüber -, dann fühle ich mich in seine Gegenwart eingehüllt." So kann auch Gerhard TERSTEEGEN sagen: "Herr, rede du allein beim tiefsten Stillesein zu mir im Dunkeln." Meditative Stille, das ist gewiss etwas Zentrales.

Aber es bleibt eben auch das Wort: "Sich unterreden mit dem ewigen DU" (M. BUBER). Oder ganz schlicht: "Reden wie mit einem Freund". Ich habe es schon gesagt: Beten - am glaubwürdigsten vor Gott kann ich es zusammen mit Kindern. Da bin ich frei, gelöst, spontan. Nichts von dieser subjektivierenden Reflexion, was ich denn gerade tue, ist dazwischen, nichts von diesem "fast unüberwindlichen Angreifer, dem Bewußtsein, dem Überbewußtsein des Menschen, daß er *betet,* daß *er* betet" (M. BUBER).

Was zu erreichen wäre, das "dialogische Spürbarwerden seiner Gegenwart", manchmal gelingt es, manchmal nicht. Hier ist's das spontane Wort – "Ich danke für Schlaf. Ich bitte um Kraft. Ich habe viel Arbeit, Herr" –, dort der vorformulierte Text – "Herr, frühe wollest du meine Stimme hören. Frühe will ich mich zu dir wenden und aufmerken" (Ps 5,4). Beten aus der Bibel (mit den Psalmen), Beten aus dem Gesangbuch, das ist uralte christliche Praxis.

Ja, wenn mein Auto schleudert, dann schreie ich "Herr, hilf! Ich will auch ..." Aber nahezu immer geht's dann wie mit dem Soldaten HEMINGWAYs, der im Granatfeuer Jesus alles, aber auch alles versprach, und am nächsten Tag hinter der Front: nichts mehr davon.

Wie ich bete? – Am Morgen immer, indem ich mich – ich halte soviel von wirkmächtigen Symbolhandlungen – mit dem Chi-Rho bezeichne, dem Christogramm, dem österlichen Würdesymbol Christi. Und indem ich die Hände erhebe, so wie die ersten Christen (gleich ihren jüdischen Schwestern und Brüdern) es taten, gelegentlich auch so, wie MAXIMUS VON TURIN es in frühchristlicher Zeit einforderte: "Richte dich auf, breite die Arme - und du bildest das Kreuz deines Herrn! So sollst du beten."

Singen, Singen! Das alte Wort "Doppelt betet, wer singend betet" war mir immer nahe. Und stets hat mich als authentisches außerbiblisches Zeugnis der Satz PLINIUS des Jüngeren (62-114) in seinem Brief an Kaiser TRAJAN, daß sie (die Christen des ersten Jahrhunderts!) gewohnt seien, "an einem bestimmten Tag vor Sonnenaufgang zusammenzukommen und Christus als einem Gott im Wechselgesang Lieder zu singen", tief berührt. Was mir bleibt, ist der Wunsch, dies immer wieder zu erlangen: "Steh auf, steh auf, Seele, und steige zu deiner Urheimat empor". So bete ich denn: "Und wenn das Irrlicht funkelt, laß mich verirren nicht!"

Das Gebet ist der Schlüssel zum Morgen und der Türriegel zum Abend.

In "Soweit der Himmel ist" (Patmos) habe ich versucht, Gebete für Kinder zu finden, die all ihre Lebenslagen treffen. Hier eins davon. Es hat die Form eines Wunsches:

Nun schlafe gut, mein liebes Kind,
und schließ die Augen ganz geschwind
und träum von schönen Sachen,
die keinen Kummer machen.

Streiflicht

Das Gottesbild des Kleinkindes
Beobachtungen am eigenen (ältesten) Sohn ergaben:

Mit 1 ½ Jahren abends im Bett: "Lieber Gott. Amen Hallelila" (über das Gebet erste Begriffe als Wortschablonen); im Alter von 2,2 "Lieber Gott, hüte mich und Papa und Mama und Trecker und Anhänger und Tante Franke und Großvater"; im gleichen Alter in der Sakralatmosphäre von Kirche, Gottesdienst und Orgelmusik: "In der Kirche muß man 'lieber Gott' singen"; im Alter von 2,8 anlässlich eines Abendgebetes, das endet "... daß er mich behüte in aller seiner Güte" die Frage: "Was ist Güte?" und dazu die (altersgemäß eigenständig artikulierte) Antwort: "Gott hat einen Güterzuch. Gott hat viele Zuche. Gott hat ganz viele Autos."

Nebenbemerkung: Lernen die Kinder erst 'richtig' sprechen, ist's vorbei mit dieser ganz eigenen Poesie des frühkindlichen Alters.

These: Es gibt nicht *ein* Gottesbild des Kindes als feststehendes Urbild, sondern soviel Varianten als Provokationen (von welcher Seite auch immer) erfolgen, ja soviel Varianten als Kinder überhaupt sich Vorstellungen von Gott machen. Viele Implikationen werden magisch-märchenhafter Natur sein. Viele gleichlaufende Grundzüge werden in anthropomorphen Entsprechungen aufgefunden werden können.

These: Kein Kind findet von sich aus zu Gott. Immer ist es Atmosphärisches, Hineinnehmen in Lebens- und Glaubensvollzüge, da das Wort vorkommt (Gebet). Immer sind es umgebende Menschen. LUTHERs Wort gilt: "Eltern und Lehrer werden dem Kind Apostel und Bischof."

Engel

Ein Leben lang spüre ich ihnen nach. Immer wieder nähere ich mich an, suche zu erfahren, zu begreifen - diese Geheimniswesen, Mittler für Größeres, "Trostboten, Schlafhüter, Augenöffner, Traumkünder" (Otto BETZ), mehr als nur ein Symbol. Bei Kindern ist mir wichtig, sowohl den Engel im Alltag, der sich im (guten) Handeln von Menschen erkennen lässt ("Jeder aber kann für jeden jederzeit ein Engel sein", James KRÜSS) zu vermitteln als auch den Engel als Wesen der Zwischenwelten, den Engel des Traums, der geheimen Stimmen, der nur mit Augen und Ohren des Glaubens wahrzunehmen ist. Esoterisches ist mir fremd. Wichtig ist das Biblische.Vom Wächter vor dem Tor des Paradieses bis zum Tröstenden im Garten Getsemane möchte ich die Engel der Bibel vor den Kindern lebendig werden lassen. Erzählen möchte ich vom Engel, der Abraham in den Arm fällt, vom Engel, der in der Flamme des Dornbusches aufscheint, vom Engel, der sich Bileam in den Weg stellt. Vom Botenengel des Herrn vor allem, von dem, der ansagt, der verkündigt, der Wege weist. Ich denke dabei an Jakob oder Gideon im Alten Testament, an Josef, Maria, die Hirten im Neuen Testament und an all die vielen vielen anderen.

Maler haben sie inspiriert, die Engel (man denke an GRÜNEWALD, REMBRANDT, an Marc CHAGALL und im Hinblick auf eine Engelspezies ganz besonderer Art an Paul KLEE), und Dichter (unter den vielen will ich BAUDELAIRE und RILKE mit seinen Duineser Elegien erwähnen). Auch Theologen sind zu nennen, z.B. Romano GUARDINI und Claus WESTERMANN. Wir kennen die Engel der Musik, Engel im Lied, auch Engel in manchen Märchen.

Immer geht es um spirituelle Urerfahrungen. Immer geht es darum, dass da mehrere Welten sind. Ob die Engel Flügel haben, scheint zweitrangig, doch mag man sie ihnen als Symbol ihrer Zugehörigkeit zu jenen anderen Welten lassen.

Kinder sollen lernen, die Engel wahrzunehmen, sie zu "sehen". Nicht soll gelten, was Nelly SACHS sagt:

> "Ihr Ungeübten, die in den Nächten nichts lernen.
> Viele Engel sind euch gegeben. Aber ihr seht sie nicht."

Ich habe versucht, meinen Beitrag für Kinder zu leisten - in "Er sendet seinen Engel vor dir her. Geschichten und Bilder von den Boten Gottes" (Patmos) und indem ich die Engel ins Grundschulreligionsbuch (wie mir scheint als erster) einfliegen ließ ("Oikoumene 3"). Letzte, an Erwachsene gerichtete Arbeit im Jahr 2000: "Engel der Weihnacht". Bilder, Geschichten, Meditationen.

"Eines zentralen Juden muß ich gedenken, in dem sich der jüdische Verwirklichungswille sammelte und durch den er sich brach" (Martin BUBER).

"Nichts in der Theologie kann stimmen, das nicht auch im Historischen einen guten Sinn hat, der dem gesunden Menschenverstand einzuleuchten vermag" (Pinchas LAPIDE).

Er bedeutet mir viel, dieser Mann aus Galiläa, dieser Rabbi, dieser Lehrer, von dem wir so wenig historisch Verlässliches wissen und von dem sich dennoch so vieles zwischen den Zeilen neutestamentlicher Texte erlesen, bzw. aus der Alltagsgeschichte der Antike erschließen lässt.

Zunächst: Er war ein Mensch aus Fleisch und Blut mit Essens-, Schlaf- und Reinigungsbedürfnissen. Äußerlich ein Palästinajude jener Zeit (bräunliche Haut, Bart, das lange dunkle Haar unter dem schulterlang herabhängenden Kopftuch wohl sorgfältig gekämmt, ein einfaches - ungenähtes? - Untergewand, das übliche Obergewand, zu bindende Ledersandalen, Vorratstasche, Wanderstab), mit dunklen Augen, die gewiss ein Gegenüber eindringlich fixieren, aber auch tief nach innen schauen konnten, zu Anfang vielleicht mit aus dem Bauhandwerkerberuf des Vaters abgearbeiteten Händen.

Unterwegs war er mit einer Gruppe von weiblichen und männlichen Anhängern, einige von ihnen durch einen machtvollen Entscheidungsruf aus ihrem Alltag, ihrer Familie, gerissen. Große Ansprüche dürfte er, gewiss kein Fresser und Weinsäufer, kaum gestellt haben. Ich sehe ihn mit den Seinen unter den Sternen schlafend, nicht sorgend um das Tägliche, aber sicher erfreut, wenn man ihm eine warme Mahlzeit reichte oder ihm, wie im Haus des Petrus in Kafarnaum, eine Unterkunft für die Nacht anbot.

Ob er gelacht hat? Die Evangelien wissen nichts davon. Meine Antwort: Gewiss doch! Ob er lesen und schreiben konnte? Ja! Aber anders als der Briefschreiber Paulus hat er der Christenheit – wie froh wären wir wohl darum – nicht eine Zeile hinterlassen. Ob er etwas über die Kunst gesagt hat? (Der Kunsthistoriker Eduard SYNDICUS fragt so). Da ist die Antwort schon schwieriger. Denn seine Lebenswelt war vom dörflichen Milieu bestimmt, von einfachen Flachdachhäusern, von ungepflasterten Straßen, von Saat und Wachstum auf den meist kargen Feldern, vom See mit seinen Booten und Fischen. Religiös stand für ihn die Synagoge im Mittelpunkt mit ihren Gebeten, mit den Lesungen aus der Tora und den Propheten. Er feierte die jüdischen Jahresfeste mit ihrem Höhepunkt, dem Pessach, im Tempel von Jerusalem, dem Tempel des Herodes, der zu seinen Lebzeiten immer noch im Bau war.

Seine Geburt? - Das Jahr 7 ante scheint mir aus vielen mich überzeugenden Gründen, die Theologen und Historiker angeführt haben, festzustehen. Der Ort (Betlehem? Nazaret?) ist unsicher. Zutreffen dürften die Namen der Eltern (Maria und Josef), auch der Zusammenhang der Geburt mit dem syrisch-palästinensischen Census 7 vor, auch der neue Stern (Konjunktion von Jupiter und Saturn im Sternbild der Fische). Wie jeder Jude wurde Jesus am 8. Tag nach seiner Geburt beschnitten. Ansonsten wurde die Geburt von Matthäus anders als von Lukas erzählt, von beiden in grandioser Weise überhöht und zwar in der Rückschau aus der Zeit um 80 (resp. 90).

In dieser Zeit begann Christus, der österliche Herr - die Gemeinden hatten in ihm, ausgehend von der Hebräischen Bibel, den Messias, den gesalbten König Gottes, erkannt -, bereits zum Zentrum einer neuen Religion neben anderen Religionen im Römischen Weltreich zu werden. Und darum hatte er nach Auffassung der beiden genannten Evangelisten Anspruch darauf, hellenistischen Göttern (aber auch dem kaiserlichen Gott Augustus in Rom) gleichgesetzt zu werden.

Jesus ist in Nazaret aufgewachsen. Er hatte Geschwister, besuchte die Dorfschule, eignete sich die Hebräische Bibel an. Viele Jahre in der Stille (bis 4 vor noch unter König Herodes, bis 14 nach unter dem Caesar Augustus, danach unter Tiberius), muss er bei seinem ersten öffentlichen Auftreten im Jahr 28 (er war 35) bereits von Anfang an eine Ausstrahlung sondergleichen gehabt haben, eine gleichsam magnetische Kraft. Als Person attestiert ihm Eugen DREWERMANN Wärme und Güte. Dorothee SÖLLE nennt ihn "einen Menschen, der seine Umgebung mit Glück ansteckte, der seine Kraft weitergab, der verschenkte, was er hatte". – "Er sprengte alle Rollen und Schemata", sagt Georg BAUDLER. "Er war eine Ohnmacht und Großmacht zugleich", sagt Marie Luise KASCHNITZ.

Er war des Wortes mächtig, ein faszinierender Erzähler mit einer bilderreichen Sprache, in deren Vergleichen er die ganze dörfliche Lebenswelt beschwor. Er lehrte ungewöhnlich, wirkmächtig. So hatte man bis dahin keinen vom Gott Israels predigen hören. Das jüdische Gesetz wusste er in überraschender Weise derart neu und aktuell auszulegen, dass seine Hörer und Hörerinnen nicht aus dem Staunen herauskamen. Mit Vollmacht verkündete er die anbrechende Königsherrschaft Gottes, seine Gerechtigkeit und Güte, seine Liebe für alle Armen, Elenden, Verachteten. Die Beziehung zu Gott war für ihn "schlechthin konstitutiv", sagt Heinz ZAHRNT. Die Messiasprädikation hat er indes stets "vermieden, übergangen oder abgewehrt", sagt Ethelbert STAUFFER.

Er fasziniert mich. Mosaikstein um Mosaikstein lässt sich ein immer reicheres historisches Bild dieser Gestalt, die weltgeschichtliche Bedeutung gewinnen sollte, zusammensetzen. Josephus FLAVIUS, der jüdische Schriftsteller des 1. Jahrhunderts, der Berührung mit dem jungen Christentum hatte, sagte (manche Gelehrte halten dieses außerbiblische Zeugnis für authentisch): "Er war ein weiser Mensch. Er war Lehrer derjenigen, die die Wahrheit mit Freuden aufnahmen. Er zog viele Juden an sich und auch viele Griechen."

Die Menschen liefen ihm zu. Auch die Kinder. Er war sicher unverheiratet, indes gegenüber Frauen, gerade auch solchen, die ihres "Gewerbes" wegen ausgegrenzt waren, von "offener Zugewandtheit und herzlicher Wärme" (E. DREWERMANN).

Kranke brachte man wie selbstverständlich zu ihm. AUGUSTINUS, der Rhetor, umschreibt es klassisch: "Er betrat einen Ort, wo eine große Menge von Kranken, Blinden, Lahmen, Schwindsüchtigen lag, und er war als Arzt der Seelen *und* der Körper zur Heilung aller, die an ihn glauben würden, gekommen." - "Menschen sind in der Begegnung mit ihm von Krankheit und Besessenheit befreit worden. Jesu therapeutische und exorzistische Wirksamkeit ist ein historisches Faktum. Das wird in der Exegese nicht mehr bestritten", sagt F.M. FIEDERLEIN. Das Wort Lk 11,20 "Wenn ich aber durch Gottes Kraft die bösen Geister unter euch austreibe, so könnt ihr daran sehen, daß Gott schon angefangen hat, mitten unter euch seine Herrschaft aufzurichten", ist, so der gänzlich unverdächtige Rudolf BULTMANN, als "authentisches Jesuswort" anzusehen. Dies Wort, so BULTMANN, "ist erfüllt von dem eschatologischen Kraftgefühl, das das Auftreten Jesu getragen haben muß." – Die Großwunder hingegen sind spätere erzählende Gemeindepredigt.

Jesus war Kind seines jüdischen Volkes. Nichts, was er tat und sagte, hat je die Grenzen des Judentums gesprengt. Das Christentum hat einen Stifter, der zeitlebens einer anderen Religion angehörte. Jüdische Gottesgelehrte verehren ihn. Martin BUBER nennt ihn seinen "großen Bruder". SCHALOM BEN CHORIN sagt: "Ich spüre seine brüderliche Hand." Und Pinchas LAPIDE meint, es sei höchste Zeit, ihn in eine Brücke zwischen Juden und Christen zu verwandeln. Ethelbert STAUFFER beschreibt in plastischen Worten, wie Jesus mit der Überlieferung seines Volkes, der Biblia Hebraica, umgegangen ist: "Jesus hat dieselbe 'Bibel' gelesen wie seine Zeitgenossen in Palästina. Aber er hat sie mit anderen Augen gelesen. Er hat darin nicht Verbote, Lehrsätze und erbauliche Geschichten nachgelesen. Er hat darin den lebendigen Gott gefunden, der seine Sonne aufgehen läßt über Böse und Gute, der regnen läßt über Gerechte und Ungerechte, den Gott, der die Freiheit liebt und das Leben, die Schönheit, die Größe, die Leidenschaft, die Stille, die Unscheinbarkeit und verborgene Herrlichkeit, den Gott der barmherzigen Güte."

Man mag mich verdammen, aber für die Bücher "Jesus, Gestalt und Geschichte", "Jerusalem und Rom" oder auch "Christus und die Caesaren" des als Nazitheologen verschrienen Ethelbert STAUFFER gebe ich gut und gerne zwei Dutzend der neueren Jesusbücher.

Im "berühmtesten Prozeß der Weltgeschichte" wurde Jesus als Unruhestifter, als Aufrührer von dem korrupten und bösartigen römischen Praefekten Pontius PILATUS ("in der gesamten Weltliteratur gibt es nichts, was der Ehrung des Pilatus im christlichen Glaubensbekenntnis gleichkäme"), der in seiner 10-jährigen Amtszeit in Judäa (26-36) an die 6000 Juden kreuzigen ließ, zum schändlichen Kreuzestod verurteilt. Juden der sadduzäischen Oberschicht mögen daran nicht ganz unbeteiligt gewesen sein. In Hockstellung angeheftet, erstickte Jesus. Das war am 7. April des Jahres 30, am Vorabend des Pessach, des großen Befreiungsfestes der Juden. Das Grab, in dem sein Körper verging, ist unbekannt. Der Felskern des Hügels Golgata ist in der Grabeskirche in Jerusalem erhalten, so dass der evangelische Propst FRIEDRICH von der nahen deutschen Erlöserkirche im Karfreitagsgottesdienst 1988 zu Recht sagen konnte: "Hundert Meter von hier starb Jesus".

Was nach seinem Tod geschah, ist Geschichte. Josephus FLAVIUS drückt das lapidar aus: "Nachdem ihn Pilatus dem Kreuzestod überantwortete, verschwanden doch die nicht, die ihn von Anfang an geliebt hatten. Und noch heute (um 93!) hat die Schar derer, die nach ihm Christen heißen, nicht abgenommen."

Wir Christen nennen das Urereignis "Ostern". Es war ein "Widerfahrnis des Sehens", geschehen zuerst an Petrus, zuletzt an Paulus, eine machtvolle Vision, die viele der Seinen ergriff und sie gänzlich verwandelte, so dass aus Angsterfüllten Mutige, aus Verstummten glühende Prediger des Auferstandenen wurden. Anders lässt es sich nicht sagen.

Jesus ist nicht, wie es die Bekenntnisbewegung "Kein anderes Evangelium" seinerzeit ausdrückte, "unverweslichen Leibes hinter dem Rollstein hervorgekommen". Doch ohne das alles verwandelnde Ostergeschehen, das sich bald in Bekenntnisformeln, später dann in Erzählpredigten verdeutlichte, gäbe es kein Christentum als Weltreligion. Ostern ist und bleibt das christliche Zentraldatum.

Die erste intensive Begegnung mit dem historischen Jesus fand bei mir Anfang der 70er statt, als ich am Sachbilderbuch "Jesus von Nazaret" arbeitete. Über Jahrzehnte ging ich danach mit der damals von Johann Friedrich KONRAD geprägten Formel vom "didaktischen Prae des historischen Jesus vor dem kerygmatischen Christus" hausieren. Etwa seit jener Zeit ist auch der sogenannte

Jesus-Kurs fester Bestandteil vieler Grundschulprogramme, -richtlinien und –religionsbücher geworden.

Jesus, "die kühne personale Invasion des Jenseits" (Karl PFLEGER) – wie könnte ich leben, ohne ein Bild von ihm in mir zu tragen. "Er war wie wir. Er lebte ohne Rückendeckung" (Dorothee SÖLLE).

Und Christus – der Empfänger der sakralen Ölsalbung im Namen Gottes?: "Ex carne homo, ex spiritu deus" – "Mensch dem Fleische, Gott dem Geiste nach" (TERTULLIAN um 200).

Christus? – KAFKA neigte den Kopf: "Das ist ein lichterfüllter Abgrund. Man muß die Augen schließen, um nicht abzustürzen" (JANOUCH, "Gespräche mit Kafka").

Wunder

Man braucht nur die einprägsamen Formulierungen zusammenzustellen, die Eugen DREWERMANN im "Spiegel"-Interview 52/1991 gebraucht hat:

"Nicht bei unwichtigen, sondern gerade bei den wichtigsten Passagen des Neuen Testamentes müssen wir feststellen, daß es sich um Legenden, um Symbole, um Mythen handelt. Das gilt insbesondere für die Darstellung von Jesu Geburt, Tod, Auferstehung und Himmelfahrt ...

Die Vergleiche mit anderen Religionen zeigen, daß bestimmte Sehnsüchte, Verhaltensformen, Riten sich gleichen. Daraus schließe ich, daß es offensichtlich eine gemeinsame, allen Menschen verständliche Sprache im Unbewußten gibt. Ich nenne es eine Sprache der Bilder. Diese Sprache darf nicht dadurch abgeschafft werden, daß man die Bibel 'entmythologisiert'. Man muß in Bildern denken können, um die Botschaft Jesu zu begreifen. Wer die Bilder der Religion nicht versteht, der versteht die Religion nicht mehr. Hinzu kommt: Menschen, die die Mythen nicht mehr verstehen, kommen auch mit ihren eigenen Träumen, mit ihren eigenen Sehnsüchten nicht mehr zurecht. Religion erschließt dem Menschen mit Hilfe ihrer Bilder eine Welt, die sich mit Worten allein nicht öffnen läßt.

Viele Wundergeschichten im Neuen Testament lassen von vornherein daran zweifeln, daß sie im historischen Sinn authentisch sind. Die Zweifel beruhen darauf, daß die Geschichten zumeist ein formalisiertes, auch in anderen Religionen übliches Schema verwenden, das zunächst die Hilflosigkeit der Menschen dramatisiert, um dann desto großartiger die Wundertaten des Gottesmannes erscheinen zu lassen. Wunder der Art, wie sie Jesus vollbracht haben soll, wurden auch über die Hauptfiguren anderer Religionen erzählt. Lange vor Jesus hat Dionysos, der griechische Gott des Weins und der Ekstase, Wasser in

Wein verwandelt. Lange vor Jesus ist Buddha übers Wasser gegangen. Lange vor Jesus hat Asklepios, der griechische Gott der Heilkunst, Krankheiten aller Art geheilt. Die großen Wundergeschichten des Neuen Testaments sind Bilder, die symbolisch zeigen sollen, welche Kraft Jesus gehabt hat, Menschen zu sich selbst zu führen.

Ich bin sicher, daß die Person Jesu faszinierend auf Menschen gewirkt hat, so daß er subjektiv als befreiend, als ermutigend, als Ängste beseitigend und auch als heilend erlebt wurde.

Unter suggestivem Einfluß sind Spontanheilungen möglich, weil psychische Leiden physisch krank machen können. Darüber gibt es heute unter Medizinern keinen Streit. Vor zweitausend Jahren hat man von solchen Zusammenhängen nichts gewußt und solche Heilungen für Wunder gehalten. Doch die meisten Wundererzählungen über Jesus sind, sieht man von den Heilungsberichten ab, symbolischer Natur, obwohl sie von den Evangelisten so verfaßt wurden, daß sie als historische Berichte verstanden werden konnten. Der Sinn der Wundergeschichten ist nicht, von Gott Mirakel zu erwarten, sondern sich durch ihre Bilder zu eigenem Handeln anregen zu lassen, also zu geben, ohne zu rechnen – der Sinn der Brotvermehrung; über die eigene Angst hinwegzugehen – der Sinn des Seewandels."

Als unser Jacob 9 war, hatte ich ihm die Speisungsgeschichte erzählt. Aufgewühlt davon, gab er einen ganzen Sermon von sich, den ich schnell aufschrieb: "Immer werden wir da irgendwie so traurig bei den Geschichten. Da will ich denen helfen. Weil die mir leid tun. Ich denke, wie die Armen da so sitzen und schreien: 'Gebt uns etwas! Gebt uns etwas!' Und keiner gibt ihnen etwas. Das kann ich nicht ertragen. Ich weiß, das ist schrecklich für einen.

Aber sie müssten erst noch wissen, wo Jesus ist ... wo die Christen sind .. und Jesus ... ja!

Und wenn die Menschen jetzt zu Jesus gehen, zu den Christen, die Armen, die nichts zu essen haben, dann kriegen sie auch Brot. Und dann werden sie auch satt. Wie gut ist es doch, dass man täglich sein Brot kriegt. Sieben Brote?! – So'n bisschen Brot!

Das ist ein Zeichen – ein Zeichen des Wunders. Ein Zeichen, dass Jesus alle Menschen sattmachen kann. Und mögen es noch so viele sein. Das stimmt ja auch."

"Wenn die Brüder Bäume fällten, verbot er ihnen, den Baum ganz unten anzuhauen, damit Hoffnung wäre, daß er wieder zu sprossen anfange. Auch wollte er nicht, daß der Gärtner rings um den Garten die Raine umgrübe, denn auch 'Unkraut' und Feldblumen sollten ihren Platz finden und blühend den herrlichen Vater aller Dinge lobpreisen", sagt THOMAS VON CELANO in der Lebensbeschreibung des FRANZ VON ASSISI.

"Bäume sind Gedichte, die die Erde in den Himmel schreibt", sagt Khalil GIBRAN.

"Du hast die Erde heilig gemacht, wie auch meinen Körper. Darum will ich in deinem Namen die Erde heilig halten, jeden Grashalm achten und die Blumen und Bäume ehren. Mit der Verehrung alles Lebendigen wächst meine Seele, und mein Leib wird stark im Rhythmus deiner Sonne und deines Mondes", sagt ein Indianer.

Die Kartoffeln im Boden, wie wenig werden sie geachtet. Gibt es doch so viele davon. Weiß denn niemand, dass die Kartoffel eine Delikatesse ist, eine Kostbarkeit für den Gaumen, viel mehr denn Austern und Kaviar.

"Mit seinem Innern, mit seinem Äußern preist der Schmetterling Gott", sagt ein Afrikanisches Sprichwort.

"Es ist doch unglaublich, was uns umgibt und was wir selber sind und was in den Menschen ist. Es ist unglaublich, was in jeder Ameise ist. Dieses Staunen vor dem Wunder, das wird im Alter viel stärker", schreibt Freya von MOLTKE.

"Frage die Schönheit der Erde, frage die Schönheit des Meeres, frage die Schönheit der hingebreiteten und hingeströmten Luft. Frage die Schönheit des Himmels, frage die Ordnung der Gestirne, frage die Sonne, die mit ihrem Glanz den Tag erhellt. Frage den Mond, der mit seinem Schimmer die Finsternis der nachfolgenden Nacht mäßigt; frage die Tiere, die im Wasser sich bewegen, die auf der Erde weilen, die in der Luft fliegen, Seelen, die sich verbergen, Körper, die offen liegen, Sichtbares, das gelenkt wird, Unsichtbares, das lenkt. Frage sie! Sie antworten dir alle: 'Sieh her, schön sind wir!' Ihre Schönheit ist ihr Bekenntnis. Dies wandelbar Schöne - wer hat es gewirkt, wenn nicht der unwandelbar Schöne?", sagt AUGUSTINUS.

"Wer aber schaut und staunt, dem werden Schauen und Staunen und er selbst zur Unbegreiflichkeit", sagt Ernst BARLACH.

"Alle die Schönheit Himmels und der Erden ist verfaßt in dir allein", singt das alte Kirchenlied des 17. Jahrhunderts. "Wie herrlich leuchtet mir die Natur", singt GOETHE. Und nicht von ungefähr wagt Emil NOLDE den geheimnisvollen Schöpfer, die großen Blumen berührend, als (alten) Menschen zu malen.

Jeder Tag: Dieses ungeheure Phänomen "Morgen"! Es wird licht. Licht!

Der alttestamentliche Dichter von Sir 43 kann sich nicht genug tun im unaufhörlichen Lob des Schöpfers *in* seiner Schöpfung, *durch* seine Schöpfung.

Mein Garten: Mir Inbild der unberührten Schöpfung Gottes, die Blumen, der üppige Weinstock! Ich versuche es, ihn als Gärtner zu bebauen, zu pflegen und zu bewahren. Und es ist mir auch bei nachlassenden Kräften eine Lust.

Aber da ist das andere. GOETHE weiß darum: "Als ich einmal eine Fliege erschlagen, dacht ich, ob ich das wohl gesollt? Hat Gott ihr doch wie mir gezollt einen Anteil an diesen Tagen." Einmal habe ich ein Kindergebet formuliert. Aber es war mir geschehen: "Gott, ich habe eine Schnecke zertreten. Wie soll ich weiterleben?"

Ludwig WITTGENSTEIN, der Philosoph, hat gefragt: "Was ist das Ziel der Philosophie?" Und er gab sich selbst die Antwort: "Der Fliege den Ausweg aus dem Fliegenschrank zu zeigen." Schlimm – ich sehe es wieder und wieder aus den Tagen meiner Kindheit – die Fliegen am klebrigen Fliegenfänger, wie sie über Tage hinweg summend und sirrend qualvoll ihr Leben beenden. Robert MUSIL hat dieses Sterben in seiner Kurzgeschichte "Das Fliegenpapier" detailgenau mit fast wissenschaftlicher Kühle beschrieben. Wer "Heimat" von Edgar REITZ kennt, wird sich erinnern, wie in Teil 1 plötzlich ein Fliegenfänger farbig groß im Bild ist, und wie Paul (wir schreiben das Jahr 1918) gedankenverloren eine Fliege herauszupft und ihr die Freiheit schenkt.

Mit Albert SCHWEITZER versuche ich täglich, die kleinsten Lebewesen zu bewahren. Wer meint, er habe die Zeit nicht, der verzweifelten Fliege am Fenster den Weg in die Freiheit zu schenken, der möge dahingehen.

Ehrfurcht vor *allem* Leben! korrigierten mich meine Kinder des 4. Schuljahrs, als ich ihnen die Maxime Albert SCHWEITZERs "Ehrfurcht vor dem Leben" einzuprägen suchte.

Und dann: Das "kosmische Wagnis, das wir Mensch nennen" (Martin BUBER), es ist Teil der Schöpfung, *neben* Tier und Pflanze, nicht ihre Krone. Die Indianer haben Tier und Pflanze immer hohen Respekt erwiesen, indem sie nur das nahmen, was sie wirklich zum Leben brauchten, indem sie jedes Lebewesen, das sie getötet hatten, um selbst überleben zu können, bis ins Letzte verwerteten und – dafür dankten: Gebet an den jungen Zedernbaum:
"Schau mich an, Freund! Ich bin gekommen, dich um dein Kleid zu bitten. Du gibst uns alles, was wir brauchen – dein Holz, deine Rinde, deine Äste und die Fasern deiner Wurzeln, denn du hast Erbarmen mit uns. Du bist gern bereit, uns dein Kleid zu geben. Ich bin gekommen, dich darum zu bitten, Spender langen Lebens, denn ich will ein Körbchen für Lilienwurzeln aus dir machen. Ich bitte dich, Freund, zürne mir nicht und trag mir nicht nach, was ich jetzt mit dir tun werde. Und ich bitte dich, Freund, erzähle auch deinen Freunden, warum ich zu dir gekommen bin. Beschütze mich, Freund! Halte Krankheit fern von mir,

damit ich nicht in Krankheit oder Krieg umkomme, o Freund!" (Gebet der Kwakiutl in: "Weißt du, daß die Bäume reden?", Wien 1983).

Und dann: "Die Erde aufgeteilt gerecht, wir hätten's gern gesehen" (Peter HUCHEL).

Wir werden es wohl noch lange nicht sehen, soviel auch von "Frieden, Gerechtigkeit, Bewahrung der Schöpfung" geredet und geschrieben wurde. Indes: Man soll nicht aufhören damit. Die Erde ausgelaugt, ausgebeutet, schnödes Profitdenken weithin, wir wissen's alle zur Genüge: Plünderung des Planeten, Aufheizung, Verseuchung, Vergiftung. Die Natur ist verletzlich. Sie kann getötet werden. Sie seufzt, die Kreatur, sie ängstigt sich (Röm 8,22). Die Erde hat Rechte. Nicht uns gehört sie. Wir gehören ihr. Im Frieden mit ihr zu sein, heißt sie zu lieben, den Stern im Weltenall ebenso wie den Weizenhalm und die Spinne, den glitzernden Wassertropfen ebenso wie den weißen Nebel wunderbar. Oder den Baum, wie ihn Martin BUBER in "Ich und Du" beschreibt: "Starrender Pfeiler im Anprall des Lichts. Spritzendes Grün, von der Sanftmut des blauen Grundsilbers durchflossen. Bewegung, flutendes Geäder am heftenden und strebenden Kern. Saugen der Wurzeln. Atmen der Blätter. Unendlicher Verkehr mit Erde und Luft – und das dunkle Wachsen selber."

Ein wunderschönes Wort für die Gegenwart Gottes in seiner Schöpfung findet sich in Psalm 84,4: "Der Vogel hat ein Haus gefunden und die Schwalbe ein Nest für ihre Jungen – deine Altäre, Herr Zebaot, mein Herr und mein Gott."

Meine religionspädagogische Bemühung um dies Thema: Immer habe ich versucht, den Kindern die Schöpfung Gottes – im Unterricht, in Büchern – nahezubringen. Da ist das frühe Sachbilderbuch "Schöpfung". Da sind die Religionsbücher und Arbeitshefte "Oikoumene". Da ist das Heft "Religion spielen und erzählen – Schöpfung". "Keiner darf die Augen schließen und das Leiden, das er sich erspart, als nicht geschehen ansehen" (Albert SCHWEITZER). Keiner darf den Aufschrei der Natur überhören. Das ist mein Bekenntnis.

Worum es geht? – noch einmal: Der Indianer Simon J. ORTIZ hat es mit Blick auf seinen Sohn gesagt: "Ich gehe mit ihm ins Freie. Ich zeige ihm einen Baum, lasse ihn die Blätter berühren: 'Das ist ein Blatt! Sieh her! Es ist grün. Es hat Adern. So ist's geformt. Greif's an!' Er berührt das Blatt. Und der Zweig zittert mit. Kleine Hände greifen ungestüm und zärtlich nach dem, was ich ihm zeige. – Ich lasse ihn barfuß auf dem Boden stehen, diese Erde spüren, braune Erde und Kiesel, festen Lehm. 'Samen haben es schwer, darin Wurzel zu fassen. Blätter, Zweige und Dünger machen den Boden fruchtbar.' Das alles sage ich ihm."

Die Anzahl (Überzahl) der Menschen, ihre ausreichende Ernährung, ihre Gesundheit, ihre Arbeit, ihr Wohnen; Rettung der restlichen Ressourcen; reines Wasser, reine Luft, reine Erde; Friede aller Menschen miteinander, aller Völker, Hautfarben, Religionen; Gerechtigkeit, Freiheit für jedermann, insbesondere für Frauen und Kinder, das werden die Themen des neuen Jahrtausends sein.

"Der Geschmack des geteilten Brotes hat nicht seinesgleichen" (Antoine de ST. EXUPÈRY).

Religion – Religionen

Es ist dem Menschen urtümlich eigen, dass er die dritte Dimension braucht. Manche nennen es "Religion".

"Es gibt nur einen mächtigen Hebel aller Zivilisation: die Religion", sagt Johann Jakob BACHOFEN.

Der erklärte Agnostiker PICASSO war ein tiefreligiöser Mensch. Sein Lebenswerk macht es deutlich, vor allem seine "Grafik zum Frieden".

1. "Keine Religion ist absolute Wahrheit, keine ist ein auf die Erde herabgekommenes Stück Himmel. Jede Religion ist eine menschliche Wahrheit, d.h. sie stellt die Beziehung einer bestimmten menschlichen Gemeinschaft als solcher zum Absoluten dar. Die Religionen müssen zu Gott und zu seinem Willen demütig werden. Jede muß erkennen ..., daß sie kein Monopol auf Gott hat. Jede muß darauf verzichten, das Haus Gottes auf Erden zu sein und sich damit begnügen, ein Haus der Menschen zu sein. Die Religionen müssen mit aller Kraft darauf horchen, was Gottes Wille für diese Stunden ist. Sie müssen von der Offenbarung aus die aktuellen Probleme zu bewältigen suchen.

Die Religionen ... können einander Grüße ... von Haus zu Haus durch die offenen Fenster zurufen. Doch nicht das allein: sie können miteinander in Verbindung treten und miteinander zu klären versuchen, was von der Menschheit aus getan werden muß, um der Erlösung näherzukommen.

All das ist nur in dem Maße möglich, als jede Religion sich ihrem Ursprung, der Offenbarung, in der sie ihren Ursprung hat, zuwendet und an der Entfernung davon, die sich in ihrem geschichtlichen Entwicklungsprozeß vollzogen hat, Kritik übt" (Martin BUBER, aus: "Nachlese").

Ich denke wie Martin BUBER.

2. Andere Religionen sind zu respektieren - bis ins Letzte. Auch in ihrer Kritik am Christentum. Ein großartiges literarisches Beispiel (und darum hier im umfangreicheren Auszug wiedergegeben) ist B. TRAVENS "Indianerbekehrung". In seiner zwingenden Argumentation spricht der Text für sich. Ein indianischer Häuptling mahnt das Recht auf seine Religion an. Jede mögliche Überheblichkeit eines Christen verstummt davor:

"Das, was hier erzählt wird, trug sich zu, als die katholischen Missionare noch unter den Indianern in Mexiko wirkten, nicht mit dem Gedanken an eine Stärkung der irdischen und politischen Macht der Kirche, sondern mit dem aufrichtigen und durchaus ehrlichen Wunsche, den Indianer zu erlösen und ihm in brüderlicher Weise in das Paradies zu helfen. Die Mönche arbeiteten unter den Indianern so selbstlos zu jener Zeit, wie wohl selten irgendwo Missionare gewirkt haben. Sie brachten den Indianern nicht nur die Lehre des Heils, sondern sie brachten ihnen viel mehr Dinge, die dem Indianer schon hier auf Erden sehr nützlich waren und vielen von ihnen eine gewisse ökonomische Befreiung verliehen. Sie lehrten sie Hunderte von nützlichen Handwerken und Künsten; das Züchten von Seidenraupen, das Sticken feiner Handarbeiten, das Glasieren von Töpferwaren, um einiges zu nennen. So erscheint es durchaus natürlich, daß Indianer zuweilen ganz freiwillig zu den Mönchen kamen, um von der neuen Religion zu hören.

Und das war es, was jenen Häuptling mit seinen beiden Begleitern zu dem Mönch Balverde führte: 'Die Ältesten meines Stammes haben beraten und beschlossen, daß ich zu dir komme, Verkünder einer neuen Religion, zu hören, ob du uns bessere Götter anbieten kannst. Wenn wir lernen, daß deine Götter besser sind als unsere, dann sind wir willens, deine Götter anzunehmen und die unsrigen zu vergessen. Erzähle uns, mir und meinen Beratern, von deiner Religion. Wir wollen dir gut zuhören, und alles, was du uns von deinen Göttern sagst, wollen wir getreulich unserem Volke daheim berichten und dir dann zu gelegener Zeit unseren Entschluß mitteilen.'

Der Pater Balverde, ohne viel unnötigen Pomp zu machen, erzählte in schlichter Weise die Grundgeschichten des Evangeliums in klaren unverbrämten Sätzen, so wie man die Geschichte einem Kinde erzählen würde. Alles das, was verwirren könnte, ließ er vorläufig aus. Darin tat er recht, und er bewies damit, daß er es wohl verstand, mit einfachen Menschen, wie seine Besucher es waren, gut umzugehen.

Der Häuptling hörte stundenlang zu, ohne den Mönch auch nur ein einziges Mal zu unterbrechen.

Als der Mönch geendet hatte, sagte der Häuptling: 'Ich werde nun zur Nacht schlafen gehen, hier in diesem Ort, und ich werde im Schlafe wohl überdenken, was du mir gesagt hast. Und morgen früh will ich kommen und dir sagen, was ich denke und was ich in mir beschlossen habe. Dann ist es nicht länger mehr voreilig, sondern wohlbedacht, und es sind dann meine wahren Worte.'

Am nächsten Morgen, als der Pater die Messe in der Kapelle des Ortes gelesen hatte, kam der Häuptling mit seinen beiden Beratern, um seine Antwort zu bringen.

Der Mönch fragte nicht und drängte nicht. Er wartete ruhig, bis der Häuptling zu reden begann.

Sagte der Häuptling: 'Ich habe wohl überlegt in meinem Herzen alle Worte, die du mir gesagt hast. – Dein Gott ließ sich auspeitschen. Ist das so?'

'Ja, um die Sünden der Welt auf sich zu laden', sagte der Pater.

'Er ließ sich bespucken, beschimpfen, mit Schmutz bewerfen, ließ sich verhöhnen als ein närrischer König, ließ sich in Verhöhnung einen Kranz aus Dornen aufsetzen. Ist das so?'

'Ja, um die Sünden der Menschen auf sich zu laden', sagte der Pater wieder.

'Er ließ sich an einen Balken nageln und starb dort schmählich wie ein kranker Hund. Ist das so?'

'Ja, um die Menschen von allen Sünden zu erlösen', sagte der Pater.

Darauf sagte der Häuptling sehr ruhig: 'Das ist es, was mir Gott ins Herz gab in der Nacht: Jemand, der nicht durch seine Person den Menschen genügend Respekt einflößen kann, daß sie nicht wagen, ihn zu bespucken, zu beschimpfen, zu verhöhnen und mit Kot zu bewerfen, kann kein Gott für einen Indianer sein. Eine Person, die sich nicht befreien kann und nicht befreien will von dem Balken, auf den sie genagelt ist, kann keine Menschen erlösen und kann darum kein Gott für einen Indianer sein.'

Der Häuptling wollte fortfahren in seiner Rede; aber eine solche tiefe Ruhe, wie sie der Häuptling gestern während der Rede des Mönches gezeigt hatte, konnte der Mönch nicht bewahren.

Er fiel dem Indianer in die beginnende neue Rede: 'Das alles tat mein Gott mit Absicht, um die Menschen zu erlösen; er wollte leiden, um für alle Menschen zu leiden.'

Darauf sagte der Häuptling: 'Du sagst, er sei ein allmächtiger Gott, dein Gott, und ein Gott unendlicher Liebe. Ist das so?'

'Ja, das ist wahr.'

'Ist er wahrhaft allmächtig, dein Gott, warum nimmt er nicht alle Sünden und Missetaten von den Menschen, ohne zu leiden, ohne sich verhöhnen zu lassen, ohne jämmerlich zu sterben? Und wenn er wahrhaft ein Gott unendlicher Liebe ist, warum läßt er die Menschen in ihren Sünden leiden, und warum läßt er sie Sünden überhaupt begehen? Nur um dieses große Schauspiel aufführen zu können? Ein Gaukler kann kein Gott für einen Indianer sein.'

'Aber', unterbrach der Mönch wieder, 'das tat Gott, damit die Menschen durch eigenes Verdienst und durch Glauben sich das ewige Leben verdienen sollen.'

Sagte der Indianer ruhig: 'Warum der Umweg, mein Freund? Warum verdienen müssen, was ein Gott unendlicher Liebe und unendlicher Allmacht den Menschen umsonst geben kann, wie meine Mutter mir alles und alles umsonst gibt aus Liebe und nicht darum fragt, ob ich es verdiene, ob ich an sie glaube, ob ich sie anbete. Sie würde mir alles in Liebe geben, ohne zu rechten und ohne zu handeln, selbst dann, wenn ich sie – mein Gott möge mich davor behüten –, selbst dann, wenn ich sie beschimpfen, verspotten oder gar schlagen würde. Meine Mutter ist größer als dein Gott; denn sie hat mehr unendliche Liebe, mehr unendliche Vergebung und weniger Verlangen für Glauben und Gebete als dein Gott.'

Der Pater wich aus und führte das Gespräch hinweg nach einer anderen Lehre, von der er aus Erfahrung wußte, daß sie einen großen Eindruck auf die Indianer, die er bisher getroffen hatte, zu machen pflegte.

Er sagte: 'Aber mein Gott ist nicht gestorben, wie du meinst und wie du gewiß gestern überhört hast. Mein Gott ist nach drei Tagen von den Toten auferstanden und in großer Pracht hinauf zum Himmel gefahren.'

'Wie oft?', fragte der Häuptling kurz und trocken.

Ein wenig erstaunt antwortete der Pater: 'Aber – natürlich nur einmal.'

'Und ist er, ich meine dein Gott, seitdem schon einmal wieder zurückgekommen?' Auch das fragte der Häuptling ebenso kurz und trocken wie vorher.

'Nein', sagte der Mönch, 'er ist nicht wiedergekommen seitdem, aber er hat verheißen, er wird dereinst wiederkommen, zu richten und zu ...'

Diesmal fiel der Häuptling ihm in das Wort: '... und zu verdammen.'

'Ja', sagte der Mönch, nun ein wenig erregt werdend, 'ja, um zu verdammen alle und alle, die nicht an ihn glauben und die an seinen Worten herumkratzen und die Lehre des wahren Heils nicht erkennen wollen, wenn sie ihnen mit offenen Händen dargebracht wird und für nichts zu haben ist.'

Der Häuptling ließ sich von der Erregung des Mönches nicht mitfortreißen. Als der Pater geendet hatte, sagte der Indianer ruhig: 'Und das ist es, was Gott mir als letztes Wort ins Herz gelegt hat: Mein Gott stirbt jeden Abend für uns, seine indianischen Kinder, um ihnen Kühle zu bringen, Ruhe und Frieden. Er stirbt in tiefer, goldener Schönheit, nicht verhöhnt, nicht angespien, nicht mit Kot beworfen. Er stirbt schön wie ein wahrhaft großer Gott. Aber am Morgen steht er wieder auf von den Toten, zuerst von den Schleiern des Todes noch umhüllt, dann aber glitzern seine goldenen Speere über das blaue Firmament, und endlich steht er da, groß, golden und mächtig, Licht, Wärme, Schönheit und Fruchtbarkeit spendend, den Blumen Duft und Farben gebend, die Vögel süße Lieder lehrend, dem Mais Kraft und Gesundheit in die Kolben flößend, den Früchten Süßigkeit und heilende Säfte einhauchend, mit den Wolken spielend, jagend im Meer der blauen Lüfte. Und gleich meiner geliebten Mutter ist mein Gott, gebend und gebend und gebend, keine Gebete verlangend, keine Gebete erwartend, keinen Glauben gebietend und niemals verdammend. Und wenn der Abend kommt, stirbt er wieder dahin in rot-goldener Pracht, nicht verhöhnt, sondern in einem ruhigen, tiefen Frieden verheißenden Lächeln; mit dem letzten Zucken seiner müde werdenden Augen seine indianischen Kinder segnend. Und am Morgen ist er wieder da am Firmament, der ewig junge, ewig strahlende, ewig schenkende, ewig sich neugebärende, ewig wiederkehrende, große, goldene Gott der Indianer. Und so sagte mir Gott als letztes Wort in mein Herz: Tausche deinen Gott nicht, mein guter Sohn, denn es ist kein größerer Gott als dein Gott, der lachende Gott, der in seinen Strahlen jauchzt und singt, kein schönerer und kein edlerer Gott ist in der weiten Welt, als der im flutenden Golde badende Gott, als der herrliche, strahlende Gott des Indianers.'

Und als der Häuptling das gesagt hatte, dankte er dem Pater Balverde für die Freundlichkeit, die er ihm erzeigt hatte. Dann rollte er seine Decke, auf der er gesessen hatte, zusammen, warf sie sich über die Schulter, und ging, gefolgt von seinen Begleitern, zurück zu seinem Volke." (B. TRAVEN – gekürzt)

Auch 'Heiden' haben ein Recht auf ihre Religion

"Was gilt es schon, auf welchem Pfad der Erkenntnis jeder von uns die Wahrheit sucht. Es gibt nicht nur *einen* Pfad, zu solch großem Geheimnis zu gelangen" (der heidnisch gebliebene römische Präfekt SYMMACHUS im Jahr 384 in der Eingabe heidnischer Senatoren an den christlichen Kaiser VALENTINIAN II. in Mailand, heidenfeindliche Maßnahmen - es ging um die Entfernung des Standbildes der Victoria aus dem römischen Senat – aufzuheben).

Diese Götter!
Ich hatte in Bonn eine Begegnung mit der Göttin Artemis von Ephesus. Ihre Statue (mit schwarzem Gesicht und schwarzen ausgebreiteten Händen) war in der Ausstellung "Unter dem Vesuv" (Bundeskunsthalle) mitten in einem großen Raum frei aufgestellt. Sie umkreisend spürte ich plötzlich, welch unglaubliche Ausstrahlung (welche Hoheit) in den antiken Tempeln von solchen Götterfiguren ausgegangen sein muss. Ich war wie gebannt. Die Rede von der belebten Statue, in der die Seele der Göttin wohne, war mir ganz nahe. Und ebenso unversehens wusste ich, was der Christuspredigt des Paulus in Ephesus entgegengestanden hatte.

Streiflicht

Hat das Kind von selbst "Religion"?

Ich sage "nein"! Alles wird vermittelt durch die erzieherischen Mächte, durch andere Kinder, durch Erwachsene vor allem (Mutter/Vater, die Erzieherin, die Lehrerin, die Pastorin, Verwandte, zufällig Begegnende), durch Bilderbücher (Kinderbibeln) – für mich war's in der Kindheit die Bilderbibel von Julius SCHNORR VON CAROLSFELD; ich schlug sie wieder und wieder auf, blätterte und blätterte –, durch Lieder auch und Musik, durch Geschichten ganz allemal, durch bestimmte Gegenstände (Gottfried KELLER erzählt, dass es bei ihm der Hahn auf dem Kirchturm war), durch die Sakralatmosphäre von Räumen (vielleicht auch durch ein plötzliches Erschrecken vor dem Kruzifix), last not least durch die Teilhabe an religiösen Handlungen (Miteinanderbeten) und Zeremonien (Kindergottesdienst, Taufe).

Nachklang
"Keine der großen Religionen gedenkt während des Kultes der Armen, sammelt während des Kultes für die Bedürftigen - nur das Christentum" (P. DASSMANN).

Schlaf, der große Bruder, greift nach mir.
Sterbend schwinden mir die Sinne.
Auf, daß ich nun neu beginne,
öffne dich, du Traumestür.

Schon verflogen ist der Erde Trug.
Himmelsräume zu durchmessen
– alle Schwerkraft ist vergessen –,
nehm ich eines Vogels Flug.

Weiten dehnen sich, unendlich tief.
Fern im Dämmer sinkt die Sonne.
Schauder wechselt mir mit Wonne.
Und es ist, als ob ein Gott mich rief.

Schwingend schwebe ich im Flügelschlag,
steige leicht in letzte Höhen,
blau im Schwarz den Erdenstern zu sehen
– und erwache: Es ist Tag. (DS)

Ich bin ganz wach, klar und hell. Ich durchmesse den Raum mit meinen Blicken. Da ist sie wieder, die Wallung. Ich sacke ab ins Nichts.
"Wir sind aus solchem Zeugs wie das zum Träumen", sagt Hugo von HOFMANNSTHAL. Die Träume verkünden die Möglichkeit einer anderen Wirklichkeit. Das Gehirn produziert Bilder, neue, unbekannte (es ist manchmal nicht auszuhalten). Alles scheint freischwebend. Nichts scheint einem Gesetz zu unterliegen. Da ist keine Ordnung, keine klare Kontur. Es ist "ein Fliegen – die Sohlen nach oben" (Maxim GORKI). Und doch scheint da eine gewisse Art von Kontinuität zu sein. Martin BUBER sagt: "Im Traum gibt es einen Zusammenhang von Dingen, der gänzlich verschieden ist vom Wachzustand, aber es gibt ihn." Ich sehe es an den Toten. Im Traum sind sie da, reden miteinander, reden mit Menschen, die sie im Leben nie kannten. Mein Gehirn zaubert sie zueinander. BUBER sagt auch: "In seiner ganzen Wirklichkeit ist der Traum unzugänglich. Träume sind *eine* der Formen des Unbewußten. Die sogenannte Seele und der sogenannte Leib sind nicht voneinander getrennt. Aber die Welt ist abgetrennt."

Was mich immer fasziniert: Ich höre häufig im Traum Musik. Unverkennbar der Stil: BACH, HAYDN, BEETHOVEN. Aber ich weiß genau: Diese Musik ist neu. Sie ward nie zuvor gehört. Kürzlich sah ich ganz neue wunderbare Gobelins meiner Schwester, nie von ihr entworfen, nie gewebt. Verflogen ... dahin. Ebenso, oft in weiten Passagen ausgeführt, Theaterstücke, Filme. Völlig neu. Ich kann sie nicht halten. Verflogen ... dahin.

Meine Erfahrung: Es gibt verschiedene Traumsprachen: Eine entspricht der Alltagssprache. Eine andere – ich rette manchmal Reste aus dem Zweitschlaf nach einem ersten Aufwachen – liest sich (meist poetisch) entweder wie Nonsens oder auch so, dass es Sinn zu machen scheint.

Ich bin fest überzeugt, dass viele große Texte unserer Literatur dem Traum entsprungen sind, dass vor allem Franz KAFKA ein Dichter war, der seine Träume zu greifen, festzuhalten und dann literarisch umzusetzen wusste.

Und dann die Träume, von denen ich meine, sie hätten mir etwas zu sagen. Sie kommen eher selten. Häufiger sind die belastenden, auch quälenden Träume.

Andererseits ist es oft nach dem Aufwachen so, dass ich plötzlich etwas genau weiß, an dem ich gestern noch ergebnislos herumgrübelte. Ich weiß, die Märchen sind der Träume voll und auch die Bibel: "Da stand ein Bild vor meinen Augen. Es war eine Stille. Und ich hörte eine Stimme" (Hiob 4,16). Für die Bibel sind Träume konstitutiv. Man denke nur an den Josef des Alten und den Josef des Neuen Testamentes. Also: Kann der Traum (hin und wieder) auch eine zentrale Form der Gotteserfahrung sein? Eugen DREWERMANN sagt: "Der Mensch überhört Gott, wenn er auf seine Träume nicht mehr hört."

"Er redet doch, er tut es immer wieder, mal sanft, mal hart – man achtet nur nicht drauf. Zur Nachtzeit, wenn die Menschen ruhig schlafen, in tiefem Schlummer auf den Betten liegen, dann redet Gott durch Träume und Visionen. Er öffnet ihre Ohren, daß sie hören; mit Nachdruck warnt er sie vor ihrem Tun, damit er sie von ihrer Bosheit abbringt und ihnen jeden Grund nimmt, stolz zu sein" (Hiob 33, 14-15).

Ich weiß nicht, hin und wieder ist mir, als habe Gott zu mir geredet, so wie es Czeslaw MILOSZ sagt: "Ich habe manchmal im Traum diese Stimme vernommen und, was noch seltsamer ist, in etwa verstanden den Ruf oder das Gebot in überirdischer Sprache." Der Traum benachbart uns dem Tod, mehr noch der Tiefschlaf, in dem wir hingesogen sind in den Bereich des Absoluten, dem wir einst angehören werden. Völlig entrückt sind wir ins Unbewusste, so wie der Embryo im Mutterleib. Martin BUBER sagt es: "Im Mutterleib weiß der Mensch das All. In der Geburt vergißt er es."

Schlaf und Tod sind Brüder (Schwestern). Im Tiefschlaf hat der Mensch keinen Wunsch mehr. Er ist in sein Selbst eingegangen. Er ist dem Sein geeint. Der Kosmos umschließt ihn.

Schlaf als Tod, Aufwachen, Aufstehen als Auf*er*stehen, das ist den Christen und anderen geläufig.

"Wach auf, du Schläfer!
Steh auf vom Tod!
Und Christus, deine Sonne,
geht auf für dich." (Eph 5,14)

Dem Traum bleibt seine souveräne Freiheit. Bilder kommen, gehen, verändern sich urplötzlich. Ob sie eine Bedeutung haben – man wird es je und je entscheiden müssen. Schäume aber sind die Träume gewisslich nicht.

Dies alles ganz spontan. Mit Siegmund FREUDs Traumtheorien habe ich mich nie ernsthaft befasst.

Ich bin ein Träumer – Tag und Nacht.

Zeit – Alter – Leben – Tod – Leben

Zeit

Plötzlich spüre ich die Dynamik der Zeit ... Unhörbar ihr Sein, unfühlbar, lautlos, unerkannt und fremd, und doch ist sie "das kostbarste Gut, der einzige Schatz, den wir besitzen", sagt SENECA.

Meine Tage, wie sie dahinfließen, in irgendwelche Stoffe gekleidet mein Leib.

Meine Zeit reicht nicht. Im Verschlingen des Zeitlichen sehe ich mich vom Zeitlichen verschlungen. Meine Zeit rinnt und rinnt aus deinen Händen.

Alter

"Was ich erworben, laß mich gesund genießen. Gib mir ein fleckenloses Alter, von süßem Lautenton erheitert", sagt HORAZ.

"Was uns an Lebenskraft abhanden kommt, das wird uns mystisch zugelegt", sagt Werner BERGENGRUEN.

"Altsein ist ja ein herrliches Ding, wenn man nicht vergessen hat, was Anfangen heißt", sagt Martin BUBER.

"Gott, ziehe Nutzen aus meinem Alter, wie ein sparsamer Hausvater, der gebrauchte Sachen nützlich verwendet", sagt Marie NOËL.

Leben

"Du allein bist die Ruhe. Und du bist wirklich da und holst mich aus Irrsalsnöten und bringst mich auf den Weg und machst mir Mut und sprichst: 'Lauf nur! Ich werde dich halten, dich führen bis ans Ziel. Und dort bin vollends ich es, der dich trägt'!", sagt AUGUSTINUS.

"Nur das Erleben der Grenzen läßt dich stark sein für das Erleben des Grenzenlosen", sagt Antoine de ST. EXUPÉRY.

"Bis der große Schauder kommt und das Atemanhalten im Dunkeln und das bereitende Schweigen", sagt Martin BUBER.

Tod

Denn alles wollt ihr richtig tun und wieder tun und wollt nicht ruhn, bis alles, was ihr sucht und tut, zum Ziele führt, bis euch entgleitet, was ihr tut, bis dass ihr ruht.

"Der Tod ist groß. Wir sind die Seinen, lachenden Mundes. Wenn wir uns mitten im Leben meinen, wagt er zu weinen mitten in uns", sagt Rainer Maria RILKE.

Die Stunde hatte voll geschlagen, als Majestät, der Tod, neben mir niederknien ließ (Traum).

"Die Zähne fallen dir aus, einer nach dem andern. Deine Augen werden trüb und deine Ohren taub. Das Steigen fällt dir schwer, und bei jedem Schritt bist du in Gefahr zu stürzen. Draußen blüht der Mandelbaum. Die Heuschrecke frißt sich voll. Die Kaperfrucht bricht auf. Dich aber trägt man zu deiner letzten Wohnung", sagt der Prediger in Kapitel 12, 3-5.

"Auf dem Kirchhof will ich liegen wie ein Kindchen in der Wiegen", sagt Georg BÜCHNER in "Leonce und Lena".

17.12.1998: Weihnachtspost aus Dresden: Im Oktober wurde dort mein Tod vermeldet.

"Erde träumt auf Erden Schloß, Burg und Stein. Erde spricht zur Erde: 'Alles wird mein!'", sagt Theodor FONTANE.

Ich freue mich, dass ich wieder Erde werde. Jetzt höre ich BACH noch eine kleine Zeit und dann in Ewigkeit nicht mehr.

"Was ist das – Sterben? Wir wissen es nicht. So geziemt es uns, anzunehmen, daß es das Ende alles uns Vorstellbaren sei. Ich weiß nichts vom Tod. Aber ich weiß, daß Gott die Ewigkeit ist. Und ich weiß dies noch, daß er mein Gott ist", sagt Martin BUBER. Und er sagt auch: "Statt unser Selbst uns lebend wiewohl tot vorzustellen, wollen wir uns auf einen wirklichen Tod bereiten, der vielleicht die Endschranke der Zeit, der aber, wenn es sich so verhält, gewiß die Schwelle der Ewigkeit ist." Alles kehrt zu seinem Anfang zurück.

Leben
Irgendwann sterbe ich. Und dann steige ich hinab in das Absolute. Und dann steige ich hinauf ...

"Das Leben ist viel großartiger als der Tod. Trotz allem. Hörst du?", sagt Manfred HAUSMANN.

"Die Erde blühte mitten aus dem Tod heraus. Und die beiden Ufer der Welt berührten sich", sagt Manfred KYBER.

"All dein Leben führt zum Tod, all dein Tod zum Leben", sagt Rudolf Alexander SCHRÖDER.

"Für des Menschen Aufstieg ist keine Grenze. Und jedem ist das Höchste offen", sagt der Rabbi NACHMAN.

"Sterben gilt nicht für Gott und seine Kinder", sagt Rose AUSLÄNDER.

"Ich sterbe nicht. Ich vergehe niemals", sagt ein Indianer. Und ich bleibe auf der Suche nach dem Ort, wo nichts verloren ist ...
Bei mir Gott – Offenbarung, Bild, Geheimnis ...

"So viel Gott strömt über" (Else LASKER-SCHÜLER)

Morgens in der Frühe geschieht das (ab 3 oder 4), wenn mein Tagwerk beginnt: Gott strömt in mich ein. Gott durchflutet mich. Er strömt über im Jubelgesang der Vögel an diesem Junimorgen. Er strömt über, wenn das Licht der aufsteigenden Sonne die Spitze der inzwischen riesigen von mir gepflanzten Zeder im Garten erreicht. Er strömt über in der gelben Lilie und dem zartrosa Hibiskus auf meinem Balkon. Er strömt über in dem, was ich immer noch tun kann und darf. Er strömt über in der Freundlichkeit der Menschen, die sich mir zuwenden, die mich lieben. Er strömt über in Kindern und Kindeskindern, in ihrer Schönheit, ihren Begabungen, ihren Versuchen, das Leben zu meistern, "ihrer Furcht, ihrem Glück, ihren Traumgestalten und was in ihren Worten enthalten" (G. RUCK-PAUQUÈT). Er strömt über in der Musik von BACH, Lebensmusik für mich, Glücksgeschenk an die Menschheit. Er strömt über in dem Gefühl, gehalten zu sein, geborgen in einer liebenden Hand angesichts von Sterben und Tod und der unablässig brennenden Frage nach dem Danach. Er strömt über in Gedichtzeilen, die ich liebe: "Singet leise, leise, leise, singt ein flüsternd Wiegenlied. Von dem Monde lernt die Weise, der so still am Himmel zieht. Singt ein Lied so süß gelinde, wie die Quellen auf den Kieseln, wie die Bienen um die Linde summen, murmeln, flüstern, rieseln" (Clemens BRENTANO). Er strömt über in seinen Liedern, den Psalmen, in dem, was Sonntag für Sonntag laut wird: "Du meine Seele singe, wohlauf und singe schön dem, welchem alle Dinge zu Dienst und Willen stehn. Ich will den Herren droben hier preisen auf der Erd.

Ich will ihn herzlich loben, solang ich leben werd" (Paul GERHARDT).

Gott strömt über, wenn ich einen seiner in Wort und Musik schwingenden Gottesdienste feiere, mit Kindern und Erwachsenen, wenn das Stadion des Kirchentages pfingstlich brausend erbebt beim Gebet des Herrn. Gott strömt über, wenn ein Kurs, eine Tagung, eine Unterrichtsstunde gelingt. Oder wenn jemand sagt: "Mit Ihren Büchern kann ich hervorragend arbeiten."

Gott strömt über im Angesicht des Menschen, den ich als "imago dei" erkenne: "Es muß doch irgendwo ein verborgenes Gutes an dir sein, trägst du doch das Antlitz, um dessentwillen sich Gott immerfort erniedrigt. Rühme dich! Sei fröhlich!" (Rudolf Alexander SCHRÖDER).

In unzähligen gesprochenen, gebeteten, gepredigten, gesungenen Worten strömt Gott über. In ebenso vielen Taten der Liebe.

Er strömt über, wenn ich erkenne: Du bist ein Kind des Universums, nicht weniger als die Bäume und die Sterne. Du bist eingebunden in die Natur, in den Kosmos, in den Strom der Zeit: "Die Sonn' erregt das All, macht alle Sterne tanzen. Wirst du nicht auch bewegt? Gehörst du nicht zum Ganzen?" (Angelus SILESIUS).

Gott strömt über, wenn ich sehe: Trotz all ihrem Schein, der Plackerei und der zerbrochenen Träume ist diese Welt doch wunderschön...

Soviel Gott...

"Da ist niemand, der sich vorstellt, der sich vorzustellen und auszudenken vermöchte, wie offen, wie bereit, wie entgegenkommend, ja, wie dürstend Gott ist und wie er herbeieilt in jedem Augenblick und zu jeder Stunde ..." (Johannes TAULER).

Ich schaue zurück - Ich schaue voraus

Wegstrecken hinter mir. Ich schaue mich an: Ich habe Fehler begangen. Ich kann irren. Ich schaue voraus. Ich bewache mich. Ich möchte die Zukunft greifen. "Ich brauche keine Bequemlichkeit. Ich will Gott. Ich will Poesie. Ich will wirkliche Gefahren. Und Freiheit. Und Tugend ..." (A. HUXLEY).

Kreislauf des Jahres. Kreislauf des Tages. Tag und Nacht. Ebbe und Flut. Morgen und Abend. Schlafen und Wachen. Singen und Lachen und Träumen ... Ich schaue zurück. Lange Jahre schwerer Krankheit haben mich gelehrt: "Nimm dir Zeit, sonst nimmt sie dich" (Ralph RICHMOND). Diese Jahre haben mich, so sagt man mir, toleranter gemacht. Ich denke, auch radikaler im Denken und mutiger im Reden und Schreiben.

"Sieh mich nicht von gleicher Höhe aus. Gemeinsam halten wir den Tod in Schach. Gemeinsam erweichen wir die Steine. Gemeinsam teilen wir das

Meer. Nehmen uns das Gelobte Land. Enträtseln das Antlitz der Jahrhunderte" (Gioconda BELLI).

"Und ausgeglichen ist eine Weile das Schicksal" (HÖLDERLIN).

Mit KONFUZIUS möchte ich sagen (und der letzte Satz ist erreicht): "Mit 50 war ich mir meiner schicksalhaften Bestimmung bewußt. Mit 60 beirrten mich die Meinungen anderer Menschen nicht mehr. Doch erst mit 70 war ich mit dem obersten Gesetz des Himmels im Einklang."

Vielleicht kann ich dahingehen wie mein Vater, der, nahezu 86 Jahre alt, vier Monate, bevor er im Juni 1983 starb, sich mit einem glaubensgewissen Brief von seinen Kindern verabschiedete, der in einer großen Stille den Weg zum andern Ufer des Flusses fand.

Eins gilt noch für jeden neuen Tag: Solange Blumen blühen, solange Sterne leuchten, solange Kinder lachen, solange leben wir.

Und das Vorausliegende: "Abgehauene Wurzeln schlagen wieder aus. Uralte Dinge kehren wieder. Verdeckte Wahrheiten enthüllen sich. Es ist ein neues Licht, das nach langer Nacht am Horizont unserer Erkenntnis hervorbricht" (Giordano BRUNO).

Unser Gott in unsern Tagen
immer noch hüllt er uns ein.
Unsern Kummer, unsre Plagen
läßt er seine Sorge sein.

Deinen Schlaf und auch dein Wachen
hält er still in seiner Hand.
Magst du weinen oder lachen,
sieh: er ist dir zugewandt.

Will dich führen, will dich leiten,
Vater, Mutter und das Kind.
Und dein Fuß, er soll nicht gleiten.
Ewigkeiten nahe sind (DS).

Zeichnung: Hans Jürgen BARTSCH.
"Jeder ist von einem gewissen Zeitpunkt seines Lebens an für sein Gesicht selbst verantwortlich" (Albert CAMUS).

"Es ist nicht ein leeres Wort an euch, sondern es ist das Leben" (5 Mose 32,47).
"Werdet Vorübergehende!" (Thomas-Evangelium von Nag Hammadi).
Spiro - spero: Solange ich atme, hoffe ich.

Bibliographie

1963

Herr, höre meine Stimme. Gebete für Schule und Haus (hrsg. mit Ingeborg SCHIEWEK und Rudolf RICHARD), Hamburg.

1965

Zu erzählen deine Herrlichkeit. Biblische Geschichten für Schule, Haus und Kindergottesdienst, Göttingen (katholische Lizenzausgabe München 1967; DDR-Lizenzausgabe Leipzig 1970, ^{3}1978; Ausgabe in Suaheli für Tanzania 1971).

Das Loccumer Weihnachtsspiel. Eine Feierstunde für den kirchlichen Raum, Weinheim.

Die Passion Jesu. Ein Lesespiel nach dem Bericht des Lukas, Weinheim.

Die Geschichte Josefs. Szenen aus dem Alten Testament, Weinheim.

Kinder zeichnen im Religionsunterricht. In: H. SCHULTZE (Hrsg.), Wege zum Verstehen. Beiträge zur Praxis der Unterweisung in Schule und Kirche. Festschrift für Karl WITT zum 65. Geburtstag, Hamburg.

1966

Allein durch das Wort. Szenen aus den Reformationsjahren 1517 und 1521/22 (Lesespiel), Weinheim.

1967

Arbeitsplan für den evangelischen Religionsunterricht an Volksschulen (hrsg. in Zusammenarbeit mit Ingo BALDERMANN, Peter BIEHL, Heinz KITTEL, Wolfgang SCHMIDT und Karl WITT), Göttingen ^{2}1969.

Sie aßen alle. Drei Sprechmotetten zum Erntedankfest, Weinheim.

Von Krieg und Frieden. Materialien und didaktische Hinweise zur Behandlung des Themas im 3./4. Schuljahr. In: Materialien und Entwürfe zum problemorientierten Religionsunterricht 1, hrsg. vom Arbeitskreis Norddeutschland, Loccum.

Not in der Welt. Materialien und didaktische Hinweise zur Behandlung des Themas im 3./4. Schuljahr. In: Materialien und Entwürfe zum problemorientierten Religionsunterricht 2, hrsg. vom Arbeitskreis Norddeutschland, Loccum.

1968

Sie fanden das Kind. Eine Sprechmotette zur Christnacht, Weinheim.

Augustinus. Der Weg zur Wahrheit (Lesespiel), Weinheim.

Werkbuch Biblische Geschichte für Kindergottesdienst und Schule Bd. I (mit K. H. BARTELS und R. ZIEGLER), Göttingen/München, ^{2}1973.

Zeichnen und Malen im Religionsunterricht der 2. Bildungsstufe. In: H. MAY u.a. (Hrsg.), Arbeitshilfe für den evangelischen Religionsunterricht an Gymnasien, Hannover.

1969

Das Nacherzählen als Grundproblem evangelischer Unterweisung. In: Evangelische Kinderpflege 6/1969.

Wie die Weihnachtsgeschichte entstanden ist. Text für einen Erzähler und vier Sprecher, Weinheim. (Nachdruck in: Die Christenlehre 11/1986).

Die Kraft des Urbildlichen. Kirchengeschichtliche Lesespiele im Religionsunterricht der Volksschule. In: Der Laienspieler 21/1969.

Über Sprache und Form des Kinderspiels. In: Der Laienspieler 21/1969.

Erzählen im Kindergottesdienst. Drei Beispiele. In: Der Kindergottesdienst 79/1969.

1970

Zeichnen und Malen im Religionsunterricht. In: Mitteilungen der Gemeinschaft evangelischer Erzieher, Duisburg.

Lehrziele und Lehrplanentwurf für den Religionsunterricht der Primarstufe. In: D. ZILLEßEN (Hrsg.), Religionsunterricht und Gesellschaft. Plädoyer für die Freiheit, Düsseldorf/Göttingen, S. 127-181; Nachdruck (gekürzt) in: Religionsunterricht heute. Die Grundschule 3/1971.

Unterrichtsvorschlag Schöpfung für die Unterstufe. In: entwurf 70/2, Stuttgart.

Werkbuch Biblische Geschichte für Kindergottesdienst und Schule Bd. II (mit K. H. BARTELS und R. ZIEGLER), Göttingen/München.

Religionsunterricht in der Grundschule. Loccumer Religionspädagogische Studien und Entwürfe VI (Hrsg.), Loccum.

Text zur Kinderkantate. Der Turmbau zu Babel (G. KRETZSCHMAR), Neuhausen-Stuttgart.

1971

Von Krieg und Frieden. Ein Stück für sechs Sprecher nach Texten der Gegenwart und Worten der Bibel, Weinheim.

Wann kommt der Messias? Lesespiel nach der Erzählung Isaak und Claudius von Ursula WÖLFEL, Weinheim.

Ökumene im Unterricht – Die Primarstufe. In: F. HASSELHOFF und H. KRÜGER (Hrsg.), Ökumene in Schule und Gemeinde, Stuttgart.

Die Pfingstgeschichte (Pfingstpredigt des Petrus). Beispiel einer Einführungs- und Nacherzählung. In: Unterrichtshilfen für den evangelischen

Religionsunterricht des Landes Baden 5/1971, Karlsruhe.

Vorlesebuch Religion Bd. I. Für Kinder von 5-12. (hrsg. mit Sabine RUPRECHT), Lahr/Göttingen/Zürich [17]1995.

1972

Die Weihnachtsgeschichte in historisch-kritischer Sicht. Ein Erzählvorschlag für Vorschulkinder. In: Welt des Kindes 50/1972 (gleichzeitig in: Was und Wie. Arbeitshilfen zur religiösen Erziehung der 4-7jährigen, Gütersloh 1972; Nachdruck in: Theorie und Praxis der Sozialpädagogik 6/1979).

In seinem Namen sei mein Gast. Ein Lesespiel zum Advent, Weinheim.

Hat Gott die Welt gemacht? Zu Genesis 1 und 2. In: G. STACHEL (Hrsg.), Verkündigung an Kinder, Zürich.

Von der Schöpfung. Ein Sachbilderbuch zur Bibel. Lahr/Düsseldorf (DDR-Lizenzausgabe, Berlin 1987; Dänische Ausgabe, Kopenhagen 1978; Flämische Ausgabe, Brügge 1978; Französische Ausgabe, Paris 1978; Griechische Ausgabe, Athen o.J.; Englischsprachige Ausgabe, Rom und Sydney 1977).

Jesus von Nazareth. Ein Sachbilderbuch zur Bibel. Lahr/Düsseldorf (DDR-Lizenzausgabe, Berlin 1979; Dänische Ausgabe, Kopenhagen 1979; Norwegische Ausgabe, Oslo 1976; Flämische Ausgabe, Brügge 1978; Französische Ausgabe, Paris 1978; Indonesische Ausgabe, Jakarta 1981).

Jesus von Nazareth - Lernziele und Materialien für einen fachspezifischen Lehrgang im ersten bis vierten Schuljahr. In: Religionsunterricht heute in Vor- und Grundschule. Grundsatzdiskussion - Modelle - Materialien - Beiträge zur Reform der Grundschule Bd. 9/10 (Redaktion D. STEINWEDE), Frankfurt am Main.

Evangelische und katholische Christen. Unterrichtseinheit im 3. Schuljahr sowie Die Frage nach Gott. Lernziele und Materialien für die Grundschule. In: W. G. ESSER (Hrsg.), Zum Religionsunterricht morgen III, München/Wuppertal.

Kindergottesdienst in thematischen Zusammenhängen. Das Verhältnis zum thematischen Religionsunterricht der Schule. In: Der Kindergottesdienst 82/1972.

Text zur Kinderkantate Die Schildbürger (G. KRETZSCHMAR), Neuhausen-Stuttgart.

1973

Morgen, Kinder, wird's was geben. Vom Nikolaus und Christkind. Eine kritische Arbeitsmappe: Susanne KILIAN: Logbuch des Michael ACKERMANN. Dietrich STEINWEDE: Didaktischer Kommentar und Dokumentation. Werner KILIAN: Fotoposter. Unterrichtsmappe Religion Primarstufe, Pädagogisch-Theologisches Institut Bonn-Bad Godesberg (Hrsg.), Lahr.

Vorlesebuch Religion Bd. II. Für Kinder von 5-12 (Hrsg. mit Sabine RUPRECHT), Lahr/Göttingen/Zürich [11]1993.

Arbeitsbuch Religion 1/2 für die Evangelische Religionslehre im 1. und 2. Schuljahr. Düsseldorf (Neuausgabe 1975) [9]1989.

Lehrerhandreichung Arbeitsbuch Religion 1/2, Düsseldorf (Neuausgabe 1975).

Arbeitsbuch Religion 3/4 für die Evangelische Religionslehre im 3. und 4. Schuljahr (mit Ingo BALDERMANN und Gisela KITTEL). Düsseldorf (Neuausgabe 1975) [9]1989.

Lehrerhandreichung Arbeitsbuch Religion 3/4 (mit Ingo BALDERMANN und Gisela KITTEL), Düsseldorf (Neuausgabe 1975).

Text zur Kinderkantate Der blinde Bettler (G. KRETZSCHMAR), Neuhausen-Stuttgart.

Text zur Kinderkantate Der Samaritaner (G. KRETZSCHMAR), Neuhausen-Stuttgart.

1974

werkstatt erzählen (Comenius-Institut), Münster.

Vorschulbuch Religion. Zum Anschauen von Bildern, zum Miteinandersprechen, zum Erzählen, Singen und Malen, Düsseldorf.

Evangelische Religionslehre (mit Ingo BALDERMANN und Gisela KITTEL) in: Lehrplan für die Primarstufe Nordrhein-Westfalen 1974, Düsseldorf.

Von Gott. Ein Sachbilderbuch zur Bibel, Lahr/Düsseldorf (DDR-Lizenzausgabe, Berlin 1985; Flämische Ausgabe, Brügge 1978; Französische Ausgabe, Paris 1978; Griechische Ausgabe, Athen o.J.).

Weihnachten mit Lukas. Ein Sachbilderbuch zur Bibel, Lahr/Düsseldorf, ^{4}1985 (DDR-Lizenzausgabe, Berlin 1982; Norwegische Ausgabe, Oslo 1976; Dänische Ausgabe, Kopenhagen 1979; Flämische Ausgabe, Brügge 1978; Englischsprachige Ausgabe, Rom und Sydney 1977).

1975

Liedtexte: Gott, du bist gut, Dir gilt der Gesang (Psalm 8), Lobt euren Gott (Psalm 148), Lobet Gott, ihr Menschen (Psalm 150), Erhöre mich Gott, wenn ich rufe, Wenn ich in Angst bin, Mit der Zunge. In: M. G. SCHNEIDER, Sieben Leben möcht ich haben, Freiburg i.Br./Lahr.

Uns wird erzählt von Jesus Christ. Sprechertexte und zwei Lieder für die Gestaltung des Christabendgottesdienstes, Weinheim.

Kind und Bibel. In: E. FEIFEL u.a. (Hrsg.), Handbuch der Religionspädagogik III. Gütersloh/Zürich, S. 232-249.

Werkbuch Biblische Geschichte für Kindergottesdienst und Schule Bd. III (mit K. H. BARTELS und R. ZIEGLER), Göttingen/München.

Pas-chafest im Tempel und Weihnachten mit Theophilus (Lk 1-2). In: W. NEIDHART und H. EGGENBERGER (Hrsg.), Erzählbuch zur Bibel, Zürich/Lahr ^{4}1984.

Religionsunterricht im ersten (zweiten) Schuljahr. In: Der Evangelische Erzieher 27/1975, S. 173-190.

Engel, gibt es die? In: Praxis bilden und erziehen 27/1975.

Arbeitsbuch Religion: Arbeitsheft 1/2, Düsseldorf.

Arbeitsbuch Religion: Arbeitsheft 3/4, Problemorientierter Teil, Düsseldorf ^{12}1994.

Paulus aus Tarsus. Ein Sachbilderbuch zur Bibel. Lahr/Düsseldorf (DDR-Lizenzausgabe, Berlin 1980; Dänische Ausgabe, Kopenhagen 1979; Flämische Ausgabe, Brügge 1979).

1976

Vorlesebuch Religion Bd. III für Kinder von 5-12 (hrsg. mit Sabine RUPRECHT), Lahr/Göttingen/Zürich ^{8}1995.

Das Hemd des Glücklichen. Ein Arbeits- und Vorlesebuch Märchen. Zur religiösen Erziehung (Hrsg.), Gütersloh ^{6}1992.

Was ich gesehen habe. Thematische Bibelerzählungen für Kinder, Eltern und Lehrer, Göttingen/München ^{2}1980.

1977

Medienmappe Religion. Ein Medienverbund für Grund- und Sonderschulen, Kinderarbeit und Kindergottesdienst (hrsg. mit P. F. BOCK, W. BÖHM, G. RUDDAT), Düsseldorf.

Wunder. Ein Sachbilderbuch zur Bibel, Lahr/Düsseldorf (Flämische Ausgabe, Brügge 1979).

Ostern. Ein Sachbilderbuch zur Bibel, Lahr/Düsseldorf ^{4}1986 (DDR-Lizenzausgabe, Berlin 1981; Flämische Ausgabe, Brügge 1979).

1978

Evangelische Religionslehre. In: H. BARTNITZKY u.a. (Hrsg.), Richtlinien - kurzgefaßt. Eltern lesen, was Kinder lernen, Düsseldorf.

Über Sprache und Form des Kinderspiels. In: K. DORPUS (Hrsg.), Spiel und Theater, Weinheim.

Dias Schöpfung. Sachbilderbücher zur Bibel, Serie 1, Lahr/Düsseldorf.

Dias Von Gott. Sachbilderbücher zur Bibel, Serie 2, Lahr/Düsseldorf.

Dias Freiheit - Verantwortung. Vorlesebücher Religion, Serie 1 (hrsg. mit Hans MAY), Zürich/Lahr/Göttingen.

Dias Mensch - Mitmensch - Gott. Vorlesebücher Religion, Serie 2 (hrsg. mit Hans MAY), Zürich/Lahr/Göttingen.

Dias Tod - Leben. Vorlesebücher Religion, Serie 3 (hrsg. mit Hans MAY), Zürich/Lahr/Göttingen.

Dias Streit - Krieg - Dritte Welt. Vorlesebücher Religion, Serie 4 (hrsg. mit Hans MAY), Zürich/Lahr/Göttingen.

Dias Gott - Religionen. Vorlesebücher Religion, Serie 5 (hrsg. mit Hans MAY), Zürich/Lahr/Göttingen.

Dias Weihnachten. Vorlesebücher Religion, Serie 6 (hrsg. mit Hans MAY), Zürich/Lahr/Göttingen.

Text zur Kinderkantate Pharisäer und Zöllner (G. KRETZSCHMAR), Neuhausen-Stuttgart.

1979

Ein Fremder ist gekommen. Lesespiel nach der Erzählung "Advent" von Eyvind JOHNSON, Weinheim.

Kind in der Krippe (Bildmeditation). In: Was und Wie 8/1979.

Dias Weihnachten. Sachbilderbücher zur Bibel, Serie 3, Lahr/Düsseldorf.

Dias Paulus. Sachbilderbücher zur Bibel, Serie 4, Lahr/Düsseldorf.

Der Vogel Glück. Ein Arbeits- und Vorlesebuch Märchen. Zur religiösen Erziehung, Gütersloh.

Pfingsten. Ein Sachbilderbuch zur Bibel, Lahr/Düsseldorf (DDR-Lizenzausgabe, Berlin 1985; Flämische Ausgabe, Brügge 1979).

Rezension: Johanna KLINK, Der kleine Mensch und das große Buch. Ist die Bibel ein Buch für Kinder? Und: Vorlesebibel. Worte, Bilder und Geschichten für Kinder und ihre Eltern. In: Welt des Kindes 57/1979.

1980

Religiöse Ersterzählungen im Kindergarten. In: H. NIEDERBREMER u.a. (Hrsg.), Erzählen. Förderprogramm für den Kindergarten, Heft 8, Münster (Comenius-Institut), S. 149-152 u. 157-179.

Uns ist ein Kind geboren. Weihnachten mit Lukas (Kurzfassung des Sachbilderbuches), Lahr/Düsseldorf.

Die Zeit Gottes. In: R. GUDER (Hrsg.), In Sachen Spiel und Feier, Weinheim.

Wo die Sonne übernachtet. Schöpfungsmärchen der Völker (Hrsg.). GTB 880, Gütersloh ^{4}1990.

Wie das Leben durch die Welt wanderte. Märchen der Menschen von Tod und Leben (Hrsg.). GTB 881, Gütersloh ^{4}1992.

Vom Engel, der nicht singen wollte. Die schönsten Weihnachtslegenden (Hrsg.), Gütersloh ^{3}1985.

Himmel - Reich Gottes. Ein Sachbilderbuch zur Bibel, Lahr/Düsseldorf ^{2}1986 (DDR-Lizenzausgabe, Berlin 1988).

1981

Biblisches Erzählen. Beispiele aus Grundschule und Kindergarten für Aus- und Fortbildung, Textheft und Tonkassette, Göttingen.

Biblisches Nacherzählen: Markus 10, 46-52 bei 9-10jährigen Kindern und: Erzählen steckt an. Die Wirkung einer Erzählung. In: G. URBACH (Hrsg.), Biblische Geschichten Kindern erzählen. Anleitungen, Modelle und Beispiele. GTB 640, Gütersloh.

Wie das Gesicht eines Engels. Alte Legenden zur Weihnachtszeit neu erzählt, Gütersloh.

Text zur Kinderkantate Matthäus vom Zoll (G. KRETZSCHMAR), Neuhausen-Stuttgart.

1982

Martin Luther. Leben und Wirken des Reformators. 1483-1546, Lahr ^{5}1996.

Martin Luther in seiner Zeit. Eine Diaserie für Schule, Erwachsenenbildung und Gemeinde, Freiburg i.Br./Lahr.

Kommt und schaut die Taten Gottes. Die Bibel in Auswahl nacherzählt. Mit Bildern aus dem ersten Jahrtausend christlicher Kunst, Göttingen/Freiburg i.Br./Lahr.

Bildinterpretationen zu Kommt und schaut die Taten Gottes. Göttingen/Freiburg i.Br./Lahr.

Kommt und schaut die Taten Gottes. Eine Diaserie mit Bildern zur Bibel aus dem ersten Jahrtausend christlicher Kunst, Freiburg i.Br.

Armut und Demut führen zum Himmel. Erzählbuch christlicher Legenden (Hrsg.), Gütersloh.

Erzählbuch zur Kirchengeschichte Bd. I. Von den Anfängen des Christentums bis zum Spätmittelalter (Hrsg.), Lahr/Freiburg i.Br./Göttingen ^{2}1988.

Warum die Taube das Ölblatt nahm. Gott im Märchen der Völker (Hrsg.). GTB 884, Gütersloh ³1989.

Petrus. Ein Sachbilderbuch zur Bibel, Lahr/Düsseldorf.

1983

Gott will im Dunkel wohnen. Liturgische Szene zur Christnacht nach Worten von Jochen KLEPPER, Weinheim.

Weisheit, List und Schelmerei. Humor im Märchen der Völker (Hrsg.). GTB 885, Gütersloh.

Wenn die Sonne sich verfinstert. Überlebensgeschichten, Texte von Angst und Hoffnung (Hrsg.), Gütersloh.

Reformation Martin Luther. Ein Sachbilderbuch zur Kirchengeschichte, Lahr/Freiburg i.Br. ³1983 (Schwedische Ausgabe, Stockholm 1983; Norwegische Ausgabe, Oslo 1983; Ausgabe für die USA , Philadelphia 1983).

Biblisches Erzählen in der religiösen Unterweisung für Kinder. In: W. SANDERS/K. WEGENAST, Erzählen für Kinder - Erzählen von Gott, Stuttgart.

Text zur Kinderkantate Hast du deinen Bruder gesehen? (G. KRETZSCHMAR), Neuhausen-Stuttgart.

1984

Bildwerk zur Kirchengeschichte. Sechs Ringbücher mit 24 Lieferungen, 420 Dias (Hrsg. mit Willehad P. ECKERT und Helmuth N. LOOSE), Freiburg i.Br./Offenbach/Lahr 1984-1987.

Augustinus. Christen in der Spätantike. Ein Sachbilderbuch zur Kirchengeschichte, Lahr/Freiburg i.Br.

1985

Nach deinem Bilde. Vom Leben - von Gott. Für junge Menschen, Lahr/Düsseldorf.

Im Zeichen des Jona. Bildmeditationen zu Tod und Leben. Mit Fotos von Helmuth Nils LOOSE, Lahr/Düsseldorf.

Wenn die Vögel nicht mehr singen. Märchen der Völker von der bedrohten Schöpfung (Hrsg.). GTB 888, Gütersloh ^{2}1991.

Vom Hirten, der nicht zur Krippe wollte. Weihnachtsmärchen - Weihnachtslegenden (Hrsg.), Gütersloh.

1986

Wenn die Streitaxt begraben wird. Märchen der Menschen vom Frieden (Hrsg.). GTB 890, Gütersloh ^{2}1992.

Wenn Träume sich erfüllen. Märchen vom Wunderbaren im Alltag (Hrsg.). GTB 889, Gütersloh ^{2}1990.

1987

Erzählbuch zur Kirchengeschichte Bd. II. Von der beginnenden Neuzeit bis zur Gegenwart (Hrsg.), Lahr/Freiburg i.Br./Göttingen.

Zauberwald und Blütentraum. Märchen der Völker von Blume und Baum (Hrsg.). GTB 891, Gütersloh.

Exemplarische Formen des Umgangs mit Bibeltexten: Erzählen. In: W. LANGER (Hrsg.), Handbuch der Bibelarbeit, München.

1988

Meinen Bogen setz ich in die Wolken. Schulgottesdienste für die Grundschule (mit Utta NAGEL, Christoph NÖTZEL, Susanne TÖNSMANN), Düsseldorf/Lahr ³1990.

Das neue Kinderbuch vom Kirchenjahr. Mit Bildern von Fulvio TESTA (Hrsg.), Düsseldorf ⁴1995.

1989

Hildegard von Bingen. Ich hörte die Stimme und sah (Bildmeditationen), Freiburg i.Br.

Ich bin bei euch alle Tage. Bilder und Meditationen zur Passions- und Osterzeit. Mit einem Bildzyklus aus dem Schongauer-Altar der Dominikanerkirche in Colmar/Elsaß, Freiburg i.Br.

So weit der Himmel ist. Kindergebete für Tag und Jahr. Mit Bildern von Regine ALTEGOER, Düsseldorf ²1994.

Schulgottesdienste Primarstufe - Grundsatzerwägung und Beispiele. In: Der Evangelische Erzieher 41/1989, S. 546-556.

Lebensquell und Flammenbaum. Märchen der Völker von Wasser und Feuer (Hrsg.). GTB 893, Gütersloh.

Bonifatius. Apostel, Reformer, Märtyrer, Paderborn/Lahr/Fulda.

1990

Unbeirrbar. Lebensbilder von Frauen und Männern des 20. Jahrhunderts (Hrsg. mit Renate SCHUPP). Lahr/Kevelaer ²1992 (enthält Beiträge über Heinrich ALBERTZ, Karl BARTH, Dietrich BONHOEFFER, Ernesto CARDENAL, Gustav HEINEMANN, Jochen KLEPPER, Reinhold SCHNEIDER, Käthe KOLLWITZ, Janusz KORCZAK, Helmuth James Graf von MOLTKE, Hans und Sophie SCHOLL, Mutter TERESA, Richard von WEIZSÄCKER).

Schulgottesdienste für die Primarstufe Bd. I (auch für die Klassen 5-6) - mit Utta NAGEL und Christoph NÖTZEL, Düsseldorf.

1991

Es ist für uns eine Zeit angekommen. Spiele für die Weihnachtszeit und den Heiligen Abend, Konstanz.

Vom Engel, der nicht singen wollte. Eine Auswahl der schönsten Weihnachtslegenden (Hrsg.). GTB 1505, Gütersloh ^{4}1998.

1992

Engel, die von Weihnachten erzählen. Geschichten und Gedichte (Hrsg.). GTB 1506, Gütersloh ^{2}1995.

Schulgottesdienste für die Primarstufe Bd. II (mit Marlies BACHMANN, Elke HIRSCH, Utta NAGEL, Christoph NÖTZEL), Düsseldorf.

1993

Für uns ein Kind geboren. Weihnachtsbilder aus aller Welt (Interpretationen), Lahr.

Hirten, die von Weihnachten erzählen. Geschichten und Gedichte (Hrsg.). GTB 1515, Gütersloh ^{2}1997.

1994

Von Gott erzählen in Bildern und Gleichnissen. In: Lebendige Seelsorge 2/1994.

Könige, die von Weihnachten erzählen. Geschichten und Gedichte (Hrsg.). GTB 1516, Gütersloh.

Religionsbuch Oikoumene 1. Sehen lernen (mit Kerstin LÜDKE), Düsseldorf ^{2}1999.

Religionsbuch Oikoumene 2. Wege gehen (mit Kerstin LÜDKE), Düsseldorf ^{2}1999.

Religionsbuch Oikoumene. Werkbuch 1/2, Düsseldorf ^{2}1999.

Er sendet seinen Engel vor dir her. Geschichten und Bilder von den Boten Gottes, Düsseldorf.

1995

Tiere, die von Weihnachten erzählen. Geschichten und Gedichte (Hrsg.). GTB 1517, Gütersloh.

Religion spielen und erzählen Bd. II. Kinder begleiten in Schule und Gemeinde (hrsg. mit Ingrid RYSSEL u.a.), Gütersloh.

Religionsbuch Oikoumene 3. Leben in einem Haus (mit Kerstin LÜDKE), Düsseldorf ^{2}1997.

Religionsbuch Oikoumene. Folien 1/2 (Hrsg.), Düsseldorf.

Weihnachten spielen und erzählen (hrsg. mit Ingrid RYSSEL), Gütersloh ^{2}1997.

1996

Maria, die von Weihnachten erzählt. Geschichten und Gedichte (Hrsg.). GTB 1518, Gütersloh.

Osterjubel. Erzählungen und Gedichte zum Ostergeschehen (Hrsg.). GTB 1130, Gütersloh.

Neues Vorlesebuch Religion Bd. I (Hrsg.). Geschichten für Kinder von 6-14, Lahr.

Religionsbuch Oikoumene. Folien 3/4 (Hrsg.), Düsseldorf.

Religionsbuch Oikoumene. Werkbuch 3, Düsseldorf ²1999.

Religionsbuch Oikoumene 4. Den Frieden suchen (mit Kerstin LÜDKE), Düsseldorf ²1998.

Religionsbuch Oikoumene. Arbeitsheft 1, Düsseldorf ²1999.

Religionsbuch Oikoumene. Arbeitsheft 2, Düsseldorf ²1999.

Schöpfung spielen und erzählen (hrsg. mit Ingrid RYSSEL), Gütersloh.

Freundschaft spielen und erzählen (hrsg. mit Ingrid RYSSEL), Gütersloh.

Und Jona sah den Fisch. Biblische Geschichten für Kinder. GTB 840, Gütersloh.

1997

Der Stern, der von Weihnachten erzählt. Geschichten und Gedichte (Hrsg.). GTB 1519, Gütersloh ²1999.

Religionsbuch Oikoumene. In: entwurf 1/97.

Religionsbuch Oikoumene. Werkbuch 4, Düsseldorf.

Ostern spielen und erzählen (hrsg. mit Ingrid RYSSEL), Gütersloh.

Und Zachäus stieg vom Baum. Biblische Geschichten für Kinder. GTB 841, Gütersloh.

1998

Neues Vorlesebuch Religion Bd. II (Hrsg.). Geschichten für Kinder von 6-14, Lahr.

Das Kind in der Krippe, das von Weihnachten erzählt. Geschichten und Gedichte (Hrsg.). GTB 1521, Gütersloh.

Religionsbuch Oikoumene. Lieder für Kinder von 6-10 (Hrsg.), CD, Düsseldorf.

Symbole spielen und erzählen (hrsg. mit Ingrid RYSSEL), Gütersloh.

1999

Die Stadt Betlehem, die von Weihnachten erzählt. Geschichten und Gedichte (Hrsg.). GTB 1543, Gütersloh.

Martin Buber, Worte für jeden Tag (Hrsg.). GTB 734, Gütersloh.

Auf beiden Seiten des Flusses wächst der Baum des Lebens. Bilder und Texte vom Kreuz Christi, Gütersloh.

Nun soll es werden Frieden auf Erden. Weihnachten. Geschichte, Glaube und Kultur, Düsseldorf.

Religionsbuch Oikoumene. Arbeitsheft 3, Düsseldorf.

Religionsbuch Oikoumene. Arbeitsheft 4, Düsseldorf.

Weltreligionen erzählen und verstehen (hrsg. mit Ingrid RYSSEL), Gütersloh.

Rezension: Philipp WEGENAST, Lisa traut sich. Eine Bildergeschichte zum Gleichnis vom Barmherzigen Samariter. Neue Reihe Religion, Bd. 2, Lahr.

2000

Angst und Geborgenheit erzählen und verstehen (hrsg. mit Ingrid RYSSEL), Gütersloh.

Religion spielen und erzählen Bd. III. Kinder begleiten in Schule und Gemeinde (hrsg. mit Ingrid RYSSEL und Doris WESTHEUSER), Gütersloh.

Stille, scheinheilige Nacht. Satirisch-Besinnliches zur Weihnachtszeit (Hrsg.). GTB 1563, Gütersloh.

Wo die Sonne übernachtet und andere Märchen, die von Gott und der Welt erzählen (Hrsg.). Gütersloh.

Engel der Weihnacht. Bilder, Geschichten, Meditationen, Düsseldorf.

So viel Gott strömt über (Else Lasker-Schüler). In: R. LACHMANN / H. F. RUPP (Hrsg.), Lebensweg und religiöse Erziehung. Religionspädagogik als Autobiographie Bd. 3, Weinheim, S. 389-415.

Tabula gratulatoria

Prof. Dr. Dr. h.c. Gottfried Adam, Wien
Ruth Allmann, Bienenbüttel
Volker Allmann, Düsseldorf
Rektor Wulf Allmann, Gifhorn
Prof. Dieter Aschenbrenner, Hannover
Oberkirchenrat i.R. Hermann W. Augustin, Düsseldorf
Schulreferent Martin Autschbach, Altenkirchen und Wied

Prof. Dr. Ingo Baldermann, Siegen
Prof. Dr. Dieter Baltzer, Münster
Prof. Dr. Friedrich W. Bargheer, Bochum
Trudy Bartsch, Cornillon (Frankreich)
Prof. Dr. Georg Baudler, Aachen
Prof. Dr. Christa Bauer-Kayatz, Essen
Anneli Baum-Resch, Mainz
Dr. Ulrike Baumann, PTI Bonn-Bad Godesberg
Prof. Dr. Ulrich Becker, Hannover
Prof. Dr. Otto Betz, Tannhausen
Oberkirchenrat Harald Bewersdorff, Düsseldorf
Prof. Dr. Gottfried Bitter, CSSp, Bonn
Prof. Dr. Martina Blasberg-Kuhnke, Osnabrück
Marion Böhlke-Kaldrack, Trippstadt
Schulreferent Wilhelm Böhm, Leverkusen
Wieland Bouda, Bonn
Josef Braun, Wenzenbach
Schulreferentin Utta Brauweiler-Fuhr, Köln

Liselotte Corbach, Springe-Völksen

Dozent Dr. Jürgen Danielowski, Bonn
Inge Dannenberg, Rehburg-Loccum
Pfarrer i.R. Roland Degen, Dresden
Klaus Deßecker, Direktor des RPI Karlsruhe i.R.
Oberkirchenrat i.R. Prof. Dr. Karl Dienst, Darmstadt
Prof. Dr. Wolfgang Dietrich, Marburg/Lahn
Schulreferent Dr. Rainer Dinger, Paderborn
Pastorin/ Dipl.-Psychologin Karla Domning, Rhein-Klinik
Pfarrer Dr. Kai Dose, Evang. Johannes-Kirchengemeinde Bonn-Bad Godesberg

Vizepräsident Christian Drägert, Düsseldorf
Anne Drechsler, Göttingen
Direktor Dr. Bernhard Dressler, RPI Loccum

Prof. Dr. P. Willehad Paul Eckert OP, Düsseldorf
Prof. Dr. Walther Eisinger, Heidelberg
Evangelische Kirche im Rheinland, Landeskirchenamt Düsseldorf

Heidi und Michael Flämig, Rehburg-Loccum
AOR Dr. Friedrich Fischer, Osnabrück
Prof. Dr. Hans-Jürgen Fraas, München
Landeskirchenrat i.R. Wolfgang Freitag, Bochum
Berthold Frinken, Mülheim

Dr. Hans-Georg Gaffron, Soest
Gemeinschaft Evang. Erzieher e.V., Rheinland/Saar/Westfalen
D. Klaus Goßmann, Münster
Landeskirchenrat i.R. Dr. Karl Graffmann, Köln
Prof. Dr. Engelbert Groß, Eichstätt
Prof. Dr. Wolfgang Grünberg, Hamburg

Prof. Dr. Hubertus Halbfas, Drolshagen
Prof. Dr. Frieder Harz, Berg
AR Dr. Werner Haußmann
Akademiedirektor Horst L. Herget, Voerde
Prof. Dr. Klaus Peter Hertzsch, Jena
Dr. Eva Heßler, Naumburg/S.
Lehrerin Urte Heuß, Essen
Prof. Dr. Dietrich von Heymann, Freiburg
Charlotte Hilger, PTI Bonn-Bad Godesberg
Schulreferentin Elke Hirsch, Köln
Prof. Dr. Peter Höffken, Lüneburg
Prof. Dr. Raimund Hoenen, Halle-Wittenberg

Michael Jacob, Verlag Ernst Kaufmann, Lahr
Prof. Dr. Ursula Jaeschke, Geldern
Schulreferent Dr. Wolfram Janzen, Düsseldorf-Mettmann u. Niederberg

Schulreferent Dr. Horst Kasten, Saarbrücken
Verleger i.R. Heinz Kaufmann, Lahr
Annette Kinder, Nortorf
Schulreferent Martin Kirchhoff, Lennep
Dr. Reinhard Kirste, Nachrodt (Westfalen)

Prof. Dr. Gisela Kittel, Bielefeld
Schulreferent Klein, Saarbrücken
Konrad Klütz, Celle
Dozent i.R. Pastor Jürgen Kluge, Bonn
Christine Kluth, Engelskirchen
Präses der Evang. Kirche im Rheinland Manfred Kock, Vorsitzender des Rates der EKD, Düsseldorf
Pfarrer Klaus Kohl, Bonn
Prof. Dr. Johann-Friedrich Konrad, Dortmund
Hannelore Koropp, PTI Bonn-Bad Godesberg
Landeskirchenrätin i.R. Hertha Kräußel, Düsseldorf
Lehrerin Stefanie Kriekhaus, Haan
Altbischof Dr. Martin Kruse, Berlin
Pfarrer Friedemann Küppers, Bonn

Pfarrerin Diethilde Lachmann, Bamberg
Prof. Dr. Rainer Lachmann, Bamberg
Prof. Dr. Johannes Lähnemann, Erlangen-Nürnberg
Prof. Dr. Wolfgang Langer, Wien
Pfarrer Eckhard Langner, Wuppertal
Werner Laubi, Aarau
Fachleiterin Beate Leßmann, Gelsenkirchen
Schulamtsdirektor a.D. Otto Lilge, Fallingbostel

Heinz-Jürgen Meinders, Düsseldorf
Prof. Dr. Norbert Mette, Paderborn
Kurt Meyer, Lüneburg
Dr. Helene Miklas, Evang. Religionspädagogische Akademie Wien
Schulreferent Dr. Rainer Möller, Koblenz
Ordinariatsrätin a.D. Helga Mondschein, Bistum Erfurt

Prof. Dr. Wolfgang Nastainczyk, Regensburg
Prof. Dr. Walter Neidhart, Basel
Christoph Nicolai, PTI Bonn-Bad Godesberg
Hans Martin Nicolai, PTI Bonn-Bad Godesberg
Prof. Dr. Dr. h.c. Karl Ernst Nipkow, Tübingen
Pfarrer Christoph Nötzel, Altenburg

Ute Obermauer, Köln
Christine Oettel, Dresden
Renate von Olnhausen

Schulreferent Wolfgang Piechota, Bad Münster am Stein

Rektorin i.R. Christ-Maria Rahner, Zehdenick
Landeskirchenrat Wolfgang Rathmann, Hürth
Mag. Barbara Rauchwarter, Mödling
Prof. Dr. Christine Reents, Wuppertal
Direktor i.R. Dieter Reiher, Hönow bei Berlin
Religionspädagogisches Institut der Evang. Landeskirche in Baden
Lehrerin Sabine Rettberg, Jaderberg
Prof. Dr. Gerhard Ringshausen, Lüneburg
Prof. Dr. Werner Ritter, Bayreuth
Prof. Dr. Günter Ruddat, Bochum
Prof. Dr. Horst F. Rupp, Würzburg
Prof. Dr. Godehard Ruppert, Bamberg
Ingrid Ryssel, Gütersloher Verlagshaus, Hannover

Direktor Dr. Christoph Scheilke, Comenius-Institut Münster
Prof. Dr. Robert Schelander, Wien
Prof. Dr. Alfred Schindler, Zürich
Schulleiterin Lore Schindler, Wuppertal
Dr. Regine Schindler, Zürich
Prof. Dr. Paul Schladoth, Münster
Dr. Georg-Siegfried Schmutzler, Berlin
Vizepräses Nikolaus Schneider, Moers
PD Dr. Günter Scholz, Lüneburg
Prof. Dr. Martin Schreiner, Hildesheim
Prof. Dr. Henning Schröer, Königswinter
Schulreferent Holm Schüler, Recklinghausen
Schulreferat der Kirchenkreise Köln, Elberfeld und Solingen
Konrektorin Christiane Schulz, Köln
Rektorin Doris Schulz, Solingen
Renate Schupp, Ernst Kaufmann Verlag, Lahr
Prof. Elisabeth Schwarz, Evang. Religionspädagogische Akademie Wien
Prof. Dr. Friedrich Schweitzer, Tübingen
Oberkirchenratspräsident Dr. Eckart Schwerin, Schwerin
Prof. Dr. Manfred Seitz, Erlangen
Pfarrer Peter Siebel, PTI Bonn-Bad Godesberg
Christel Sievers und Eberhard Sievers, Rehburg-Loccum
Prof. Dr. Werner Simon, Mainz
Helmut und Imke Siuts, Wienhausen
Kantorin Ursula Stamp, Bonn
Dekan Wolfgang-Jürgen Stark, Schwabach
Pastorin Eva Stattaus, PTI Bonn-Bad Godesberg

Landeskirchenrat i.R. Georg Steinhoff, Gummersbach
Schulpastor Christian Steinwede, Walsrode
Franziska Steinwede, Essen
RR Gerhard Steinwede, Achim
Hans-Jürgen und Irene Steinwede, Schneverdingen
Dr. Jacob Steinwede, Bonn
Johann Steinwede, Hildesheim
Juliane Steinwede, Bovenau-Kluvensiek
Pfarrerin Susanne Storck, Homberg
P. Klaus Stotzmann, Hannover

Schulreferent Gerhard Struwe, Kirchenkreis "An Sieg und Rhein"
Prof. Dr. Ellen Stubbe, Zürich
Schulreferent Dr. Rainer Stuhlmann, St. Augustin
Konrektorin Iris Szepat, Haan

Fulvio Testa, New York/Verona
Pfarrer Dr. Henning Theurich, Bonn
Prof. Dr. Reinmar Tschirch, Hannover
Prof. Dr. Werner Tzscheetzsch, Freiburg/Br.
Prof. Dr. Udo Tworuschka, Jena

Gritta Ulrich
Pastor Gunnar Urbach, Norderstedt

Rektor em. Hans-Udo Vogler und Dozentin em. Marlene Vogler, Freienhufen
Rektor a.D Karl-Heinz Vogt, Heiderhof
Lehrerin Annemarie Voskuhl, Meinerzhagen
Schulreferent Friedrich Wilhelm Voskuhl, Meinerzhagen
AOR Mag. Bartholomeus Vrijdaghs, Osnabrück

Lehrerin Karin Walter, Haan
Theolog. Sekretär Ulrich Walter, Gesamtverband für Kindergottesdienst in der EKD, Schwerte
Schulreferent Winfried Walter, Düsseldorf
Prof. Dr. Klaus Wegenast, Bremgarten bei Bern
Doris Westheuser, Peckeloh
Irmgard Weth, Neukirchen-Vluyn
Prof. Dr. Siegfried Wibbing, Landau
Barbara Wichelhaus, geb. Heinemann, Köln
Prof. Dr. Manfred Wichelhaus, Köln

Erika Wichelhaus, Düsseldorf
Schulreferent Bernhard Wilde, Bonn
Prof. em. Dr. Friedrich Wintzer, Bonn
Prof. Dr. Agnes Wuckelt, Paderborn
Prof. Dr. Reinhard Wunderlich, Freiburg/Br.

Karl-Ludwig Zeits, Celle
Prof. Dr. Dietrich Zilleßen, Köln
Pastorin Elisabeth Zimmermann, Bonn
Pfarrer Jörg Zimmermann, Bonn
Dozent Armin Zipper, PTI Bonn

STUDIEN ZUR THEOLOGIE

Herausgegeben von

Gottfried Adam - Universität Wien

Rainer Lachmann - Universität Bamberg

Band 1: Kurt Liedtke
Wirklichkeit im Licht der Verheißung, Würzburg 1987

Band 2: Wolfram K. Kurz
Die sinnorientierte Konzeption religiöser Erziehung, Würzburg 1989, vergriffen

Band 3: Eckart Schwerin
Evangelische Kinder- und Konfirmandenarbeit, Würzburg 1989

Band 4: Wolfgang Fleckenstein
Außenseiter als Thema und Realität des katholischen Religionsunterrichts, 1989

Band 5: Wolfram K. Kurz
Suche nach Sinn, Würzburg 1991, vergriffen

Band 6: Gottfried Adam
Glaube und Bildung
Beiträge zur Religionspädagogik I
Würzburg, (1992), ^{2}1994, 304 Seiten (ISBN: 3-9800234-8-6)

Band 7: Hans-Joachim Petsch
Reflexion und Spiritualität
Evangelische Erwachsenenbildung als Ort der Moderne in der Kirche
Würzburg 1993, 368 Seiten (ISBN: 3-927974-00-1)

Band 8: Klaus Jürgen Heinrich
Die Wiedergewinnung einer theologischen Ästhetik und ihre Bedeutung für die Liturgie
Eine fundamental-liturgische Positionsbeschreibung
Würzburg 1994, 190 Seiten (ISBN: 3-929734-03-6)

Band 9: Robert Schelander
Religionstheorie und Reformbewegung
Eine Untersuchung zur liberalen Religionspädagogik
Würzburg 1993, 237 Seiten (ISBN 3-9800234-9-4)

Band 10: Gottfried Adam
Religiöse Bildung und Lebensgeschichte
Beiträge zur Religionspädagogik II
Würzburg (1994) ^{2}1999, 334 Seiten (ISBN: 3-9800234-6-X)

Band 11: Reinhard Wunderlich
Neologische Heilsgewißheit und Romanform der Spätaufklärung
Christian Gotthilf Salzmanns Roman "Carl von Carlsberg oder über das menschliche Elend" (1783-88)
Würzburg 1994, 113 Seiten (ISBN: 3-929734-01-X)

Band 12: Rainer Lachmann
Religionsunterricht in der Weimarer Republik
Zwischen liberaler und deutscher Religionspädagogik
Würzburg 1996, 218 Seiten (ISBN: 3-929734-04-4)

Band 13: Martin Rothgangel
Was Erwachsene glauben
Umfrage und Analyse
Würzburg 1996, 168 Seiten (ISBN: 3-939734-05-2)

Band 14: Jürgen Henkys / Birgit Weyel (Hrsg.)
Einheit und Kontext
Praktisch-theologische Theoriebildung und Lehre im gesellschaftlichen Umfeld
Festschrift zum 65. Geburtstag von Peter C. Bloth
Würzburg 1996, 403 Seiten (ISBN: 3-929734-06-0)

Band 15: Gottfried Adam
Bildungsverantwortung wahrnehmen
Beiträge zur Religionspädagogik III
Würzburg 1999, 282 Seiten (ISBN: 3-929734-07-9)

Band 16: Rainer Lachmann / Godehard Ruppert (Hrsg.)
Theologie und ihre Didaktik
Zum Stellenwert theologischer Disziplinen in der Lehramtsausbildung
Würzburg 1997, 171 Seiten (ISBN: 3-929734-09-5)

Band 17: Manfred L. Pirner
Zwischen Kooperation und Kampf
Evangelischer Religionsunterricht und christliche Erziehung in bayerischen Schulen während der Zeit des Nationalsozialismus
Würzburg 1998, 136 Seiten (ISBN: 3-929734-10-9)

Band 18: Hans-Jörg Wahl
Überzeugung gewinnen
Religionspädagogische Theoriebildung im interdisziplinären Diskurs
(in Vorbereitung)

Band 19: Reinhart Mühlen
Die Bibel und ihr Titelblatt
Die bildliche Entwicklung der Titelblattgestaltung lutherischer Bibeldrucke vom 16. bis zum 19. Jahrhundert
(in Vorbereitung)

Band 20: Dietrich Steinwede
SO VIEL GOTT STRÖMT ÜBER Streiflichter eines Lebens
mit einer Einstimmung bearbeitet und herausgegeben von Rainer Lachmann
Würzburg 2000, 208 Seiten (ISBN: 3-929734-12-5)

Verlag: Stephans-Buchhandlung Matthias Mittelstädt KG
Stephanstr. 6, D-97070 Würzburg, Tel. (0931) 5 65 51, Fax: (0931) 5 63 51